本书由2022年度贵州财经大学引进人才科研启动项目资助（2022YJ021）

平台与网剧
生产竞合演进

刘怡君◎著

Platform and the Evolution of
Coopetition in Online Drama Production

中国社会科学出版社

图书在版编目（CIP）数据

平台与网剧生产竞合演进 / 刘怡君著. -- 北京：中国社会科学出版社，2025.1. -- ISBN 978-7-5227-4699-9

Ⅰ. G229.2

中国国家版本馆 CIP 数据核字第 20256EN859 号

出 版 人	赵剑英
责任编辑	靳明伦　彭　丽
责任校对	李　莉
责任印制	李寡寡

出　　版	中国社会科学出版社
社　　址	北京鼓楼西大街甲 158 号
邮　　编	100720
网　　址	http://www.csspw.cn
发 行 部	010-84083685
门 市 部	010-84029450
经　　销	新华书店及其他书店
印　　刷	北京明恒达印务有限公司
装　　订	廊坊市广阳区广增装订厂
版　　次	2025 年 1 月第 1 版
印　　次	2025 年 1 月第 1 次印刷
开　　本	710×1000　1/16
印　　张	15
字　　数	238 千字
定　　价	78.00 元

凡购买中国社会科学出版社图书，如有质量问题请与本社营销中心联系调换
电话：010-84083683
版权所有　侵权必究

目 录

绪 论 ………………………………………………………… (1)
   一 研究背景 ………………………………………………… (1)
   二 文献综述 ………………………………………………… (8)

第一章 理论框架和研究思路 ……………………………… (35)
   第一节 理论选择依据 ……………………………………… (35)
   第二节 理论框架和研究方法 ……………………………… (41)

第二章 网剧生产竞合格局的演进 ………………………… (67)
   第一节 网剧生产竞合格局网络的动态演进 ……………… (68)
   第二节 网剧生产竞合格局的静态结构 …………………… (91)
   本章小结 …………………………………………………… (97)

第三章 网剧生产竞合格局演进的动因：外部环境和
            平台策略 ……………………………………………… (100)
   第一节 网剧生产场域生成的基础（1996—2006 年）……… (100)
   第二节 网剧生产竞合格局演进的动因 …………………… (108)
   本章小结 …………………………………………………… (131)

第四章　网剧生产竞合格局变化与生产者市场收益 ……………（134）
第一节　假设提出和基础数据分析 ………………………（134）
第二节　回归结果 …………………………………………（149）
第三节　进一步研究：数字平台主导 ……………………（158）
本章小结 ……………………………………………………（164）

第五章　网剧生产竞合格局变化与生产内容多样性 …………（169）
第一节　网剧生产内容多样性变化的三个阶段 …………（169）
第二节　网剧生产内容和电视剧生产内容的对比 ………（180）
本章小结 ……………………………………………………（184）

结　语 …………………………………………………………（188）
第一节　结论 ………………………………………………（188）
第二节　讨论与建议 ………………………………………（192）
第三节　未来研究展望 ……………………………………（199）

附　录 …………………………………………………………（201）
附录1　第四章和第五章的半结构访谈提纲 ……………（201）
附录2　访谈对象基础信息（匿名）………………………（203）
附录3　第五章内容分析法的数据结果 …………………（203）

参考文献 ………………………………………………………（216）

后　记 …………………………………………………………（235）

绪　　论

一　研究背景

（一）问题提出

"技术既是朋友，也是敌人。每一种技术既是包袱又是恩赐，不是非此即彼的结果，而是利弊同在的产物。技术闯进一种文化时，谁是最大赢家，谁又是最大输家？这个问题并非一目了然，至少在初始阶段并不是很清楚的。"①

以上这段话来自波斯曼的《技术垄断：文化向技术投降》，该书问世于1992年，此时互联网尚未出现，但预言了新兴技术可能带来的隐忧。随着互联网技术的进步，一个新的商业模式和组织架构——平台出现了。相似的担忧也随之而来，平台带来了什么？

诸多学者对平台的革命性力量进行了阐述。Kenney 和 Zysman 认为在经济重组的过程中，平台发挥着比工业革命初期的工厂还要强大的力量，在平台革命下，任何生产者都可以成为原始企业家，并从这些平台中受益。② 帕克等在《平台革命：改变世界的商业模式》中提到，平台搭建了一个开放的参与式架构，借助规模化消除了中介者，开发了价值创造的新来源，借助基于数据的工具创造了用户反馈回路。生产者、消费者或

---

① ［美］尼尔·波斯曼：《技术垄断：文化向技术投降》，何道宽译，北京大学出版社2007年版，第2—6页。
② Martin Kenney and John Zysman, "The Rise of the Platform Economy", *Issues in Science and Technology*, Vol. 32, No. 3, 2016, p. 61.

扮演不同角色的人都能够利用平台进行连接和互动,并在交换和消费的过程中创造更多元的价值。① 可以看到,这些学者描绘了一幅以平台为基础的乌托邦图景:平台的出现引发了商业、经济和社会各领域的变革。从经济学角度来说,平台作为一个具象化的市场,基于数据连接起生态系统中互动的人、机构和资源,极大地降低了交易成本。具体到生产领域,在平台革命下,任何生产主体(大型组织、中小型组织和个体)都能通过平台获得平等的机会,包括平台本身也能加入生产环节。由此,立体的网络化组织结构逐渐替代层级化和链条式的组织结构,企业和市场的边界、竞争者与合作者的边界、生产者与消费者的边界逐渐被打破,跨界融合、多维竞争和开放发展成为新常态。

那么,平台的出现是否真的带来了开放和平等?斯尔尼塞克认为资本主义为了不断降低生产成本,提高效率,先后经历了"福特主义"和"后福特主义",并创造了以数据为基础的"平台"。平台作为中介不仅可以获得更多数据,还可以控制和管理游戏规则,且在网络效应的影响下,平台具有天然垄断的趋势。因此,未来以平台为核心的资本主义的控制不是削弱了,而是比以往的资本主义更加专制和强大,收入和财富方面存在的不平等现象将会在获取访问不平等的现象中重现。② 谢富胜等认为在平台经济中,各类组织形式之间竞合关系发展趋势具有天然的垄断倾向,但又有一定差别:平台组织与非平台组织间的竞争是一种支配与依赖关系;大平台和小平台之间的竞争则是一种处于动态发展状态的嵌套式层级结构;大型平台之间的竞争是基于不断创新的平台体系进行着持久的垄断竞争③。在实践中,平台经济的垄断问题也引发了关注。欧盟委员会发布了《数字时代的竞争政策》报告,指出数字经济反垄断应重点关注平台之间的相互封锁行为、拒绝数据接入行为以及"杀手并购"行为。2021年2月,国务院反垄断委员会制定发布《关于平台经济领域的

---

① [美]杰奥夫雷·G.帕克、[美]马歇尔·W.范·埃尔斯泰恩、[美]桑基特·保罗·邱达利:《平台革命:改变世界的商业模式》,志鹏译,机械工业出版社2017年版,第4—7页。
② [加]尼克·斯尔尼塞克:《平台资本主义》,程水英译,广东人民出版社2018年版,第48—49、52—54页。
③ 谢富胜、吴越、王生升:《平台经济全球化的政治经济学分析》,《中国社会科学》2019年第12期。

反垄断指南》，旨在预防和制止平台经济的垄断行为，促进平台经济规范有序发展。2021年12月，国家发展改革委等部门发布《关于推动平台经济规范健康持续发展的若干意见》，旨在强化对平台的治理和监督。

研究问题正是产生于这一背景。以信息的生产和传播为主要业务的文化传媒行业与平台经济联系密切。平台的出现，解放了不同主体的生产力和创造力，任何主体都可以通过平台传播自己的个性化创作，并获取一定收益。不仅如此，随着政策法规的完善，平台为了自身的发展，开始跨越产业和组织边界，自主参与到内容的生产中，成为众多主体的一部分，产业内部以及上下游的合作关系开始呈现出网络化的结构。这种不同机构和组织之间同时存在竞争和合作关系，进而形成的网络，便是竞合格局。由此产生这些问题：平台的出现是否为文化传媒行业的不同生产主体提供了一个新的开放系统？随着平台参与到这个新的开放系统中，生产者的竞合格局是怎样变化的？变化带来的影响是否已经背离了学者们描绘的乌托邦图景？

在学术领域，相关研究尚有可扩展的地方。第一，在"平台和文化传媒生产"和"文化传媒生产的竞合关系"相关文献中，多数学者的分析都是从静态视角出发，如分析平台出现后文化传媒生产的变化，只关注了某个阶段的状态；数字化背景下文化传媒生产的竞合关系，重点关注某个时点的状态，鲜有文献从动态视角考察随着平台在内容生产中角色的变化，文化传媒生产者之间竞合关系的变化以及带来的影响。第二，受限于研究方法和研究视角，多数学者的分析都停留在浅层的现象描述上，但生产者之间的关系不仅有表面的合作关系，还有隐藏在背后的股权关系，有必要深度挖掘生产者的真实竞合关系。第三，杭敏和皮卡特认为传媒经济学研究具有三种范式：理论型、应用型和批判型。已有研究多集中于前两种，第三种数量较少①。这使得多数研究忽略了当代经济的核心特征：竞争的崩溃和垄断的崛起，需求和价值的社会建构以及技术革新所带来的转型效应。而批判型范式把历史、社会整体性、道德哲学与实践融入研究和

---

① 杭敏、罗伯特·皮卡特：《传媒经济学研究的历史、方法与范例》，《现代传播》2005年第4期。

知识生活，可以解释处于动态变化中的文化传媒产业。

(二) 研究问题和研究对象界定

1. 研究问题

基于以上背景，利用实证研究方法对现实情况进行批判性考察，并回答以下问题：平台的出现是否为文化传媒行业的不同生产者提供了一个新的开放系统？随着平台参与到这个新的开放系统中，生产者之间的竞合格局发生了怎样的变化？格局的变化与政策环境和平台策略有什么关系？格局变化产生怎样的市场效果？

2. 研究对象

为了解决以上问题，以一个特定的文化传媒行业——网剧行业的生产竞合格局作为研究对象，开展实证研究。

在众多文化传媒领域中选择网剧的原因有以下几点：第一，中国网剧的发展与平台经济密切相关。初期的网络视频平台为个人和小型组织的影视作品提供了新的传播途径，网剧雏形诞生。随着政策的完善，网络视频平台开始寻求自制，网剧开始进入商业化和组织化运作阶段，网剧生产主体间的关系逐步发生变化。第二，在众多基于平台的媒体中，网剧的受众范围更广，且受到国家重视；市场化程度较高，竞合格局的变化更加具有代表性。第三，作为实证研究，需要大量经验材料作为研究基础。网剧领域不仅能够提供充分的质性经验材料，还有大量公开、易得和可追溯的网络数据，为研究提供了更高的可行性。

"网剧"全称为网络剧集，其生产者是以机构和组织（工商局注册的企业、政府机构或社会团体）形式存在的出品方和制作方，其播放平台以网络视频平台为主，包括只在网络播放和以先网后台形式播放（在网络视频平台上的开播时间或播放进度早于电视台）的单元剧和连续剧。在内容范围上，研究不包括单集长度小于5分钟的短剧和难以监测时长的互动剧，因为两者与传统网剧存在明显不同，且处在发展初期，其生产者还未呈现出明确的竞合格局。在地理范围上，主要关注中国大陆地区的网剧，即出品方和制作方组成中存在总部注册地为中国大陆的企业、中国大陆的政府机构或中国大陆的社会团体。在时间范围上，以第一部网剧《迷狂》的上线时间 2007 年作为起始点,受限于收集数据的时间,以 2020 年作为终止点。此外,作为"网剧"的比较对象,"电视剧"的概念同样重要,它是指以先台后网形式播放的上星电视剧集,而网剧和电视剧同属于影视剧的范畴。

"竞合"概念的雏形,在已有文献中,最早由 Novell 公司的创始人在 20 世纪 80 年代提到,即企业之间同时存在竞争和合作的关系。Brandenburger 和 Nalebuff 在此基础上,把该现象定义为竞合①。竞合存在两类不同的分析单元,一是以两个企业间的双边关系为分析单元,即两个企业之间存在一对一、直接的、同时发生的合作和竞争关系;二是以多企业参与的企业间网络为分析单元,在企业网络中,既存在竞争关系,也存在合作关系,表现为竞争和合作跨双边关系的交互作用②。综上,将企业概念扩展为机构和组织,关注两个以上机构和组织间的竞合关系,这种客观关系形成的网络结构就是场域。

"平台"的概念随着技术的发展,经历了变化。在农业经济时代,平台指休息和瞭望使用的天台。在工业经济时代,平台指"汽车底盘",有支撑和支持的含义。可以看出,平台在以上两个时代都有"基础设施"和"功能性支持"的含义。沿袭两条路径,在数字经济时代,多数学者重点强调了平台作为基础设施的存在或是平台发挥的功能。斯尔尼塞克认为平台是使两个或以上群体相互交流的基础设施③。Van Dijck 认为平台是一种可编程的体系结构,用来实现不同主体之间的互动④。从经济学视角来看,徐晋认为平台是一种交易空间或场所,可以存在于现实世界,也可以存在于虚拟网络空间,该空间引导或促成双方或多方客户之间的交易,并且通过收取恰当的费用来努力吸引交易各方使用该空间或场所,

---

① [美]拜瑞·J. 内勒巴夫、[美]亚当·M. 布兰登勃格:《合作竞争》,王煜昆、王煜全译,安徽人民出版社 2000 年版,第 4 页。
② 周杰、张卫国、韩炜:《国外关于企业间竞合关系研究的述评及展望》,《研究与发展管理》2017 年第 6 期。
③ [加]尼克·斯尔尼塞克:《平台资本主义》,程水英译,广东人民出版社 2018 年版,第 50 页。
④ José Van Dijck, Thomas Poell and Martijn De Waal, *The Platform Society: Public Values in a Connective World*, Oxford: Oxford University Press, 2018, p. 9.

最终实现收益最大化①。帕克等认为平台是一个设定了治理规范的、开放的、参与型的架构，为生产者、消费者和不同角色的参与者之间的互动提供基础②。基于以上定义，孙萍等从传播学视角提出平台作为传播的三种路径：平台作为传播媒介、技术结构和商业资本③，研究重点关注平台作为一种商业资本的情形。平台是指围绕网络视频平台构建的平台生态，不仅包括向消费者提供在线正版视频观看服务的平台，还包括支持平台运作的机构和组织，如芒果TV背后的湖南广播电视台、优酷视频背后的阿里巴巴和腾讯视频背后的腾讯等。

（三）研究意义和创新点

研究意义和可能的创新点，主要有理论范式、研究内容和研究方法三个方面。

1. 理论范式创新

以经典场域理论和战略行动场域理论作为基础，整合社会网络理论、平台经济学理论和传播政治经济学理论，尝试构建批判型的理论框架，用于分析平台视域下网剧生产者间的竞合格局变化及带来的影响，具体体现在两个方面：

第一，研究突破传统经济学框架，以场域理论为基础，采用批判型研究范式进行研究。在文化传媒产业研究中，具有三种范式：理论型、应用型和批判型，其中理论型和应用型属于新古典主义经济学，是当前主导范式④，这类范式的研究在分析经济现象时倾向于对静态模型进行描述，在平衡状态中解决问题。但无法解释一个阶段向另一个阶段的转换和过渡，尤其是转换和过渡中同时存在着分裂和动荡时，它便更加无能为力了。不仅如此，为了达到数学准确性和科学准确性，它将真实经济

---

① 徐晋、张祥建：《平台经济学初探》，《中国工业经济》2006年第5期。
② ［美］杰奥夫雷·G.帕克、［美］马歇尔·W.范·埃尔斯泰恩、［美］桑基特·保罗·邱达利：《平台革命：改变世界的商业模式》，志鹏译，机械工业出版社2017年版，第186页。
③ 孙萍、邱林川、于海青：《平台作为方法：劳动、技术与传播》，《新闻与传播研究》2021年增刊第1期。
④ 杭敏、罗伯特·皮卡特：《传媒经济学研究的历史、方法与范例》，《现代传播》2005年第4期。

世界拆分为多个变量，放入一个固定的框架中。这种方式忽略了真实世界中的经济是一个复杂的系统，它嵌入在社会的大系统中，与其他子系统紧密相连，自身也囊括多个子系统。场域理论遵循方法论上的关系主义，可以有效弥补这个问题，它认为社会现实既包括行动也包括结构，以及由二者相互作用所产生的历史，而这些历史又存在于关系之中[①]。此外，场域是一个资本和权力争夺的动态博弈空间，对这个博弈过程的关注是对批判型范式的一种尝试。

第二，研究的理论框架是一个多维度的分析框架。从时间维度看，该框架兼顾静态结构和动态结构演进。从空间维度看，该理论既关注场域的结构，也关注场域作为一个整体与其他场域之间的关系以及其对内部结构的影响。从主客观维度看，研究不仅关注结构对行动者的影响，也重视行动者对结构的利用和改造。从学科维度看，研究不仅利用经济学视角分析，还兼顾社会学视角，进行较为全面的分析。

2. 研究内容创新

首先，重点关注娱乐型媒体的研究。在"平台和文化传媒生产"和"文化传媒生产的竞合关系"相关文献中，已有研究关注到了电影、综艺、影视剧、文学和动漫等领域，但对影视剧的关注不足，尤其缺乏实证研究。影视剧具有进一步的研究价值，一方面，影视剧（网剧）的发展与平台密切相关，可以反映平台的发展对文化传媒领域的影响，为政府决策提供依据；另一方面，影视剧（网剧）受众范围较广，是满足广大人民群众精神需要的重要媒体，也是建设社会主义文化强国的重要途径。此外，受益于高速发展的数字化水平和高质量的网络基础设施建设，中国的网剧发展速度较快，与其他国家形成鲜明对比，可为国际学术领域提供更多中国情境下的研究成果。其次，在研究平台视域下网剧生产者之间的关系时，不仅关注表面的合作关系，还有隐藏在背后的股权关系。最后，尝试从传播政治经济学视角探究平台对文化传媒生产的影响，可以扩展政治经济学领域的研究内容。

---

① ［法］皮埃尔·布迪厄、［美］华康德：《实践与反思：反思社会学导引》，李猛、李康译，中央编译出版社1998年版，第16页。

3. 研究方法创新

当前关于文化传媒生产的研究大多采用定性研究方法，定量研究方法较为缺乏。而在已有定量研究中，多为静态的描述性分析，停留在浅层的数据阐释。为此，研究采用定性和定量相结合的研究方法，以网剧生产作为一个切入点，阐释平台视域下生产者间竞合格局的演进、演进中的动态博弈过程以及竞合格局变化对生产者的市场收益和生产内容多样性的影响。

在数据资料收集方面，研究对已有资料和数据进行深度挖掘。在定性层面，研究追溯网络视频网站的历史版本，挖掘平台及其背后企业的演讲和报告以及政府的通知公告和政务报告。在定量层面，研究利用Python爬取了视频网站和豆瓣的数据，通过海报和片尾字幕获取生产者数据，并利用天眼查获取生产者的股权关系；利用豆瓣和百度等网站手工收集能够代表网剧热度的各类数据。这些数据在已有研究中运用不多，具有深度挖掘的价值。

二 文献综述

本节根据研究主题，把文献综述分为两个主题"平台和文化传媒（影视剧）生产研究"和"文化传媒（影视剧）生产的竞合关系研究"两类。本节充分利用中国知网和Web of Science的高级搜索功能，尽可能获取丰富的相关文献。国外文献来源是Web of Science核心合集数据库，国内文献来源是知网CSSCI来源期刊数据库。

（一）平台和文化传媒生产研究

1. 国外研究

构造检索式"TS=（platform）AND TS=（cultural OR culture OR media OR drama OR series）AND TS=（production）"，选择时间截至"2021"，选择语言类型为"English"，文章类型为"Article"，搜索到920篇文献，排除无关领域文献后，最终获得有效文献136篇。

在已有文献中，最早关注平台和文化传媒生产关系的文献是1999年，Corcoran探究数字平台的出现可能对欧洲电视行业的影响，一方面，内容生产的规模将增加；另一方面，以模拟信号为主的第一代广播和电视公司会走向衰落，制作节目数量减少①。随后，一些学者围绕数字电视进行了探讨。但随着互联网的发展，学者关注点逐渐转向了以互联网为基础的平台，并对这些平台如何改变文化传媒生产进行了深入且广泛的研究。

(1) 平台和新闻媒体生产研究

平台对新闻媒体生产的影响可分为三个阶段。第一阶段，平台提供了一个新的开放系统，不仅降低了记者的信息获取门槛，也衍生了"公民新闻"②。第二阶段，以Twitter为首的平台逐渐发展成熟，成为一个和传统渠道地位相当的新渠道，新闻媒体机构开始采取多渠道策略③。第三阶段，平台依靠资本优势和技术优势逐渐在新闻生产中占据主导地位，开放的系统逐步变得封闭④，部分新闻媒体机构成为了平台的附庸。已有的研究主要集中在后两个阶段。

1) 平台和传统渠道并存下的新闻生产

在第二阶段，平台会对新闻生产中的组织结构、生产流程和生产内容产生影响。

在组织结构方面，对于新闻机构而言，机构设立了专门的社交媒体编辑岗位，专业记者和公民记者合作逐渐成为常态，并形成了一种集新闻收集、生产和管理为一体的集体协作模式⑤。记者和编辑的岗位职责从

---

① Farrel Corcoran, "Towards Digital Television in Europe", *Javnost-the Public*, Vol. 5, No. 3, 1999, pp. 67–85.

② Katrin Verclas and Patricia Mechael, "A Mobile Voice: the Use of Mobile Phones in Citizen Media", *Mobile Active. Org, Pact, USAID*, 2008.

③ Joseph M. Chan, Francis L. F. Lee and Zhongdang Pan, "Online News Meets Established Journalism: How China's Journalists Evaluate the Credibility of News Websites", *New Media & Society*, Vol. 8, No. 6, 2006, pp. 925–947.

④ Michael S. Daubs and Vincent R. Manzerolle, "App-centric Mobile Media and Commoditization: Implications for the Future of the Open Web", *Mobile Media & Communication*, Vol. 4, No. 1, 2016, pp. 52–68.

⑤ Alfred Hermida, "Reconfiguring Journalism Research About Twitter, One Tweet at a Time", *Digital Journalism*, Vol. 1, No. 3, 2013, pp. 295–313; Maura Edmond, "All Platforms Considered: Contemporary Radio and Transmedia Engagement", *New Media & Society*, Vol. 17, No. 9, 2015, pp. 1566–1582.

主导新闻生产变成协调、管理和培养用户的生产①。对于用户而言，既有个体参与生产，也有自发形成的组织参与生产②，但是用户自发组织的生产并不稳定③。

在生产流程方面，新闻生产的基础设施发生了变化，新的新闻生产工具 DR 诞生④。但平台的开放性和实时性压缩了新闻的生产周期，新闻工作者压力较大⑤。为此，生产流程融合，一次生产、多渠道分发成为新趋势⑥。值得注意的是，在一些杂志新闻机构里，两种不同的新闻生产流程是可以共存的⑦。

在生产内容方面，内容数量快速增加，主要来自专业新闻机构的多平台生产和用户参与生产。新闻机构领域，一些机构会选取纸质版的部分内容，发布在网络平台上，以应对其他免费内容的威胁⑧。但是，多平台工作导致新闻机构的生产变得繁忙，内容多样性减少⑨。用户领域，新的内容形式出现，如津巴布韦的海盗电台⑩。不仅如此，Thorson 等认为

---

① Nando Malmelin and Mikko Villi, "Co-creation of what? Modes of Audience Community Collaboration in Media Work", *Convergence*, Vol. 23, No. 2, 2017, pp. 182–196.

② Kjerstin Thorson, et al., "Youtube, Twitter and the Occupy Movement: Connecting Content and Circulation Practices", *Information, Communication & Society*, Vol. 16, No. 3, 2013, pp. 421–451.

③ Victor Wiard and Mathieu Simonson, "'The City is Ours, So Let's Talk About It': Constructing a Citizen Media Initiative in Brussels", *Journalism*, Vol. 20, No. 4, 2019, pp. 617–631.

④ Peter Bro, Kenneth Reinecke Hansen and Ralf Andersson, "Improving Productivity in the Newsroom? Deskilling, Reskilling and Multiskilling in the News Media", *Journalism Practice*, Vol. 10, No. 8, 2016, pp. 1005–1018.

⑤ Philip Schlesinger and Gillian Doyle, "From Organizational Crisis to Multi-platform Salvation? Creative Destruction and the Recomposition of News Media", *Journalism*, Vol. 16, No. 3, 2015, pp. 305–323.

⑥ Larrondo Ainara, et al., "A Comparative Study on European Public Service Broadcasting Organisations", *Journalism Studies*, Vol. 17, No. 3, 2016, pp. 277–300.

⑦ Lydia Cheng and Edson C. Tandoc, "Doing Digital But Prioritising Print: Functional Differentiation in Women's Magazines in Singapore", *Journalism Studies*, Vol. 22, No. 5, 2021, pp. 595–613.

⑧ Anja Bechmann, "Towards Cross-platform Value Creation: Four Patterns of Circulation and Control", *Information, Communication & Society*, Vol. 15, No. 6, 2012, pp. 888–908.

⑨ Gillian Doyle, "Multi-platform Media and the Miracle of the Loaves and Fishes", *Journal of Media Business Studies*, Vol. 12, No. 1, 2015, pp. 49–65.

⑩ Admire Mare, "New Media, Pirate Radio and the Creative Appropriation of Technology in Zimbabwe: Case of Radio Voice of the People", *Journal of African Cultural Studies*, Vol. 23, No. 1, 2013, pp. 30–41.

Twitter 和 YouTube 上的评论都是对原有新闻内容的一种再生产①。新闻框架和把关规范的变化导致新闻内容的变化②，如参与式新闻生产模式让新闻具备了实时、活跃、沉浸、生动和不断更新的特点③，新闻中的情感表达增多，严谨性减少④。一些机构在进行新闻生产时，经常陷入矛盾，内容既要遵守专业性原则，也要迎合受众的互动需求⑤。在中国党报领域也有这样的现象，Long 和 Shao 发现党报媒体改变了生产方式，增强故事吸引力，削弱喉舌作用，但始终维护党的领导⑥。换句话说，传统的和新兴的新闻生产原则可能是并存的⑦。

不过值得注意的是，部分地区平台的出现对新闻生产的影响并不大，尤其是在一些数字化程度不高和老龄化程度较高的地区⑧。有些地区只在某几个领域开展新业务，如拉丁美洲国家倾向于以播客形式开展新闻业务⑨。

2）平台主导下的新闻生产

在第三阶段，以大数据和人工智能为基础的平台作为一个渠道变得

---

① Kjerstin Thorson, et al., "Youtube, Twitter and the Occupy Movement: Connecting Content and Circulation Practices", *Information, Communication & Society*, Vol. 16, No. 3, 2013, pp. 421 – 451.

② Alfred Hermida, "Reconfiguring Journalism Research About Twitter, One Tweet at a Time", *Digital Journalism*, Vol. 1, No. 3, 2013, pp. 295 – 313.

③ Mimi Sheller, "News Now: Interface, Ambience, Flow, and the Disruptive Spatio-temporalities of Mobile News Media", *Journalism Studies*, Vol. 16, No. 1, 2015, pp. 12 – 26.

④ Wahl-Jorgensen Karin, "An Emotional Turn in Journalism Studies?", *Digital Kournalism*, Vol. 8, No. 2, 2020, pp. 175 – 194.

⑤ Rosa Franquet and Maria Isabel Villa Montoya, "Cross-media Production in Spain's Public Broadcast Rtve: Innovation, Promotion and Audience Loyalty Strategies", *International Journal of Communication*, No. 8, 2014, pp. 2301 – 2322.

⑥ Qiang Long and Lingwei Shao, "Beyond Propaganda: the Changing Journalistic Practices of China's Party Press in the Digital Era", *Journalism Practice*, Vol. 17, No. 4, 2021, pp. 1 – 15.

⑦ Berta García-Orosa, Xosé López-García and Jorge Vázquez-Herrero, "Journalism in Digital Native Media: Beyond Technological Determinism", *Media and Communication*, Vol. 8, No. 2, 2020, pp. 5 – 15.

⑧ Joo-Young Jung and Mikko Villi, "Newspapers and Cross-level Communications on Social Media: a Comparative Study of Japan, Korea, and Finland", *Digital Journalism*, Vol. 6, No. 1, 2018, pp. 58 – 75.

⑨ José Luis Rojas-Torrijos, Francisco Javier Caro-González and José Antonio González-Alba, "The Emergence of Native Podcasts in Journalism: Editorial Strategies and Business Opportunities in Latin America", *Media and Communication*, Vol. 8, No. 2, 2020, pp. 159 – 170.

越来越重要，对生产流程和生产内容产生了影响。平台是一个开放的系统，加入新闻生产的主体随着时间推移越来越多。一方面，监管力度无法赶上内容增加，导致内容良莠不齐，假新闻成为一种普遍现象[1]。另一方面，平台上内容供给增加导致竞争激烈，新闻机构的生产随之发生变化。机构被迫改变生产原则，新闻的中立性受到影响[2]；以数据为导向，极力迎合受众[3]；基于细分用户群体来进行个性化生产，以提高用户的忠诚度[4]。以具体平台为例，Tandoc 和 Maitra 发现 Facebook 改变了算法后，新闻机构对生产流程和内容进行了调整，比如生产更多视频新闻[5]。García 发现视频和直播平台把平台治理规则强加给新闻生产，而生产者没有对平台规则的控制力，处于被动地位[6]。

（2）平台和文化生产研究

和新闻媒体一样，平台对文化生产的影响可分为三个阶段。第一阶段，平台提供了一个新的开放系统，"用户生成内容"出现，被动的"受众"逐渐转变为主动的"用户"，但是这一阶段仍旧存在着一个强力的"把关人"角色[7]。第二阶段，各种平台逐渐发展成熟，成为一个和传统渠道地位相当的新渠道，文化生产主体开始采取多渠道策略，并与用户

---

[1] Matt Carlson, "Fake News as an Informational Moral Panic: the Symbolic Deviancy of Social Media During the 2016 U. S. Presidential Election", *Information, Communication & Society*, Vol. 23, No. 3, 2020, pp. 374–388.

[2] Efrat Nechushtai, "Could Digital Platforms Capture the Media Through Infrastructure?", *Journalism*, Vol. 19, No. 8, 2018, pp. 1043–1058.

[3] John-Paul Kelly, "Television By the Numbers: the Challenges of Audience Measurement in the Age of Big Data", *Convergence*, Vol. 25, No. 1, 2019, pp. 113–132.

[4] Balázs Bodó, "Selling News to Audiences—a Qualitative Inquiry Into the Emerging Logics of Algorithmic News Personalization in European Quality News Media", *Digital Kournalism*, Vol. 7, No. 8, 2019, pp. 1054–1075.

[5] Edson C. Tandoc Jr. and Julian Maitra, "News Organizations' Use of Native Videos on Facebook: Tweaking the Journalistic Field One Algorithm Change at a Time", *New Media & Society*, Vol. 20, No. 5, 2018, pp. 1679–1696.

[6] Víctor García-Perdomo, "Technical Frames, Flexibility, and Online Pressures in Tv Newsrooms", *Information, Communication & Society*, Vol. 24, No. 4, 2021, pp. 541–556.

[7] Gunn Sara Enli, "Gate-keeping in the New Media Age: a Case Study of the Selection of Text-messages in a Current Affairs Programme", *Javnost-the Public*, Vol. 14, No. 2, 2007, pp. 47–61.

进行合作生产①。第三阶段，平台依靠资本优势和技术优势逐渐在文化生产中占据主导地位，部分文化生产主体成为了平台的附庸。已有研究主要集中在后两个阶段。

1）平台和传统渠道并存下的文化生产

在第二阶段，平台会对文化生产中的组织结构、生产流程和生产内容产生影响。

在组织结构方面，Van Dijck 以 YouTube 为例，认为平台给予了普通用户参与到文化生产中的权利②，但也让用户在劳动力市场中处于不稳定的地位，用户生产本质是一种外包生产③。用户自发生产可分为个人型用户生产和组织型用户生产④，但这些用户生产内容的水平和质量并没有那么高，无法完全取代传统生产形式⑤。因此，一方面，传统生产机构仍占据主导地位，采取多渠道策略⑥。另一方面，业余和专业生产者合作或并存成为趋势，一些机构通过社交媒体邀请观众参与电视节目创作⑦。此外，在边拍边播的模式下，社交媒体上粉丝的讨论会影响影视剧创作走向⑧，这些现象在网络文学领域也十分常见⑨。

---

① Smith Mehta and D. Bondy Valdovinos Kaye, "Pushing the Next Level: Investigating Digital Content Creation in India", *Television & New Media*, Vol. 22, No. 4, 2021, pp. 360 – 378.

② José Van Dijck, "Users Like You? Theorizing Agency in User-generated Content", *Media, Culture & Society*, Vol. 31, No. 1, 2009, pp. 41 – 58.

③ Marc Steinberg, "Line as Super App: Platformization in East Asia", *Social Media + Society*, Vol. 6, No. 2, 2020, pp. 2056305120933285.

④ Christopher Kelty and Seth Erickson, "Two Modes of Participation: a Conceptual Analysis of 102 Cases of Internet and Social Media Participation from 2005 – 2015", *The Information Society*, Vol. 34, No. 2, 2018, pp. 71 – 87.

⑤ Nico Carpentier, "Contextualising Author-audience Convergences: 'New' Technologies' Claims to Increased Participation, Novelty and Uniqueness", *Cultural Studies*, Vol. 25, No. 4 – 5, 2011, pp. 517 – 533.

⑥ Ranit Grossaug, "Technological Developments and Transitions in Israel's Preschool Television Industry", *Television & New Media*, Vol. 22, No. 6, 2020, pp. 654 – 670.

⑦ Jonathon Hutchinson, "Public Service Media and Social Tv: Bridging or Expanding Gaps in Participation?", *Media International Australia Incorporating Culture & Policy*, Vol. 154, No. 1, 2015, pp. 89 – 100.

⑧ Anthony Y. H. Fung, "Fandomization of Online Video or Television in China", *Media Culture & Society*, Vol. 41, No. 7, 2019, pp. 995 – 1010.

⑨ Xiaoli Tian and Michael Adorjan, "Fandom and Coercive Empowerment: the Commissioned Production of Chinese Online Literature", *Media, Culture & Society*, Vol. 38, No. 6, 2016, pp. 881 – 900.

在生产流程方面，对于专业机构而言，Franquet 和 Montoya 发现多平台工作增加了制作成本，导致生产滞后，组织结构和生产结构不匹配①。Loyer 以独立游戏开发者为例，探究了他们在任天堂的 Wii 平台和苹果的 iOS 平台之间的转换，发现多平台游戏开发涉及不同的编程语言，会增加开发的成本②。Shon 等以韩国为例，发现平台进入对视频内容生产效率产生了影响，但不同细分领域仍旧存在差异③。对于用户参与而言，平台不仅提供了渠道，还提供了辅助工具和服务来吸引更多生产者④。如 Chambers 发现音乐平台通过教程和软件界面友好性来实现音乐创作民主化⑤。

在生产内容方面，内容数量增加，主要来自专业机构的多平台生产和用户参与生产。在专业机构方面，Hutchins 和 Rowe 以体育节目为例，认为平台使得进入壁垒降低，供给方数量增加⑥。在音乐领域，Hiller 和 Walter 发现音乐平台的出现使得单曲制作成为新潮流，单个艺术家的生产数量变少⑦。融资平台的出现也能够增加文化生产者数量，如小型电影可以通过众筹平台获得资助⑧，日本动漫可以通过平台吸引世界各地的投资⑨。

---

① Rosa Franquet and Maria Isabel Villa Montoya, "Cross-media Production in Spain's Public Broadcast Rtve: Innovation, Promotion and Audience Loyalty Strategies", *International Journal of Communication*, No. 8, 2014, pp. 2301-2322.

② Erik Loyer, "Stories as Instruments", *Television & New Nedia*, Vol. 11, No. 3, 2010, pp. 180-196.

③ Minjung Shon, Daeho Lee and Jang Hyun Kim, "Are Global Over-the-top Platforms the Destroyers of Ecosystems or the Catalysts of Innovation?", *Telematics and Informatics*, Vol. 60, 2021, p. 101581.

④ David B. Nieborg and Thomas Poell, "The Platformization of Cultural Production: theorizing the Contingent Cultural Commodity", *New Media & Society*, Vol. 20, No. 11, 2018, pp. 4275-4292.

⑤ Paul Chambers, "Producing the Self: Digitisation, Music-making and Subjectivity", *Journal of Sociology*, Vol. 58, No. 4, 2022, pp. 554-569.

⑥ Brett Hutchins and David Rowe, "From Broadcast Scarcity to Digital Plenitude: the Changing Dynamics of the Media Sport Content Economy", *Television & New Media*, Vol. 10, No. 4, 2009, pp. 354-370.

⑦ R. Scott Hiller and Jason M. Walter, "The Rise of Streaming Music and Implications for Music Production", *Review of Network Economics*, Vol. 16, No. 4, 2017, pp. 351-385.

⑧ Natàlia Ferrer-Roca, "Multi-platform Funding Strategies for Bottom-tier Films in Small Domestic Media Markets: Boy (2010) as a New Zealand Case Study", *Journal of Media Business Studies*, Vol. 12, No. 4, 2015, pp. 224-237.

⑨ Antonio Loriguillo-López, "Crowdfunding Japanese Commercial Animation: Collective Financing Experiences in Anime", *International Journal on Media Management*, Vol. 19, No. 2, 2017, pp. 182-195.

在内容特点方面，为了适应网络平台环境，专业机构生产内容特点发生变化，如 Bourdaa 认为粉丝的强大力量促使部分电视节目制作发生变化，生产能够吸引粉丝，激发粉丝互动的电视内容成为新趋势①。Potter 发现多平台策略下，澳大利亚儿童节目生产者为了适应更多受众，生产风格变得保守，希望借此规避风险②。Kang 认为平台催生了每集只有几分钟的韩国网剧③。一些学者从融资角度对该现象进行了研究，部分提供资金的用户会对生产过程提出建议，生产内容会发生改变④。对于用户而言，文化生产不仅是一次性的，还有群体性的文化再生产，新兴的文化形式出现，如有色人种文化⑤、中国边缘城市的草根文化⑥以及宗教文化⑦。粉丝的二次创作也是典型例子，如 AMV、MAD 和 Machinima⑧，基于某个热门视频的二次创作⑨以及自发翻译内容⑩。但这种自由的文化生产中存在大量的盗版作品⑪。因此，一些平台虽然为业余者提供开放的渠道，但

---

① Bourdaa M., "'Following the Pattern': the Creation of an Encyclopedic Universe with Transmedia Storytelling", *Adaptation*, Vol. 6, No. 2, 2013, pp. 202-214.

② Anna Potter, "Funding Contemporary Children's Television: How Digital Convergence Encourages Retro Reboots", *International Journal on Media Management*, Vol. 19, No. 2, 2017, pp. 108-122.

③ Jennifer M. Kang, "Just Another Platform for Television? the Emerging Web Dramas as Digital Culture in South Korea", *Media, Culture & Society*, Vol. 39, No. 5, 2017, pp. 762-772.

④ Patryk Galuszka and Blanka Brzozowska, "Early Career Artists and the Exchange of Gifts on a Crowdfunding Platform", *Continuum*, Vol. 30, No. 6, 2016, pp. 744-753.

⑤ Melanie Ramdarshan Bold, "Why Diverse Zines Matter: a Case Study of the People of Color Zines Project", *Publishing Research Quarterly*, Vol. 33, No. 3, 2017, pp. 215-228.

⑥ Jian Lin and Jeroen de Kloet, "Platformization of the Unlikely Creative Class: Kuaishou and Chinese Digital Cultural Production", *Social Media + Society*, Vol. 5, No. 4, 2019, pp. 1-12.

⑦ Oren Golan and Michele Martini, "Sacred Sites for Global Publics: New Media Strategies for the Re-enchantment of the Holy Land", *International Journal of Communication*, Vol. 14, 2020, p. 24.

⑧ Mizuko Ito, "Machinima in a Fanvid Ecology", *Journal of Visual Culture*, Vol. 10, No. 1, 2011, pp. 51-54.

⑨ Weiai Wayne Xu et al., "Networked Cultural Diffusion and Creation on Youtube: an Analysis of Youtube Memes", *Journal of Broadcasting & Electronic Media*, Vol. 60, N0. 1, 2016, pp. 104-122.

⑩ Rachel Suet Kay Chan, "Game of Translations: Virtual Community Doing English Translations of Chinese Online Fiction", *Journal of Science and Technology of the Arts*, Vol. 9, No. 1, 2017, pp. 39-55.

⑪ Zachary Kaiser and Aviva Meridian Kaiser, "Proliferating Platforms, The Logical Layer, and the Normative Language Gap: Contemporary Conflicts in Creativity and Intellectual Property", *Design and Culture*, 2014, Vol. 6, No. 3, pp. 303-314.

是也设定了创作的标准，旨在提升内容质量。在这个情境下，内容专业性成为平台最看重的一个标准①。

2) 平台主导下的文化生产

在第三阶段，平台会对文化生产中的组织结构、生产流程和生产内容产生影响。

在组织结构方面，平台为了吸引更多用户，会给予生产主体更多优惠，大量生产主体放弃传统渠道向数字平台迁移②，并催生了 MCN 组织③。但是，随着平台上的内容越来越多，生产者之间的不平等关系越来越明显④。Kim 以 Netflix 和 YG 集团合作为例进行研究，发现平台通过介入生产实现跨国策略，这有可能导致当地生产机构的议价能力下降⑤。不仅如此，以算法为基础的平台夺取了生产者的成果，实现对劳动过程控制和劳动剥削⑥。尤其是发展成熟的平台，具有至高无上的权威，可以随时修改规则来满足自身利益，这可能会损害不太成熟的文化生产者⑦。

在生产流程方面，以算法为核心的技术对文化生产影响较大，Meng 认为算法本身是对生产内容的一种隐形再生产⑧。大量生产者以数据规则

---

① Valérie Gorin, "Innovation (S) in Photojournalism: Assessing Visual Content and the Place of Citizen Photojournalism in Time's Lightbox Photoblog", *Digital Journalism*, Vol. 3, No. 4, 2015, pp. 533–551.

② Ji Hoon Park, Jeehyun Lee and Yongsuk Lee, "Do Webtoon-based Tv Dramas Represent Transmedia Storytelling? Industrial Factors Leading to Webtoon-based Tv Dramas", *International Journal of Communication*, Vol. 13, 2019, pp. 2179–2198.

③ Yoon-Jin Choi and Hee-Woong Kim, "Exploring the Issues for the Success of Multichannel Network Businesses in Korea", *Journal of Global Information Management*, Vol. 28, No. 2, 2020, pp. 90–110.

④ Roei Davidson and Nathaniel Poor, "Location, Location, Location: How Digital Platforms Reinforce the Importance of Spatial Proximity", *Information, Communication & Society*, Vol. 22, No. 10, 2019, pp. 1464–1478.

⑤ Taeyoung Kim, "Critical Interpretations of Global-local Co-productions in Subscription Video-on-demand Platforms: a Case Study of Netflix's YG Future Strategy Office", *Television & New media*, Vol. 23, No. 4, 2021, pp. 405–421.

⑥ Ji-Hyeon Kim and Jun Yu, "Platformizing Webtoons: the Impact on Creative and Digital Labor in South Korea", *Social Media + Society*, Vol. 5, No. 4, 2019, p. 2056305119880174.

⑦ Caitlin Petre, Brooke Erin Duffy and Emily Hund, "Gaming the System: Platform Paternalism and the Politics of Algorithmic Visibility", *Social Media + Society*, Vol. 5, No. 4, 2019, p. 2056305119879995.

⑧ Jing Meng, "Discursive Contestations of Algorithms: a Case Study of Recommendation Platforms in China", *Chinese Journal of Communication*, Vol. 14, No. 3, 2021, pp. 1–17.

为导向进行生产①；迎合细分用户生产内容②。正如 Foxman 在游戏行业的研究，他们发现数字平台的数据驱动设计并没有解放开发者和扩大游戏开发的范围，而是引入了新的把关人③，生产和创作自由只是一个乌托邦④。

在生产内容方面，平台主导地位对内容多样性产生了影响，如 Wagner 认为阿根廷和玻利维亚没有自有的应用分发平台，导致一些开发者生产应用时，主要是面向国际用户，而不是本地用户⑤。Rios 和 Scarlata 发现在澳大利亚，Netflix 占据了强势地位，本地平台不得不专注生产本地化内容⑥。另外，平台引发了文化生产的全球化趋势⑦。

2. 国内研究

构造检索式"SU = '平台' AND SU =（'文化' + '传媒' + '媒体' + '网剧' + '电视剧' + '影视剧'）AND SU = '生产'"，选择时间截至"2021"，选择期刊类型为"CSSCI"，搜索到 738 篇文献，排除无关领域文献后，最终获得有效文献 90 篇。

在已有文献中，最早关注平台和文化传媒生产关系的文献在 2009 年，李游认为以社会性网络服务为基础的平台创造了以用户为主导的内容生

---

① Robyn Caplan and Tarleton Gillespie, "Tiered Governance and Demonetization: the Shifting Terms of Labor and Compensation in the Platform Economy", *Social Media + Society*, Vol. 6, No. 2, 2020, p. 2056305120936636.

② Andrea Esser, "Form, Platform and the Formation of Transnational Audiences: a Case Study of How Danish Tv Drama Series Captured Television Viewers in the United Kingdom", *Critical Studies in Television*, Vol. 12, No. 4, 2017, pp. 411 – 429.

③ Maxwell Foxman, "United We Stand: Platforms, Tools and Innovation with the Unity Game Engine", *Social Media + Society*, Vol. 5, No. 4, 2019, p. 2056305119880177.

④ Arturo Arriagada and Francisco Ibáñez, "You Need at Least One Picture Daily, If Not, You're Dead: Content Creators and Platform Evolution in the Social Media Ecology", *Social Media + Society*, Vol. 6, No. 3, 2020, p. 2056305120944624.

⑤ Sarah Wagner and Mireia Fernandez-Ardevol, "Local Content Production and the Political Economy of the Mobile App Industries in Argentina and Bolivia", *New Media & Society*, Vol. 18, No. 8, 2016, pp. 1768 – 1786.

⑥ Sofia Rios and Alexa Scarlata, "Locating Svod in Australia and Mexico: Stan and Blim Contend with Netflix", *Critical Studies in Television*, Vol. 13, No. 4, 2018, pp. 475 – 490.

⑦ D. Bondy Valdovinos Kaye, Xu Chen and Jing Zeng, "The Co-evolution of Two Chinese Mobile Short Video Apps: Parallel Platformization of Douyin and Tiktok", *Mobile Media & Xommunication*, Vol. 9, No. 2, 2021, pp. 229 – 253.

产系统①。随后，国内不同学者陆续讨论了平台对新闻媒体生产和文化生产的影响。

（1）平台和新闻媒体生产研究

在国内，平台对新闻媒体生产的影响可分为三个阶段。第一阶段，平台提供了一个新的开放系统，不仅让记者可以从多个渠道获取信息②，也衍生了"公民新闻"③。第二阶段，以微博和微信公众号为首的平台逐渐发展成熟，成为一个和传统渠道地位相当的新渠道，新闻媒体机构开始改造生产流程，打造在线社会信息传播系统④。第三阶段，平台依靠资本优势和技术优势逐渐在新闻生产中占据主导地位⑤，而主流新闻媒体机构则选择自建平台⑥。已有研究主要集中在后两个阶段。

1）平台和传统渠道并存下的新闻生产

第二阶段，平台会对新闻生产中的组织结构、生产流程和生产内容产生影响。

在组织结构方面，对于新闻机构而言，郭嘉和王莹璐以澎湃新闻为例，说明一些传统新闻机构会设立单独的新媒体编辑部而不是岗位，并提供专职编辑和摄影师⑦。一些机构为了以用户需求作为动力，将数据团队和编辑部门融合，实现采编和推广环节的统一⑧。在新闻生产中，专业记者和受众不再是单向传播关系，公民记者应运而生⑨，生产主体轻资产

---

① 李游：《SNS 的传播学特征及价值解析》，《当代传播》2009 年第 3 期。
② 张志安、吴涛：《互联网与中国新闻业的重构——以结构、生产、公共性为维度的研究》，《现代传播（中国传媒大学学报）》2016 年第 1 期。
③ 李游：《SNS 的传播学特征及价值解析》，《当代传播》2009 年第 3 期。
④ 吕尚彬、熊敏：《模块化：传媒组织重构的动因与路径》，《编辑之友》2017 年第 5 期。
⑤ 陈信凌、邓年生：《新媒体垄断竞争的溢出效应与规制路径》，《现代传播（中国传媒大学学报）》2019 年第 6 期。
⑥ 蔡雯、汪惠怡：《主流媒体平台建设的优势与短板——从三大央媒的平台实践看深化媒体融合》，《编辑之友》2021 年第 5 期。
⑦ 郭嘉、王莹璐：《"互联网 +"背景下传统纸媒生产创新实践探索》，《传媒》2016 年第 13 期。
⑧ 喻国明、李慧娟：《大数据时代传媒业的转型进路——试析定制内容、众包生产与跨界融合的实践模式》，《现代传播（中国传媒大学学报）》2014 年第 12 期。
⑨ 朱春阳、黄筱：《新媒体环境下我国传媒发展若干核心问题的思考》，《新闻界》2012 年第 24 期。

化、社会化和多元化是大势所趋①。此外，还出现了依靠众筹，彻底脱离组织生产的个体新闻工作者②。

在生产流程方面，对于新闻机构而言，传统新闻机构生产流程发生了变化。张志安和吴涛认为生产过程从封闭走向透明，生产频率从周期走向循环，生产资源更加多元，但是由于用户参与导致内容增多，生产压力也随之变大③。吕尚彬和熊敏认为传媒组织通过模块化重构实现传媒资源重组，打造出了在线社会信息传播系统④。郭嘉和王莹璐以澎湃新闻为例，发现澎湃的生产流程发生了较大变化，如稿件优先发布在网络平台，减少审核约束，24小时工作，整个生产流程更有效率⑤。杨保达以广电媒体和平面媒体为例，发现两者逐步转变为时空合一的、以满足用户需求为导向的平台型全媒体⑥。不仅如此，新闻机构还会和用户进行合作，由个人、商业或非商业利益组织以及专业新闻机构共同组成的信息节点在平台间自由流通、平等互动、相互聚合，完成信息的生产⑦。这是一种高度生活化、社交化和快速迭代的生产过程⑧。部分用户在这个过程中，自发把关，成为"公民编辑"⑨。而专业新闻机构和用户也在互动过程中形成了新的新闻生产框架和把关规则⑩。这些都打破了新闻生产的线性程序化模式⑪。此外，一些传统媒体机构开始打造融合生产机制，形

---

① 王梦瑶：《"中心—边缘"：自媒体与媒体权力结构的再生产》，《华南农业大学学报（社会科学版）》2018年第4期。
② 田秋生、黄贺铂：《"新闻众筹"及其对新闻生产和社会公共生活的影响》，《广州大学学报（社会科学版）》2015年第1期。
③ 张志安、吴涛：《互联网与中国新闻业的重构——以结构、生产、公共性为维度的研究》，《现代传播（中国传媒大学学报）》2016年第1期。
④ 吕尚彬、熊敏：《模块化：传媒组织重构的动因与路径》，《编辑之友》2017年第5期。
⑤ 郭嘉、王莹璐：《"互联网+"背景下传统纸媒生产创新实践探索》，《传媒》2016年第13期。
⑥ 杨保达：《第一财经"全媒体战略"的10年问题考察（2003—2013）》，《新闻大学》2013年第2期。
⑦ 喻国明、焦建、张鑫：《"平台型媒体"的缘起、理论与操作关键》，《中国人民大学学报》2015年第6期。
⑧ 陆小华：《移动互联时代传媒变革的新趋势》，《传媒》2014年第8期。
⑨ 金兼斌、李晨晖：《社会化媒体时代的"公民编辑"：概念与形态》，《编辑之友》2018年第1期。
⑩ 毛毅：《论融合文化视角下新闻生产模式的重构》，《传媒》2014年第19期。
⑪ 王慧：《传媒生态变迁视角下的新闻业转型》，《中州学刊》2019年第9期。

成了"中央厨房"①。

在生产内容方面，在平台基础上，新闻生产逐渐扩展为内容生产和知识生产，主要来自专业新闻机构的多平台生产和用户参与生产。郭嘉和王莹璐以《三联生活周刊》为例，发现机构在平台上提供了完全不同于纸刊的原创内容，并开展一系列与内容相关的线下活动②。对于用户而言，用户参与生产了较多内容③，但内容质量普遍不高，海量的信息也带来了大量杂音。高度专业的内容仍在信息市场上占据主要地位④。因此，传统新闻机构既可以发挥把关人作用，对已有信息进行进一步核实或深度解读⑤，也可以走精品化路线，生产有价值的新闻内容⑥。此外，用户的点赞和评论行为本身是一种对新闻原有内容的再生产⑦。在内容特点方面，对新闻机构而言，新闻内容由客观权威转向主观碎片⑧；新闻直播上注重全过程叙事和真实感⑨。对于用户而言，开始出现依赖个体新闻工作者的众筹新闻，但这种新闻内容通常反映了资助者的意愿⑩。

2）平台技术主导下的新闻生产

第三阶段，随着技术的发展，新闻机构的生产越来越离不开平台提供的技术，由此影响了组织结构、生产流程和生产内容。在组织结构方面，人和平台上的人工智能进行合作成为趋势。在生产流程方面，平台

---

① 许可、梁刚建：《"四全媒体"视域下县级融媒体中心的创新路径》，《传媒》2020年第17期。
② 郭嘉、王莹璐：《"互联网+"背景下传统纸媒生产创新实践探索》，《传媒》2016年第13期。
③ 王佳航：《自媒体进化：互联网内容生产的新物种与新逻辑》，《新闻与写作》2018年第10期。
④ 彭兰：《新媒体传播：新图景与新机理》，《新闻与写作》2018年第7期。
⑤ 黄小雄、张雯宜、刘婧婷：《新媒体运用与新生产格局：广电传媒的机遇与挑战》，《新闻大学》2012年第6期。
⑥ 赵昆、彭聪：《"禾点点"新闻客户端：地市广电媒体融合的创新示范之道》，《传媒》2019年第18期。
⑦ 方雪琴：《创意时代新媒体内容生产的变革与创新》，《河南社会科学》2011年第3期。
⑧ 王慧：《传媒生态变迁视角下的新闻业转型》，《中州学刊》2019年第9期。
⑨ 方雪琴：《创意时代新媒体内容生产的变革与创新》，《河南社会科学》2011年第3期。
⑩ 田秋生、黄贺铂：《"新闻众筹"及其对新闻生产和社会公共生活的影响》，《广州大学学报（社会科学版）》2015年第1期。

的云计算技术提供了一个在线新闻信息处理系统①。平台的大数据是个性化信息生产的基础②，如热搜榜是根据用户搜索实时生成，标题是根据用户兴趣进行了智能加工③。不仅如此，数据积累让生产模式从反应型向预测型转变④。在生产内容方面，算法催生了一种算法生成内容（AGC），形成了"UGC+PGC+OGC+AGC"的格局⑤。技术带来了高效率，却把新闻生产限制在"数据"所建构的框架之内，生产主体根据数据调整编辑决策⑥，新闻生产成为一种工业化的生产流程⑦。因此，一些传统媒体机构为了摆脱平台技术带来的桎梏，选择自建平台⑧，如融媒体中心⑨。

（2）平台和文化生产研究

平台对文化生产的影响可分为两个阶段。第一阶段，平台提供了一个新的开放系统和各种生产工具，"用户生成内容"出现，被动的"受众"逐渐转变为主动的"用户"，成为了一个和传统渠道地位相当的新渠道⑩。第二阶段，平台依靠资本优势和技术优势逐渐在文化生产中占据主导地位，开放的系统逐步变得封闭，甚至呈现出垄断趋势，部分文化生产主体成为平台的附庸⑪。

---

① 彭兰：《未来传媒生态：消失的边界与重构的版图》，《现代传播（中国传媒大学学报）》2017年第1期。

② 毛毅：《论融合文化视角下新闻生产模式的重构》，《传媒》2014年第19期。

③ 王太星：《论融合发展时代的新媒体内容生产》，《出版发行研究》2019年第12期。

④ 李凤萍：《价值共创与协同创新：基于智媒时代价值平台网络的商业模式创新研究》，《新闻大学》2020年第3期。

⑤ 李海东、许志强：《"数据价值+人工智能"双轮驱动下媒体智能化变革路径探析》，《中国出版》2019年第20期。

⑥ 王斌、张雪：《新闻场域调适：网络数据分析平台的关系型影响》，《编辑之友》2021年第1期。

⑦ 王润珏：《"互联网+时代"的传媒产业：转型指向与技术陷阱》，《现代传播（中国传媒大学学报）》2016年第12期。

⑧ 张志安、龙雅丽：《平台媒体驱动下的视觉生产与技术调适——2019年中国新闻业年度观察报告》，《新闻界》2020年第1期。

⑨ 许可、梁刚建：《"四全媒体"视域下县级融媒体中心的创新路径》，《传媒》2020年第17期。

⑩ 李炎、胡洪斌：《集成创新：文化产业与科技融合本质》，《深圳大学学报（人文社会科学版）》2015年第6期。

⑪ 刘志杰、智慧：《技术赋能or技术附庸：智媒时代文化产业的技术垄断与规制》，《出版广角》2020年第6期。

1) 平台和传统渠道并存下的文化生产

在第一阶段，平台会对文化生产中的组织结构、生产流程和生产内容产生影响。

在组织结构方面，平台的兴起可以不断降低内容生产的成本，催生了新的生产组织形式，如众包模式、虚拟组织和个人生产①，其中个人生产主体呈现多元化的特点，包括网络写手、视频博主、网络水军和主播等②，文化生产主体大众化是趋势③。这一点在网络音乐④、体育赛事直播⑤和网络文学⑥领域都有相同趋势。具体到影视领域，常江和文家宝发现，影视生产主体不只有传统机构，还有视频网站、独立团队和个人⑦。平台的开放还为中小成本电影、青年导演和青年演员提供了生存空间⑧。

在生产流程方面，平台出现改变了文化生产流程，对于专业机构而言，在出版领域，生产的核心不再是某个产品，而是以受众为导向的服务⑨。在影视剧领域，网剧生产周期短，成本低但专业性强是主要特点⑩，部分网剧还会充分利用用户力量，根据粉丝意见对内容进行调整⑪。或是

---

① 杨旦修、向启芬：《创意产业的进路：文化与科技融合发展的战略取向》，《西南民族大学学报（人文社会科学版）》2015 年第 7 期。
② 罗峰：《在不确定中生产满足——网络时代下中国青年数字劳动研究述评（2010—2020）》，《中国青年研究》2021 年第 4 期。
③ 黄永林：《数字文化产业发展的多维关系与时代特征》，《人民论坛·学术前沿》2020 年第 17 期。
④ 文海良：《微制作：传媒时代音乐生产的新方式》，《湖南科技大学学报（社会科学版）》2015 年第 5 期。
⑤ 王真真、王相飞、李进：《我国网络体育直播平台的发展现状及趋势》，《体育文化导刊》2017 年第 6 期。
⑥ 王百娣、赵凌河：《新媒介文学生产传播机制的建构、困境与突围》，《辽宁大学学报（哲学社会科学版）》2019 年第 2 期。
⑦ 常江、文家宝：《"微"语境下的"深"传播：微电影传播模式探析》，《新闻界》2013 年第 9 期。
⑧ 陈亦水：《来自赛博空间的挑战：当代流媒体平台的全球发展与现状》，《当代电影》2020 年第 5 期；孙烨、高红岩：《互联网时代影视演艺生态的变局与突围》，《当代电影》2021 年第 7 期。
⑨ 卢毅刚、夏迪鑫：《论数字出版内容生产的媒介叙事转型》，《现代出版》2021 年第 1 期。
⑩ 雷莉：《网络自制剧的模式创新》，《传媒》2017 年第 1 期。
⑪ 徐晨霞：《影视剧、粉丝、社交媒体共生关系研究》，《出版广角》2018 年第 21 期。

通过众筹来完成创作①。不仅如此，一些影视作品还会借助大数据完成选题和剧本创作，提高了生产效率②。对于用户参与而言，由平台建立制度来激发用户生产③。平台提供生产工具降低生产成本，提高生产效率④，如高宏存和马亚敏发现抖音将人脸识别、肢体识别和3D渲染技术应用到视频拍摄中，为用户提供了良好的视频拍摄体验⑤；文海良发现音乐平台生产实现了音乐创制空间的流动化、创作时间的即时化和创制与传播的同步化⑥。

在生产内容方面，内容形态不断增加，如网络文学、网络音乐、网络游戏、网络视频、网络直播和短视频。具体到细分类别，网络文学开创了玄幻、仙侠、穿越等题材；网络综艺拓展了脱口秀、时评、科普等新形式；网络音乐满足了农民工、北漂族和普通人的音乐梦；网络直播激发了民间段子手和网红的创造力⑦；网剧将具有互联网特质的虐恋、萌宠、科幻、宫斗和爆笑等元素进一步混杂化，形成多个新类型⑧。在这些新形态中，既有传统生产机构参与，也有小型团体和个体参与，这些内容普遍具有真实、草根、交互和沉浸的特点⑨。在影视领域，网剧内容具有短小、多元和非线性等特点⑩。常江和田浩以美剧为例，发现付费平台播出的剧集往往比电视网剧集更具文化

---

① 漆亚林、黄绿蓝：《全媒体环境下电视剧的创作转向与内容迭代》，《中国电视》2018年第10期。
② 农海燕：《基于大数据的电视剧配制化生产》，《电视研究》2016年第5期。
③ 李晓方：《激励设计与知识共享——百度内容开放平台知识共享制度研究》，《科学学研究》2015年第2期。
④ 王欢妮：《短视频生产的文化逻辑与文化伦理》，《中国电视》2019年第4期。
⑤ 高宏存、马亚敏：《移动短视频生产的"众神狂欢"与秩序治理》，《深圳大学学报（人文社会科学版）》2018年第6期。
⑥ 文海良：《微制作：传媒时代音乐生产的新方式》，《湖南科技大学学报（社会科学版）》2015年第5期。
⑦ 陈可唯：《网络文艺生态的良性建构》，《重庆社会科学》2017年第8期。
⑧ 李丹舟、赵梦笛：《网络剧的文化治理：审美价值、生产机制与优化路径》，《云南社会科学》2021年第1期。
⑨ 赵如涵、吴心悦：《短视频文化内容生产：虚拟社群的传播特质与平台策略》，《电视研究》2017年第12期。
⑩ 雷莉：《网络自制剧的模式创新》，《传媒》2017年第1期。

深度和社会批判力①。

2) 平台技术主导下的文化生产

第三阶段，随着技术的发展，新闻机构的生产越来越离不开平台提供的技术。由此影响了组织结构、生产流程和生产内容。

在组织结构方面，平台并没有给文化生产带来去中心化和平等化，反而形成了新的中心结构②，平台对文化生产者拥有绝对的控制权，是一种不平等的关系③。具体到影视领域，视频网站掌握着大量数据，开始介入到内容生产中，传统机构不得不选择合作④。

在生产流程方面，依托于平台技术，短视频的工业化生产和规模定制已经实现，但整个生产流程受控于算法权力⑤。在影视领域，甘慧娟发现网剧的内容生产强调以市场为导向，开始围绕一系列数据的精确计算来获得精准的市场定位，乃至进行定制式生产⑥。在这个过程中，IP、流量和资本逻辑占据了主导地位⑦，其中资本逻辑在生产网络中有明确体现⑧。孙烨和高红岩从演员视角也发现了同样的问题。这种对数据过度依赖，降低了演员对表演艺术的打磨精神⑨。

在生产内容方面，不同文化生产者基于数据，迎合受众和流量⑩，文化艺术的大众生产顺着技术的便捷化程度愈发滑向无须思索和创造的机

---

① 常江、田浩：《作为文化的美剧：主流类型、工业、意识形态》，《深圳大学学报（人文社会科学版）》2020年第2期。

② 罗峰：《在不确定中生产满足——网络时代下中国青年数字劳动研究述评（2010—2020）》，《中国青年研究》2021年第4期。

③ 全燕：《算法驱策下平台文化生产的资本逻辑与价值危机》，《现代传播（中国传媒大学学报）》2021年第3期。

④ 农海燕：《基于大数据的电视剧配制化生产》，《电视研究》2016年第5期。

⑤ 于烜：《算法分发下的短视频文化工业》，《传媒》2021年第3期。

⑥ 甘慧娟：《人工智能时代网络剧内容生产的变革与反思》，《中国编辑》2019年第12期。

⑦ 蒋淑媛：《粉丝·舆论·流量——资本驱动下的电视剧生产逻辑研究》，《北京联合大学学报（人文社会科学版）》2018年第4期。

⑧ 肖玉琴、官欣：《国产网络剧的资本结构与流量表现：基于SNA的实证》，《编辑之友》2020年第6期。

⑨ 孙烨、高红岩：《互联网时代影视演艺生态的变局与突围》，《当代电影》2021年第7期。

⑩ 黄永林：《数字文化产业发展的多维关系与时代特征》，《人民论坛·学术前沿》2020年第17期。

械复制深渊①，这种现象广泛出现在网络文学②、短视频③和网络影视④等领域，文化生产变成了归类活动，所谓的个性化生产遵循着模式化的公式⑤。具体到影视领域，赵曦和王廷轩认为以大数据为支撑，以市场为导向，在短期内获得一定热度与利润的网剧存在口碑两极化、内容价值引导存在争议等问题⑥。

(二) 文化传媒生产的竞合关系

1. 国外研究

构造检索式"TS = (co-production OR co-opetition) AND TS = (cultural OR culture OR media OR drama OR series) AND TS = (production)"，选择时间截至"2021"，选择语言类型为"English"，文章类型为"Article"，搜索到321篇文献，排除无关领域文献后，最终获得有效文献49篇。

在已有文献中，最早关注文化传媒生产竞合关系的是Iordanova，他发现在20世纪90年代的欧洲，电影联合制作是普遍现象，一般是西欧投资，东欧完成制作。这些电影没有明确的国籍，但这也意味着不强势的东欧国家沦为配角，某些国家的电影文化可能逐渐消失⑦。随后，不同学者研究了不同领域的竞合关系，主要分为电影领域、影视剧领域和其他领域。

---

① 张慧喆:《虚假的参与：论短视频文化"神话"的幻灭》,《现代传播(中国传媒大学学报)》2019年第9期。

② 廖声武、谈海亮:《走向计算主义：数据化与网络文学业态的裂变》,《湖北大学学报(哲学社会科学版)》2020年第4期。

③ 尼罗拜尔·艾尔提、郑亮:《新媒体时代短视频内容生产的特点、趋势与困境》,《中国编辑》2021年第3期。

④ 孔朝蓬:《数字时代流媒体影视文化生态的悖论与弥合》,《现代传播(中国传媒大学学报)》2021年第1期。

⑤ 郝雨、郭峥:《传播新科技的隐性异化与魔力控制——"文化工业理论"新媒体生产再批判》,《社会科学》2019年第5期。

⑥ 赵曦、王廷轩:《网络自制纪录片的产制与运营研究：基于Netflix的经验》,《现代传播(中国传媒大学学报)》2018年第8期。

⑦ Dina Iordanova, "Feature Filmmaking Within the New Europe: Moving Funds and Images Across the East-West Divide", *Media, Culture & Society*, Vol. 24, No. 4, 2002, pp. 517 – 536.

(1) 电影生产的竞合关系

在涉及欧洲电影生产竞合关系的文献中，合作生产是主要话题，几乎不涉及竞合关系。欧洲合作生产有两种，公司主导和国家主导，公司主导通过生产因素的高效利用来实现最佳结果，国家主导用于提升国家形象，但妨碍了对生产要素的高效利用①。欧洲电影合作的原因主要是文化因素（语言、地理位置和共同历史）和经济因素（资本和拥有发达电影业）②。欧洲有一个基金会，专门支持跨国的合拍电影，这个基金初衷是为了支持欧洲电影繁荣发展，但在实际运作中存在问题，如基金的成员不愿意推广合作生产的内容③，只关注能获得稳定收益的项目④。其他欧洲电影的合作生产，一方面促进技术和文化交流，为年轻人提供机会⑤；另一方面带来了问题，合拍作品会避免加入太多明显的参与国的文化痕迹⑥，如希腊电影迅速欧洲化，本国文化特色逐渐消失⑦。但另一些合拍电影还是专注于传播本国文化，不是真正的跨国电影⑧。一些国家会开发不同版本的电影来迎合不同国家需要⑨。此外，Skopal 以东德电影发

---

① Jimmyn Parc, "Between State-led and Corporation-led Co-productions: How Has Film Co-production Been Exploited By States in Europe", *Innovation: the European Journal of Social Science Research*, Vol. 33, No. 4, 2020, pp. 442 – 458.

② Francisco Romero-González and María Luisa Palma-Martos, "Audio-visual Production as a Path of Cooperation in Europe", *Scientific Annals of Economics and Business*, Vol. 66, No. SI, 2019, pp. 113 – 139.

③ Sophie De Vinck, "Europudding or Europaradise? A Performance Evaluation of the Eurimages Co-production Film Fund, Twenty Years After Its Inception", *Communications*, Vol. 34, No. 3, 2009, pp. 257 – 285.

④ Aidan Power, "Awakening from the European Dream: Eurimages and the Funding of Dystopia", *Film Studies*, Vol. 13, No. 1, 2015, pp. 58 – 72.

⑤ Petar Mitric, "Empowering the Minority Co-producer Through European Financial Co-productions: the Case of Dfi International", *Journal of Scandinavian Cinema*, Vol. 10, No. 2, pp. 151 – 167.

⑥ Juana Suárez, "Dislocations of the National: Colombian Cinema and Intercultural Spaces", *Journal of Latin American cultural studies*, Vol. 28, No. 4, 2019, pp. 541 – 563.

⑦ Lydia Papadimitriou, "Greek Cinema as European Cinema: Co-productions, Eurimages and the Europeanisation of Greek Cinema", *Studies in European Cinema*, Vol. 14, No. 2 – 3, 2018, pp. 215 – 234.

⑧ Claudia Romanelli, "French and Italian Co-productions and the Limits of Transnational Cinema", *Journal of Italian Cinema & Media Studies*, Vol. 4, No. 1, 2016, pp. 25 – 50.

⑨ Sarah Wright and Lidia Merás, "The Transitivity of Costume in That Lady (Terence Young, 1955)", *Film, Fashion & Consumption*, Vol. 8, No. 2, 2019, pp. 129 – 145.

展局和捷克电影制片厂的合作关系为研究对象，发现欧洲电影合作关系会受到双方利益诉求和外部环境变化的影响①。

在涉及中国电影生产竞合关系的文献中，合作生产是主要话题，几乎不涉及竞合关系。② 具体到细分领域，中国与美国开展合作生产，通过构建竞合关系，中国在全球影视市场中悄悄崛起③，且自身软实力不断增强④。中国内地会与中国香港开展合作，不仅实现了香港电影的复兴，也为内地带来了先进的技术。但是，随着合作深入，香港电影逐渐遵循内地市场和审查制度，大量岗位被内地员工取代⑤，且员工过劳和生产资料过度消耗是普遍现象⑥。中国与韩国进行合作生产，不仅促进了中国电影在各方面的进步，也实现了自己在海外电影市场的扩张⑦。尽管政治局势变化会影响合作，但是从实际案例《重返20岁》来看，跨国合作的本地化策略总体上是非常有效的⑧。

---

① Pavel Skopal, "The Pragmatic Alliance of Defa and Barrandov: Cultural Transfer, Popular Cinema and Czechoslovak-rast German Co-productions, 1957 – 85", *Historical Journal of Film, Radio and Television*, Vol. 38, No. 1, 2018, pp. 133 – 146.

② Weiying Peng and Michael Keane, "China's Soft Power Conundrum, Film Coproduction, and Visions of Shared Prosperity", *International Journal of Cultural Policy*, Vol. 25, No. 7, 2019, pp. 904 – 916.

③ Aynne Kokas, "Predicting Volatility Between China and Hollywood: Using Network Management to Understand Sino-us Film Collaboration", *Global Media and Communication*, Vol. 14, No. 3, 2018, pp. 233 – 248.

④ Xiaoqun Zhang, "Business, Soft Power, and Whitewashing: Three Themes in the Us Media Coverage of 'The Great Wall' Film", *Global Media and China*, Vol. 2, No. 3 – 4, 2017, pp. 317 – 332.

⑤ Mirana M. Szeto and Yun-Chung Chen, "Mainlandization or Sinophone Translocality? Challenges for Hong Kong Sar New Wave Cinema", *Journal of Chinese Cinemas*, Vol. 6, No. 2, 2012, pp. 115 – 134.

⑥ Sylvia J. Martin, "The Death Narratives of Revitalization: Colonial Governance, China, and the Reconfiguration of the Hong Kong Film Industry", *Critical Studies in Media Communication*, Vol. 32, No. 5, 2015, pp. 318 – 332.

⑦ Brian Yecies, Michael Keane and Terry Flew, "East Asian Audio-visual Collaboration and the Global Expansion of Chinese Media", *Media International Australia*, Vol. 159, No. 1, 2016, pp. 7 – 12.

⑧ Kai Soh and Brian Yecies, "Korean-chinese Film Remakes in a New Age of Cultural Globalisation: Miss Granny (2014) and 20 Once Again (2015) Along the Digital Road", *Global Media and China*, Vol. 2, No. 1, 2017, pp. 74 – 89.

(2) 影视剧生产的竞合关系

在影视剧生产领域，学者主要关注合作生产，很少关注竞合关系。影视剧合作生产的初衷大多是实现跨国策略，传播自己国家的文化①。但随着平台出现，平台和其他生产商的合作除了实现跨国策略②，还为了自制更多内容③。值得注意的是，合作生产是有条件的，不仅需要足够的投资方，还要有合适的创作题材去满足合作各方的需求，这个策略并没有预想中的那么普遍④。

合作生产有多种影响，从收益上来说，早期的合作生产可以增加单部影视剧收益⑤。以拉丁美洲和美国合作为例，合作生产能够促进当地影视剧产业的发展，使本地小公司从中获利⑥。从内容上来说，合作生产使得生产的内容迎合全球化话语体系⑦，合作生产增加内容多样性⑧或是出现每个国家播出版本不同的现象⑨。

(3) 其他文化传媒生产领域的竞合关系

整体来看，已有文献主要关注合作生产，很少关注竞合关系。文化产业的合作生产以跨国合作为主。在亚洲，跨国合作生产并没有促进各

---

① John McMurria, "Moby Dick, Cultural Policy and the Geographies and Geopolitics of Cultural Labor", *International Journal of Cultural Studies*, Vol. 12, No. 3, 2009, pp. 237–256.

② Trisha Dunleavy, "Transnational Co-production, Multiplatform Television and My Brilliant Friend", *Critical Studies in Television*, Vol. 15, No. 4, 2020, pp. 336–356.

③ Tatiana Hidalgo, "Netflix as an Audiovisual Producer: a Snapshot of the Serial Fictions Co-productions", *OBRA Digital-revista de Comunicacion*, No. 19, 2020, pp. 117–132.

④ Eva Novrup Redvall, "Midsomer Murders in Copenhagen: the Transnational Production of Nordic Noir-influenced Uk Television Drama", *New Review of Film and Television Studies*, Vol. 14, No. 3, 2016, pp. 345–363.

⑤ Doris Baltruschat, "The New Media Geography of Global and Local Production Networks", *Media International Australia*, Vol. 124, No. 1, 2007, pp. 134–144.

⑥ Juan Piñón, "Reglocalization and the Rise of the Network Cities Media System in Producing Telenovelas for Hemispheric Audiences", *International Journal of Cultural Studies*, Vol. 17, No. 6, 2014, pp. 655–671.

⑦ Shawn Shimpach, "The Immortal Cosmopolitan: the International Co-production and Global Circulation of Highlander: the Series", *Cultural Studies*, Vol. 19, No. 3, 2005, pp. 338–371.

⑧ Ib Bondebjerg, "Transnational Europe: TV-drama, Co-production Networks and Mediated Cultural Encounters", *Palgrave Communications*, Vol. 2, No. 1, 2016, pp. 1–13.

⑨ Margitta Rouse, "'My Country Has (Never) Suffered Defeat': Adapting Defoe's Robinson Crusoe for Postwar European Television", *Adaptation*, Vol. 5, No. 2, 2012, pp. 185–202.

国交流①,毕竟扩大海外市场才是目前跨国合作的目的②。Iglesias 以欧洲和日本在动画方面的合作生产为例,发现这种合作促进了西班牙和其他欧洲国家市场动画的快速发展,并为当地该产业发展奠定了基础③。在欧洲,芬兰电视台和周边前苏联国家电视台合作的目的是提高自己的竞争地位④。

具体到细分领域,学者关注点有变化。在新闻、音乐和公共广播领域,学者关注用户和机构的合作,如 Singer 发现在新闻领域,互联网平台的出现,使得新闻机构和公民记者开始尝试合作生产⑤。Chaney 发现音乐生产机构与用户合作,为生产机构带来了额外价值⑥。Lin 发现 BBC 公共广播公司开放了数据集,邀请技术精英来进行共同生产以促进自己业务的发展⑦。在出版和游戏领域,学者关注到了竞合关系,Lin 和 Zhang 以台湾中小出版企业为例,发现了六种网络结构,从中心卫星到合作竞争再到蜘蛛网,网络变得更具战略性、进取性和灵活性。此外,他们认为在战略层面形成网络,在运营层面保持独立对企业发展更好⑧。Klimas 和 Czakon 发现在游戏产业中,合作竞争比较普遍,且会促进创新⑨。

---

① Koichi Iwabuchi, Globalization, "East Asian Media Cultures and Their Publics", *Asian Journal of Communication*, Vol. 20, No. 2, 2010, pp. 197–212.

② Michael Keane, "Going Global or Going Nowhere? Chinese Media in a Time of Flux", *Media International Australia*, Vol. 159, No. 1, 2016, pp. 13–21.

③ José Andrés Santiago Iglesias, "The Anime Connection. Early Euro-japanese Co-productions and the Animesque: Form, Rhythm, Design", *Arts*, Vol. 7, No. 4, 2018, p. 59.

④ Mari Pajala, "A Forgotten Spirit of Commercial Television? Co-productions Between Finnish Commercial Television Company Mainos Tv and Socialist Television", *Historical Journal of Film, Radio and Television*, Vol. 39, No. 2, 2019, pp. 366–383.

⑤ Jane B. Singer, "Stepping Back from the Gate: Online Newspaper Editors and the Co-production of Content in Campaign 2004", *Journalism & Mass Communication Quarterly*, Vol. 83, No. 2, pp. 265–280.

⑥ Damien Chaney, "The Music Industry in the Digital Age: Consumer Participation in Value Creation", *International Journal of Arts Management*, Vol. 15, No. 1, 2012, p. 12.

⑦ Yuwei Lin Y., "Open Data and Co-production of Public Value of Bbc Backstage", *International Journal of Digital Television*, Vol. 6, No. 2, 2015, pp. 145–162.

⑧ Carol Yeh-Yun Lin and Jing Zhang, "Changing Structures of Sme Networks: Lessons from the Publishing Industry in Taiwan", *Long Range Planning*, Vol. 38, No. 2, 2005, pp. 145–162.

⑨ Patrycja Klimas and Wojciech Czakon, "Organizational Innovativeness and Coopetition: a Study of Video Game Developers", *Review of Managerial Science*, Vol. 12, No. 2, 2018, pp. 469–497.

2. 国内研究

构造检索式"SU=('合作'+'竞合') AND SU=('文化'+'传媒'+'媒体'+'网剧'+'影视剧') AND SU='生产'",选择时间截至"2021",选择期刊类型为"CSSCI",搜索到189篇文献,排除无关领域文献后,最终获得有效文献41篇。

在已有文献中,最早关注文化传媒生产竞合关系的是张晓锋和卞冬磊,他们以雅典奥运会中的报道为例,发现传统媒体会在采编环节进行合作,这种方式极大降低了新闻生产成本①。此外,一些记者出于友情而进行共享与合作,即"自发式记者联盟",而在社交媒体出现后,同行之间的线上交流更是成为日常生活的一部分②。随后,不同学者开始研究不同领域的竞合关系,主要分为新闻生产领域和文化生产领域。

(1) 新闻生产中的竞合关系

在全球化、市场化和数字化趋势下,媒体不得不采取竞合策略③。在全球化方面,媒体在海外传播中存在着竞合关系,崔松发现在蓝海融媒体云平台的全球传播策略中,合作生产是一条主要路径④。在市场化和数字化方面,秦志希和芦何秋发现随着市场化和数字化的进程推进,围绕群体性事件的报道呈现出新媒体与传统媒体、党报(台)与市场化媒体、本地媒体与异地媒体复杂多样的竞争与合作的态势。这些竞合关系实质上是不同媒介偏向的融合与平衡,可以满足公众对群体性事件"完整且真实"的需求,避免了话语霸权⑤。

一些学者针对市场化和数字化带来的影响进行了细致研究。市场化带来了传媒联动现象,表现为跨介质、跨地域和跨级别的合作,这种合作可以形成规模效应,提高生产效率,巩固传媒机构的市场地位⑥。余晓

---

① 张晓锋、卞冬磊:《重大新闻事件报道中媒体合作模式初探——以雅典奥运会"中国晚报奥运采访团"为例》,《新闻界》2004年第6期。
② 彭华新:《社交媒体中的自发式"记者联盟":身份、环境、伦理》,《国际新闻界》2017年第7期。
③ 武来银:《省级媒体在竞合时代的生存之道》,《电视研究》2008年第11期。
④ 崔松:《依托新媒体实现全媒体全球传播——BON蓝海电视的海外落地实践探索》,《中国广播电视学刊》2016年第2期。
⑤ 秦志希、芦何秋:《论群体性事件中的传媒竞合》,《华中师范大学学报(人文社会科学版)》2010年第4期。
⑥ 黄晓军、强月新:《传媒联动的竞合价值与趋向探析》,《南昌大学学报(人文社会科学版)》2010年第2期。

曼分析了广电传媒的跨区域合作现象，发现主要有三种合作模式：战略联盟式合作、项目式合作和资本层面合作①。

数字化催生的新媒体，对传统媒体之间的竞合关系会产生影响，如任义忠发现数字化促使中国报业集团特别是中心城市报业集团从过度竞争走向合作共赢②。一些学者主要关注新媒体和传统媒体之间的关系，冉明仙认为新媒体和传统媒体之间的关系是一种动态关系，不能用"分化论"或"融合论"进行简单概括③，刘丽霞和史安斌进一步认为传统媒体与新兴媒体之间并不是简单的此消彼长的零和过程和线性发展关系，而是在竞争的过程中相互融合，共同发展④，即新媒体和旧媒体之间既有竞争，也有合作，竞争促使改革革新，而相互协作又充分整合资源，提升综合实力⑤。在这种背景下，生产者之间的合作将成为普遍现象，如跨台合作、跨媒体合作、跨体制合作、跨行业合作⑥和跨境合作⑦。以央视为例，它采用了以版权为纽带的合作机制，推动了央视从以播出平台为中心的运行模式转向以生产者为中心的运行模式，对拓宽利基市场意义重大⑧。此外，在数字化环境下，合作关系还涉及新闻媒体和用户之间的竞争与合作⑨。

（2）文化生产中的竞合关系

文化生产中的竞合关系涉及多个领域，既有整体的，也有区域的，

---

① 余晓曼：《广电传媒跨区域合作的探索与实践》，《西南民族大学学报（人文社会科学版）》2010 年第 10 期。

② 任义忠：《竞合视角下我国区域报业资源整合模式研究——以青岛报业市场为例》，《当代传播》2014 年第 4 期。

③ 冉明仙：《"竞合螺旋"：媒体分阶段发展趋势——与单纯"分化论"和"融合论"商榷》，《新闻记者》2010 年第 9 期。

④ 刘丽霞、史安斌：《传统媒体与社交媒体的共生与竞合——以伦敦奥运会为例》，《新闻界》2013 年第 6 期。

⑤ 叶芳：《论电视传媒与网络传媒竞合运营机制的建立》，《当代电视》2015 年第 6 期。

⑥ 王菲：《中国电视台媒介融合中的内容生产体系构建》，《国际新闻界》2017 年第 12 期。

⑦ 段莉：《从竞争合作到协同发展：粤港澳大湾区传媒发展进路探析》，《暨南学报（哲学社会科学版）》2018 年第 9 期。

⑧ 朱春阳、邹凯欣：《媒介融合背景下广电媒体的竞争优势探析——以中央广播电视总台央视为例》，《电视研究》2020 年第 8 期。

⑨ 苏衡、严三九：《数字化背景下新闻媒体与消费者价值共创研究》，《新闻大学》2019 年第 7 期。

还有细分行业的。向勇和白晓晴以腾讯为例分析了文化生产中的合作生产模式，它是一种基于 IP 的内容转化模式。这种模式需要用户、专业内容生产者以及企业生产者的共同合作①。熊正贤和吴黎围利用博弈论分析了西部地区文化产业的竞合关系，认为西部文化产业应该通过地缘特性、文化同源特性以及经济互补特性来构建区域合作关系②。

具体到细分行业，在出版领域，出版集团实现数字化转型的方式之一就是联合生产，与信息技术公司合作，提高文化与科技融合水平；开展不同领域合作，拓展多元业务；合作打造新媒体公司，推动组织架构转型③。此外，出版企业在形成 IP 生产一体化与生态化的过程中，合作也是不可或缺的④。皮圣雷和张显峰以漫友为例，分析了数字化背景下，传统出版企业如何通过竞合策略来应对新媒体的"跨界打劫"⑤。欧阳友权和邓祯认为网络文学的产业链竞合是由产业链上下游各环节竞争、交叉、相互渗透，产业资源重新配置所形成的产业组织和运营方式优化的产业现象。助推网络文学产业链竞合的因素主要有资本、政策、经营、技术等要素⑥。在影视和综艺领域，曾洁以优酷的"这！就是"系列网络综艺节目为例，分析了网络综艺的大合作模式，平台方负责播出，内容方负责生产制作，商业运作方负责市场运营和推广，三方作用彼此交叉，形成互补⑦。在电影方面，合作生产是电影国际化战略和跨区域发展的重要策略⑧。李彪和陈璐瑶分析了电影生产主体的社会网络，说明电影生产

---

① 向勇、白晓晴：《互联网文化生态的产业逻辑与平台运营研究 以腾讯互娱事业群为例》，《北京电影学院学报》2017 年第 1 期。
② 熊正贤、吴黎围：《西部文化产业发展的区域竞合问题研究——博弈论视角》，《经济体制改革》2013 年第 6 期。
③ 孙利军、孙文瑾：《内生·并购·联合：三大出版传媒集团数字化转型路径研究》，《新闻爱好者》2021 年第 5 期。
④ 黄晓军、孙希标：《IP 出版的生态化构建策略》，《编辑之友》2017 年第 3 期。
⑤ 皮圣雷、张显峰：《技术突变下在位企业如何用合作制衡替代进入者——漫友文化有限公司的嵌套式案例研究》，《南开管理评论》2021 年第 1 期。
⑥ 欧阳友权、邓祯：《网络文学产业链的竞合与优化》，《福建论坛（人文社会科学版）》2018 年第 2 期。
⑦ 曾洁：《网络综艺多元主体的合作式生产——以"这！就是"系列综艺节目为例》，《出版广角》2019 年第 10 期。
⑧ 范志忠、于汐：《中国电影产业集群化发展的区域根植与跨地融合》，《当代电影》2021 年第 6 期。

主体关系网络越来越走向不均衡,中心化和集权化①。辛晓睿和曾刚用了类似的方法,发现中国电影制片网络的核心主体是国有和私营企业并重;空间结构以北京为显著单核,上海、香港、杭州等为外围关键节点,在东部三大城市群形成制片合作三角②。在网剧方面,肖玉琴和官欣用了类似的方法来分析网剧出品方,发现优爱腾背后的公司是当前国产网剧出品场域的优势力量,网剧播放量与出品方在场域中的位置具有显著相关性③。

(三) 文献评述

通过对"平台和文化传媒生产"和"文化传媒生产的竞合关系"文献进行回顾,发现了以下有待扩展之处。

第一,在研究对象方面,"平台和文化传媒生产"相关文献中,国外有 16 篇(11.76%)文献关注了平台对影视剧生产的影响,国内则有 20 篇(22.22%)文献关注该主题。"文化传媒生产的竞合关系"相关文献中,国外有 11 篇(22.45%)文献关注了影视剧生产中的竞合关系,国内有 1 篇(2.44%)文献关注该主题。整体而言,当前相关领域的研究对影视剧的关注不足。影视剧作为一个受众范围较广,且与平台发展息息相关的领域,具有进一步的研究价值。本研究以网剧作为研究对象,尝试为该领域研究作出贡献。

第二,在研究方法方面,"平台和文化传媒生产"相关文献中,国外有 19 篇(13.97%)文献采用了定量研究方法,国内有 3 篇(3.33%)文献采用了定量研究方法。"文化传媒生产的竞合关系"相关文献中,国外有 4 篇(8.16%)采用了定量研究方法,国内有 6 篇(14.63%)采用了定量研究方法。整体而言,已有文献大多采用定性研究方法,定量研究较为缺乏。本研究结合定性和定量研究方法,研究生产者间竞合格局的演进、演进的动因以及演进带来的影响。

---

① 李彪、陈璐瑶:《从专业逻辑到资本逻辑:中国电影生产主体的社会网络分析——基于 2004—2014 年电影制片人和导演的合作关系》,《国际新闻界》2015 年第 7 期。
② 辛晓睿、曾刚:《基于网络结构的中国电影制片业研究》,《经济地理》2019 年第 5 期。
③ 肖玉琴、官欣:《国产网络剧的资本结构与流量表现:基于 SNA 的实证》,《编辑之友》2020 年第 6 期。

第三，在研究视角方面，"平台和文化传媒生产"和"文化传媒生产的竞合关系"相关文献中，多数学者的分析都是从静态视角出发，如分析平台出现后文化传媒生产的变化，只关注了某个阶段的状态；分析数字化背景下文化传媒生产的竞合关系，只关注某个时点的状态。鲜有文献从动态视角研究变化的过程。本研究以网剧生产作为一个切入点，考察随着平台在内容生产中角色的变化，网剧生产者之间竞合格局的变化以及带来的影响。

第四，在研究深度方面，"平台和文化传媒生产"和"文化传媒生产的竞合关系"相关文献中，受限于研究方法和研究视角，多数学者的分析都停留在浅层的现象描述上，即使学者利用社会网络分析法和博弈论去分析生产者之间的关系，得到的结论也是不够全面的。因为，生产者之间的关系不仅有表面的合作关系，还有隐藏在背后的股权关系。为此，本研究在分析平台视域下网剧生产者的竞合格局时，还会通过股权结构分析来深度挖掘生产者之间的竞合关系。

第五，在研究范式方面，已有研究有大量的理论型和应用型范式和少量的批判型范式，其中理论型和应用型属于新古典主义经济学，这类范式的研究在分析经济现象时倾向于对静态模型进行描述，在平衡状态中解决问题。但却无法解释一个阶段向另一个阶段的转换和过渡，尤其是转换和过渡中同时存在着分裂和动荡时，它便更加无能为力了。不仅如此，为了达到数学准确性和科学准确性，它将真实经济世界拆分为多个变量，放入一个固定的框架中。这种方式忽略了真实世界中的经济是一个复杂的系统，它嵌入在社会的大系统中，与其他子系统紧密相连，自身也囊括多个子系统。这种层层嵌套的关系是复杂的，且常处于动态变化中。场域理论遵循方法论上的关系主义，可以有效弥补这个问题，它认为社会现实既包括行动也包括结构，以及由二者相互作用所产生的历史，而这些历史又存在于关系之中[①]。此外，场域是一个资本和权力争夺的动态博弈空间，对这个博弈过程的关注是对批判型范式的一种尝试。

---

① [法] 皮埃尔·布迪厄、[美] 华康德：《实践与反思：反思社会学导引》，李猛、李康译，中央编译出版社1998年版，第16页。

第一章 理论框架和研究思路

第一节 理论选择依据

本研究把 Bourdieu 的经典场域理论和 Fligstein 和 McAdam 的战略行动场域理论进行结合,作为理论框架的基础,并在问题提出和假设推导部分,把社会网络理论、平台经济学理论和传播政治经济学理论整合进来,用于分析平台视域下网剧生产者间的竞合格局变化以及变化带来的影响。本研究最终选择经典场域理论和战略行动场域理论并将两者结合起来作为理论框架基础的原因主要有两点:理论契合性和理论完备性。

一 理论契合性

战略行动场域理论继承并发展了经典场域理论,两者结合后的理论框架与本研究是相契合的。本研究主要关注平台视域下网剧生产者间的竞合格局、竞合格局的形成和变化、变化的原因以及变化带来的影响。从整体来看,网剧生产属于文化传媒生产的范畴,而布迪厄在其著作《艺术的法则》《关于电视》中便把经典场域理论用于文化传媒生产领域。从微观层面来看,本研究关注网剧生产者之间的竞争与合作关系,以及生产者采取哪些策略来创造、维持或打破现有关系。而战略行动场域理论关注场域中不同行动者之间的竞争与合作关系,行动者的惯习,行动者拥有的资本以及行动者如何利用现行条件来改变现有关系。从中观层面来看,本研究关注网剧生产者间竞合格局形成的网络结构,结构的形成和变化以及变化带来的影响。经典场域理论十分关注场域的结构和其运行的动力机制，战略行动场域理论在此基础上还关注场域是如何建构和变化的，以及这种变化对行动者的影响。从宏观层面来看，本研究关注网剧生产环节与其他环节和外部环境之间的互动关系。经典场域理论意识到了不同场域之间是有联系的，但并未形成系统化理论。战略行动场域理论在此基础上进行了扩展，它认为场域之间是存在互动关系的，所有场域都会嵌入另一个范围更大的场域中，并受到这个更大场域的影响。以上四点说明，结合后的场域理论与本研究是契合的。

二 理论完备性

相比合作竞争理论、社会网络理论和新制度主义理论，结合后的场域理论分析视角更加全面和完备。不仅能够克服其他理论的局限性和弱点，还可以和社会网络理论、平台经济学理论和传播政治经济学理论进行整合。

（一）结合后的场域理论优势

合作竞争理论、社会网络理论和新制度主义场域理论的局限性和弱点体现在多个方面，结合后的场域理论可以克服它们的局限性和弱点，具体如表 1.1 所示。

表 1.1　　　　　　　　　　五个理论的主要侧重点

	合作竞争	社会网络	新制度主义	经典场域	战略行动场域
场域与其他场域之间的关系					√
场域结构	√	√	√	√	√
场域的形成和变化			√		√
场域对行动者的影响			√	√	√
行动者之间的竞合格局	√	√			
行动者的能动性	√			√	√
文化传媒生产领域	√	√			

注：场域在合作竞争理论中称为"价值链系统"，在社会网络理论中称为"网络"，在新制度主义理论中称为"组织"；行动者在合作竞争理论中称为"企业"。竞合格局在社会网络理论中称为"网络结构"，在新制度主义理论中称为"组织结构"，在经典场域理论和战略行动场域理论中称为"权力结构"。

合作竞争理论提出了参与者价值链的概念，利用价值链来描述参与者之间的竞争和合作关系，扩展了波特的竞争战略管理理论。具体来说，在参与者价值链中，除了竞争者、供应商和客户外，还存在一类互补者，即参与博弈的参与者之间可以是相互依存和互惠互利的关系。因而，企业在制定战略时，不仅要考虑自身的利益，还要考虑商业博弈的五大要素（PARTS）[①]。合作竞争战略是一个着眼于商业博弈动态变化过程的战略，十分适合用来分析在网络竞争环境下的企业。但是该理论主要关注任意企业之间的关系，忽略了真实的企业是嵌入在更大的社会系统中的，企业不仅会与多个企业产生联系，还会受到外部环境其他因素的影响。

社会网络理论认为，社会网络是由某些个体间的社会关系构成的相对稳定的系统，"网络"是连接行动者的一系列社会联系和社会关系，这些连接构成社会结构。在这个网络中，行动者可以是个人，也可以是某个集合单位；网络成员有差别地占有各种资源，而关系的数量、方向、密度、力量和行动者的位置，会影响资源流动的方式和效率[②]。在一个大的社会网络之中，同组的行动者互为朋友，而不同组的行动者间相互敌对，由此形成竞合格局。但社会网络理论重点关注网络的结构，无法解释社会网络是如何产生的以及网络因何发生变化。

新制度主义理论认为场域是指那些组成了制度性生活公认领域组织的集合。新制度主义在考虑了所有相关的行动者后，其内部组织拥有三种类型的同形机制：组织内部参与者专业化导致了规范性同形，模糊的目标和不确定的手段导致了模仿性同形，组织对其他组织依赖性导致了强制性同形。随着时间推移，场域内外围和实力较弱的参与者会模仿那些核心和实力较强的参与者。最终，不同组织形式和实践会逐渐趋同[③]。新制度主义理论描绘了一个标准化的世界，组织形式会从中心参与者扩

---

① ［美］拜瑞·J. 内勒巴夫、［美］亚当·M. 布兰登勃格：《合作竞争》，王煜昆、王煜全译，安徽人民出版社2000年版，第22—27页。

② Barry Wellman and Stephen D. Berkowitz, eds., *Social Structures: a Network Approach*, Vol. 15. CUP Archive, 1988, pp. 15–19.

③ Paul J. DiMaggio and Walter W. Powell, "The Iron Cage Revisited: Institutional Isomorphism and Collective Rationality in Organizational Fields", *American Sociological Review*, Vol. 48, No. 2, 1983, pp. 147–160.

散到外围参与者,在进行动态分析时,强调稳定性和一致性。此外,新制度主义理论只关注到结构性力量对行动者的约束作用,但对行动者的能动性和自主性缺乏关注。

(二) 结合的场域理论与其他理论

1. 结合的场域理论与社会网络理论

社会网络理论认为"网络"是连接行动者的一系列社会联系和社会关系,这些连接构成社会结构①。在这个网络中,行动者可以是个人,也可以是某个集合单位;网络成员有差别地占有各种稀缺性资源,而关系的数量、方向、密度、力量和行动者的位置,会影响资源流动的方式和效率。当这些资源成为争夺的焦点并发挥"社会权力关系"的作用时,资源就变成了资本②。可以看到,社会网络理论与场域理论具有天然的关联性,它们都关注"关系"。

DiMaggio 和 Powell 最早提出了可以使用社会网络分析法来构造场域的结构模型③。但是社会网络理论只是提供了一种分析技术,用来描述网络结构,行动者的位置和位置的变化,却无法解释社会网络是如何产生的以及网络因何发生变化。社会网络分析法只有在一个强有力的场域动力理论支持下,才能发挥更大的作用。具体来说,一个网络是个人、团体或组织争先恐后地攫取利益的舞台,那么这个网络的基本逻辑并不是编码在网络结构中,而是编码在权力、特权、资源和规则等概念中④。

2. 结合的场域理论与平台经济学理论

平台经济学理论认为"平台"是一种交易空间或场所,可以存在于现实世界,也可以存在于虚拟网络空间,该空间引导或促成双方或多方

---

① Barry Wellman and Stephen D. Berkowitz, eds., *Social Structures: a Network Approach*, Vol. 15. CUP Archive, 1988, pp. 15 – 19.

② [法]皮埃尔·布迪厄:《文化资本与社会炼金术》,包亚明编译,上海人民出版社1997年版,第189—211页。

③ Paul J. DiMaggio and Walter W. Powell, "The Iron Cage Revisited: Institutional Isomorphism and Collective Rationality in Organizational Fields", *American Sociological Review*, Vol. 48, No. 2, 1983, pp. 147 – 160.

④ Neil Fligstein and Doug McAdam, *A Theory of Fields*, Oxford: Oxford University Press, 2012, p. 30.

客户之间的交易，并且通过收取恰当的费用而努力吸引交易各方使用该空间或场所，最终实现收益最大化①。基于平台，企业的运作模式发生了根本性颠倒——关注业务外部的人、资源和功能，用于补充或替代存在于传统商业模式内的要素。但是外部资源并没有完全取代内部资源，而通常是互补的关系②。可以看到，平台经济学理论和场域理论具有一定的联系，它们不仅关注场域内部活动，也关注自身所嵌入的更大场域中的情况。

平台可以被看作是较大范围场域中的一个子场域。在这个场域中，有众多行动者（生产者和消费者），有时也包括数字平台本身。在大多数情况下，数字平台是制定场域内的规则，控制信息和资源的流动方向和方式的主导者；其他行动者遵循平台制定的规则。平台作为子场域，其内部的改变主要源于更大场域环境的变化。

3. 结合的场域理论与传播政治经济学理论

传播政治经济学脱胎于政治经济学。从狭义上来说，政治经济学的研究对象是各种社会关系，特别是权力关系，正是它们共同建构了资源的生产、分配与消费。从广义上来说，他认为政治经济学是关于社会生活中控制与存在的研究。控制是政治过程，指个人和集体成员的内部组织，而生存是经济意义上的，指采取手段制造为了再生产自身必需的东西③。具体到传播政治经济学，赵月枝提供了一个经过发展的分析框架，阐述了传播政治经济学的四个相互关联的要素——情境化、图绘、衡量和评估以及实践和干预。情境化是指传播政治经济学主张去媒体中心论，避免传播本质主义，置传播现象于资本主义社会不平等权力关系的大背景之下，把传播体系看作社会中经济、政治、社会和文化过程的一个组成部分。图绘是指对权力场域与控制机制进行图绘，揭露政治经济权力中心与传播权力中心之间是怎样的相互建构关系。衡量和评估是指从一

---

① 徐晋、张祥建：《平台经济学初探》，《中国工业经济》2006 年第 5 期。
② ［美］杰奥夫雷·G. 帕克、［美］马歇尔·W. 范·埃尔斯泰恩、［美］桑基特·保罗·邱达利：《平台革命：改变世界的商业模式》，志鹏译，机械工业出版社 2017 年版，第 5—6 页。
③ ［加］文森特·莫斯可：《传播政治经济学》，胡春阳等译，上海译文出版社 2013 年版，第 30—31 页。

定的价值观出发，对传播机构和过程进行衡量和评估。实践和干预是指知识是理论和实践相结合的产物①。

传播政治经济学与场域理论有着较多的联系。首先，布迪厄提到希望建构起一门有关实践和有关符号权力的统一的政治经济学。这种政治经济学可以有效地将现象学的分析角度和结构性的分析角度结合成为一体化的社会研究方式②。其次，布迪厄在其场域理论中使用大量来自马克思主义政治经济学的用语，如资本、生产和再生产等，尽管这些概念在场域理论中发生了变化③。再次，场域对内是一种结构化的中观社会秩序，在这个场域中，行动者会基于对场域目标、与该场域其他人之间的关系和对场域规则的共同理解而进行协调和竞争，对外嵌入到其他具有复杂网络的场域中④，这与传播政治经济学中的情境化和图绘保持一致。最后，布迪厄认同实践和干预的主张，从事社会科学研究与积极参与社会运动两者并不矛盾⑤。

综上所述，以结合的场域理论作为理论框架的基底，可以利用场域理论来展现传媒生产的复杂性。从时间维度上看，该理论既能分析行动者之间的静态竞合关系，也能阐释竞合格局的动态变化过程以及变化的原因。从空间维度上看，该理论既关注场域的结构，也关注场域作为一个整体与其他场域之间的关系，以及其对内部结构的影响。从主客观维度上看，该理论超越了社会物理学和社会现象学二元论，将结构主义和建构主义结合起来，既关注结构的内部情况，结构性力量的限制作用，也关注行动者的主观能动性。

---

① 赵月枝：《传播与社会：政治经济与文化分析》，中国传媒大学出版社 2011 年版，第 9—11 页。

② ［法］皮埃尔·布迪厄、［美］华康德：《实践与反思：反思社会学导引》，李猛、李康译，中央编译出版社 1998 年版，第 2 页。

③ ［法］皮埃尔·布迪厄、［美］华康德：《实践与反思：反思社会学导引》，李猛、李康译，中央编译出版社 1998 年版，第 134 页。

④ Neil Fligstein and Doug McAdam, *A Theory of Fields*, Oxford: Oxford University Press, 2012, p. 9.

⑤ Pierre Bourdieu P. et al., "A Reasoned Utopia and Economic Fatalism", *New Left Review*, No. 227, 1998, pp. 125–130.

第二节　理论框架和研究方法

以结合的场域理论为基础，将社会网络理论、平台经济学理论和传播政治经济学理论整合进来，针对研究问题，构建了研究思路（图1.1）。本研究的理论框架分为四个部分，用于分析四大问题："平台视域下网剧生产竞合格局发生了怎样的变化（问题1）""网剧生产竞合格局的变化过程中，外部环境和平台策略发挥了怎样的作用（问题2）""网剧生产竞合格局的变化对网剧生产的市场收益产生怎样的影响（问题3）""网剧生产竞合格局的变化对网剧生产内容的多样性产生怎样的影响（问题4）"。

支撑理论	研究内容		研究方法
社会网络理论	网剧生产者竞合格局的演进	动态演进	社会网络分析法
		静止状态	
	网剧生产者竞合格局演进动因：外部环境和平台策略		历史研究法
平台经济学 传播政治经济学	网剧生产者竞合格局变化与生产者市场收益	竞争地位和生产者市场收益	档案研究法（多元回归分析）
		数字平台企业和生产者市场收益	
		生产者市场收益和下一年竞争地位	
	网剧生产者竞合格局变化与生产内容多样性	网剧生产内容多样性的变化	内容分析法
		电视剧和网剧生产内容多样性的对比	

（左侧纵贯："结合的场域理论"）

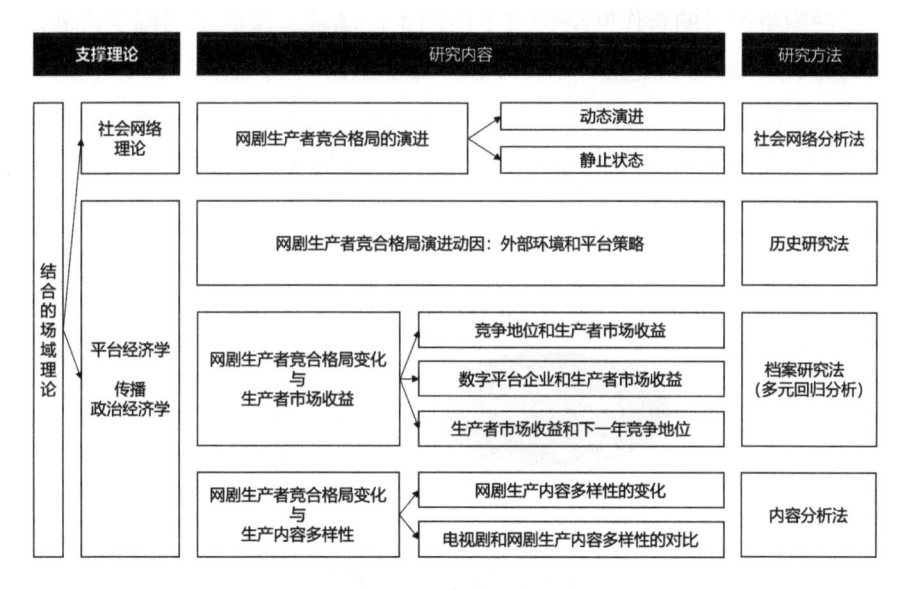

图1.1　研究思路图

一　网剧生产竞合格局的演进

本部分基于结合的场域理论和社会网络理论分析网剧生产者之间的竞合格局，回答"平台视域下网剧生产竞合格局发生了怎样的变化（问题1）"。问题1可细分为两大部分，场域中网剧生产竞合格局发生了怎样的变化?数字平台在网剧生产场域中的地位是怎么变化的(问题1.1)?当前以网络视频平台作为播放渠道的影视剧生产场域内生产者的竞合格局是怎样的?数字平台处于什么地位?(问题1.2)。

(一)理论分析框架：场域理论和社会网络理论

1. 网剧生产竞合关系网络的构成

布迪厄和华康德认为每个场域都规定了各自特有的价值观，拥有各自特有的调控原则。这些原则界定了一个社会构建的空间。在这样的空间里，行动者根据他们在空间里所占据的位置进行着争夺，以求改变或力图维持其空间的范围或形式[①]。Fligstein 和 McAdam 认为战略行动场域是社会集体行动的一个基本单位，它是一种结构化的中观社会秩序，在这个场域中，行动者会基于对场域目标、与该场域其他人之间的关系以及场域中的规则的共同理解而进行协调和竞争[②]。

网剧生产者的合作网络构成了网剧生产场域，反映了网剧生产者之间的竞合格局。网剧生产场域属于影视剧生产的场域，它是有边界的，其边界取决于播放渠道，若是只在网络播放或是在网络优先播放，则该网剧的所有生产者属于网剧生产场域，否则属于电视剧生产场域，如图1.2的阴影部分。

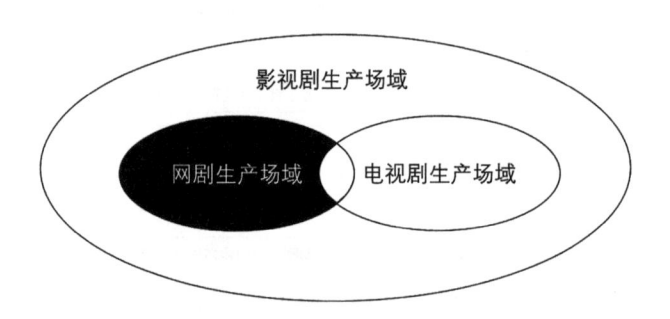

图1.2 影视剧生产场域

[①] [法]皮埃尔·布迪厄、[美]华康德：《实践与反思：反思社会学导引》，李猛、李康译，中央编译出版社1998年版，第17—18页。

[②] Neil Fligstein and Doug McAdam, *A Theory of Fields*, Oxford: Oxford University Press, 2012, p. 9.

网剧生产场域由行动者、竞合关系和各种以资本形式存在的资源构成。行动者是网剧生产者，它们在生产过程中需要不同类型的资源，资金、文化资源和制度资源等。不同生产者在生产场域中拥有不同的资源类型，因而占据不同的竞争位置；一些生产者缺少某些资源，便通过合作生产来获取。在网剧生产场域中，作为行动者的网剧生产者可以分为数字平台和传统传媒机构，其中数字平台是指网络视频平台及其背后的企业；传统传媒机构是指其业务涉及影视剧生产的机构，按照产权性质可分为国有传媒机构、民营传媒机构和境外传媒机构。

2. 网剧生产者的位置

场域的结构与权力是一种双向互动的关系。场域结构决定了行动者的权力[1]。另外，权力场域决定了其他场域的结构[2]。在这个过程中，场域本身的形塑和划分成为核心焦点，即权力场域决定了其他场域中资本的分配比例及其再生产的权力，而资本分配结构决定了行动者所处的位置[3]。由于网剧生产场域是一个从无到有建立起来的场域，网剧生产者间的角色划分是一个动态发展的过程。

（二）研究方法：社会网络分析法

社会网络理论认为在一个大的社会网络之中，同组的行动者互为朋友，而不同组的行动者间相互敌对，由此形成竞合关系。基于此，本部分利用结合的场域理论和社会网络理论，把社会网络分析法作为工具来研究网剧生产场域中，生产者之间的竞合格局。在本部分，社会网络是网剧合作生产网络，节点是不同的网剧生产者。网络中的节点通过合作生产一部网剧建立连接。网络中的位置反映了网剧生产者的竞争地位。

1. 数据资料收集和处理

在动态分析部分，本部分仅分析网剧生产场域，原因是2007—2017

---

[1] ［法］皮埃尔·布迪厄、［美］华康德：《实践与反思：反思社会学导引》，李猛、李康译，中央编译出版社1998年版，第134页。

[2] ［法］皮埃尔·布迪厄、［美］华康德：《实践与反思：反思社会学导引》，李猛、李康译，中央编译出版社1998年版，第70页。

[3] ［法］皮埃尔·布迪厄、［美］华康德：《实践与反思：反思社会学导引》，李猛、李康译，中央编译出版社1998年版，第18、156页。

年存在着大量通过电视台渠道播放的影视剧，而这类数据缺失比较严重，无法进行准确地收集，影响分析的一致性和结果。在静态分析部分，本部分不仅分析网剧生产场域，还分析网剧生产场域和电视剧生产场域交叉的部分，以全面展现当前通过网络渠道播放的影视剧所在的生产场域的情况。

网剧竞合关系的数据分为两部分，网剧数据和合作关系数据。网剧数据收集处理步骤如下：(1) 本部分通过 Python 在腾讯视频、爱奇艺、优酷、芒果 TV、咪咕视频、PP 视频、搜狐视频和乐视网上爬取数据，汇总后进行去重。(2) 由于爬取数据并不包括已经下架的数据，本部分通过百度百科、骨朵传媒和网络搜索的方式对已有数据进行补充，确保数据完整性。(3) 根据网剧的定义筛选出数据。网剧是指只在网络播放和以先网后台形式播放的单元剧和连续剧。在内容形式上，不包括平均单集长度小于 5 分钟的短剧和难以监测观看时间的互动剧，因为两者与传统网剧存在明显不同，且处在发展初期，其生产者还未呈现出明确的竞合关系。在地理范围上，主要关注中国大陆地区的网剧，即出品方和制作方组成中存在总部注册地为中国大陆的企业、中国大陆的政府机构或中国大陆的社会团体。在时间范围上，以第一部以组织形式生产的网剧《迷狂》的上线时间 2007 年作为起始点，受限于收集数据时间，以 2020 年作为终止点，最终获得 1491 个网剧数据，78 个电视剧数据。(4) 为了保证数据准确性，本部分利用猫眼电影专业版和骨朵传媒上的数据进行交叉验证。

合作关系数据包括原始合作关系数据和经过股权结构分析合并后的数据。前者收集处理步骤如下：(1) 本部分在数据收集前，对网剧生产者进行定义。网剧生产者是指对网剧生产内容和生产过程具有影响力的行动者，在网剧生产中被命名为（联合）出品方、（联合）摄制方、（联合）承制方、（联合）制作方和（联合）拍摄方等。在中国，出品方主要负责投资，主要影响生产内容，如题材、导演、编剧和演员的选择，而其他生产角色主要负责拍摄和制作，主要影响生产过程，如具体的创作形式和手法。(2) 针对未下架的网剧，本部分通过观看网剧片头曲和片尾曲方式，手工收集数据。(3) 针对已下架的网剧，本部分通过官方微博、网剧海报、猫眼电影专业版和骨朵传媒来获取数据。（4）为了保证数据准确性，本部分还利用猫眼电影专业版和骨朵传媒上的数据进行交叉验证，确保合作生产数据的真实性和完整性。

在原始合作关系数据基础上，本部分用天眼查对具有企业性质的生产者进行了股权结构分析，并对数据进行合并，合并规则如下：（1）若当年企业 A 是企业 B 的实际控制人，则把企业 A 和企业 B 合并为企业 A；（2）若不存在情况（1），但当年企业 A 拥有企业 B 一半以上的股份，则把企业 A 和企业 B 合并为企业 A；（3）若不存在情况（1）和情况（2），但当年企业 A 被认定为是企业 B 的控股股东，则把企业 A 和企业 B 合并为企业 A；（4）若不存在情况（1）、情况（2）和情况（3），但当年企业 A 和企业 B 是一致行动企业时，则把企业 A 和企业 B 合并为企业 A。

网剧生产者可以分为数字平台和传统传媒机构，传统传媒机构按照产权性质可分为国有传媒机构、民营传媒机构和境外传媒机构。以上网剧生产者类型在数据处理中遵循以下规则：（1）数字平台是指提供正版网剧点播服务的网络视频平台及其背后的企业；（2）国有机构是指控股股东或实际控制人是国家的传统传媒机构和政府机构；（3）民营机构是指其控股股东或实际控制人是个人的传统传媒机构；（4）境外机构是指其控股股东或实际控制人的注册地不在中国大陆境内的传统传媒机构；（5）当某个生产者同时是数字平台和国有（民营）传媒机构时，认定该生产者为数字平台；（6）当某个生产者是中外合资时，认定该生产者为民营机构。

2. 变量定义

社会网络分析将从三个层面展开，整体视角、聚类视角和网剧生产者视角。从整体视角，本部分主要分析网络的规模、直径、密度和平均距离，其中网络规模可用节点数和连接数衡量。从聚类视角，本部分主要分析网络的成分数量、成分的平均规模和最大成分。

从网剧生产者视角，竞争地位也可理解为"权力"，即相对社会关系。在社会网络理论中，相对社会关系可利用中心性和跨越结构洞来进行定量表述。

中心性是指行动者在网络中处于怎样的位置，中心性越大，代表其在场域中的相对地位也就越高，中心性可由度数中心度、接近中心度、特征向量中心度和中介中心度来衡量。度数中心度可以反映网剧生产者直接合作关系的数量。度数中心度越大，说明它在场域内与其他网剧生产者关系越多，它的生产活动越活跃，进而在信息和资源流动中占据中心位置，发挥主导作用。接近中心度可以反映网剧生产者与其他网剧生产者关系的紧密程度。接近中心度越大，说明它在场域内与其他网剧生产者的关系越紧密，它建立关系所依赖的中介越少，独立性越高，进而在获取资源和信息过程中成本低效率高。特征向量中心度可以反映网剧生产者合作者的影响力。特征向量中心度越大，说明它的合作伙伴在场域内位置越重要，影响力越大，即合作者的位置也会影响自身的重要性。中介中心度可以反映网剧生产者作为中介的重要程度。中介中心度越大，说明它在场域内对信息和资源的控制程度越强，即其他生产者要建立合作关系必须通过它牵线搭桥来完成。

结构洞是指当网络中某个行动者所连接的两个行动者之间不存在直接的连接关系，则称该行动者为"结构洞"。跨越结构洞的节点与一个聚类内部的其他节点紧密相连，与此同时，该节点在具有高度异质性的聚类之间跨越，以使该节点拥有经纪性。经纪性越大，代表其在场域中提供异质性的信息和资源的能力越强，控制信息和资源的流动的能力越强，即场域中的相对地位越高。跨越结构洞可由网络约束度来衡量。网络约束度可以反映网剧生产者对信息和资源流动的控制权。网络约束度越大，说明它在场域内缺乏对信息和资源流动的控制权，没有占据重要的桥接位置。以上指标的具体衡量方法如表 1.2 所示。指标主要采用 Ucinet 6 来进行计算。为了方便比较，网剧生产者视角的数据都由软件进行了标准化处理。

在网剧生产者视角部分，为了观察核心网剧生产者竞争地位的整体变化，本部分把每个生产者的度数中心度、接近中心度、特征向量中心度、中介中心度和网络约束度相反数之和的平均值作为排序依据，筛选出排名前十的所有网剧生产者和所有平台型网剧生产者，观察它们竞争地位的变化。

表 1.2　　　　　　　　　　网剧竞合关系的测度

视角	变量	指标	衡量方法
整体视角	网络规模	节点数和连接数	节点数：网剧生产者数量 连接数：网剧生产者合作关系数量
	直径	网络直径	网络中所有最短路径的最大值
	密度	网络密度	连接数/理论最大连接数
	平均距离	平均距离	一个网络中，所有最短路径之和的平均值
聚类视角	成分数量	成分数量	成分的数量
	成分的平均规模	成分的平均规模	成分规模平均数
	最大成分	最大成分规模和占比	最大成分的节点数和节点数比例
网剧生产者视角	中心性	度数中心度	连接其他节点的数量
		接近中心度	一个节点能到达节点的数量/所能到达节点的最短路径之和
		特征向量中心度	边数/理论最大边数
		中介中心度	某个节点被其他节点以最短路径通过的数量/最短路径总数
	跨越结构洞	网络约束度	节点对于其他所有节点的依赖程度

二　网剧生产竞合格局演进的动因：外部环境和平台策略

本部分基于结合的场域理论和平台经济学理论来分析网剧生产竞合格局演进的动因。基于上一部分的分析结果，回答"网剧生产竞合格局的变化过程中，外部环境和平台策略发挥了怎样的作用（问题2）"。问题2可细分为两大部分，在网剧出现之前，网络视频平台的诞生初期，外部环境和数字平台的策略是怎样的？这个过程中数字平台积累了哪些资本（问题2.1）？在网剧出现之后，网剧生产竞合格局演进的过程中外部环境和平台策略发挥了怎样的作用（问题2.2）？

（一）理论分析框架：场域理论和平台经济学理论

网剧生产的竞合关系构成了场域，因此竞合格局的动态变化主要源于场域中各种特殊力量之间的距离、鸿沟和不对称关系。进一步说，各种网剧生产者会根据自身的位置采取策略，争夺社会资源和权力资本，保证或改善自身的位置，这个过程会导致竞合格局的变化。此外，这种变化的动力不仅来自内部，还来自外部。网剧生产场域所嵌入的更广泛复杂的场域发生了变化将带来持续不断的动荡时刻。

布迪厄认为不同场域之间的关系是一个极其复杂的问题，必须因地制宜，在具体的经验研究中进行分析。战略行动场域理论针对该问题建立了一个理论模型，该理论认为所有场域都嵌入其他具有复杂网络的场域中。根据场域之间的关系，可以进行两组区分。第一组区分是远场和近场，远场是指联系很弱且没有能力影响当前场域的场域；近场是指联系较为紧密且能够对当前场域产生影响的场域。第二组区分是依赖型场域和相互影响型场域，依赖型场域是指该场域受到另一个场域的影响较大，这种关系源于法律契约、官僚授权和各种资源依赖；相互影响型场域是指两个相互联系的场域对彼此的影响程度趋同。在一组区分中存在着特例，一些场域可能和其他场域没有联系，且不受其他场域的影响，这种场域称为独立型场域。第三组区分是国家场域和非国家场域，在现实中，只有国家才有正式权力干预和制定规则，并对其他场域的合法性和可行性发表一般性意见[1]。因此，在大多数情况下，国家场域就是发挥着"元场域"功能的权力场域。此外，其他外部场域从来不直接作用在主场域的行动者身上，而是以主场域作为中介，先作用并重新形塑主场域，才能对行动者产生影响[2]。

网剧生产场域嵌入的环境如图1.3所示。网剧生产场域和电视剧生产场域有交叉，但两者同属于影视剧生产场域；影视剧生产场域的上游和下游是近场或远场，它们一起构成了影视剧行业的产业链（场域）；影视剧产业链每个环节都可能和平台生态构成的场域有交叉；影视剧行业的产业链和平台场域受到外部环境（场域）的影响。基于此，本部分构建理论分析框架，包括外部环境（场域）分析、影视剧产业链（场域）分析、平台场域分析和数字平台策略分析。

---

[1] Neil Fligstein and Doug McAdam, *A Theory of Fields*, Oxford: Oxford University Press, 2012, pp. 18–20.
[2] ［法］皮埃尔·布迪厄、［美］华康德：《实践与反思：反思社会学导引》，李猛、李康译，中央编译出版社1998年版，第144页。

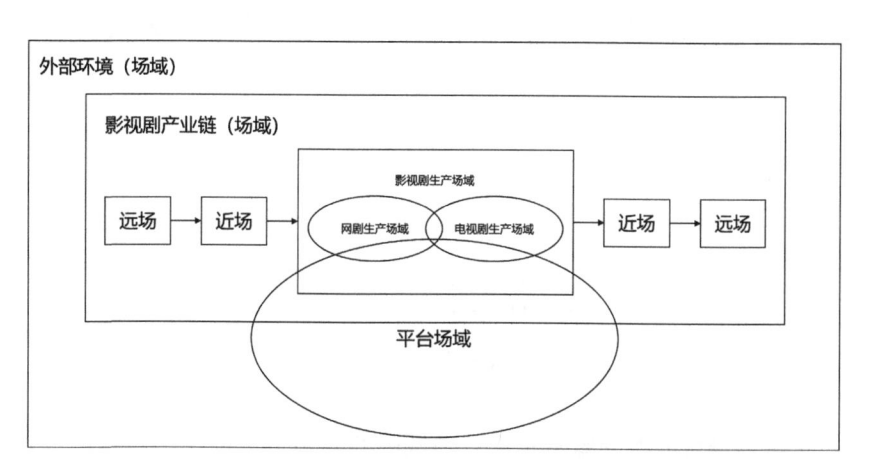

图1.3　影视剧（网剧）生产场域及其所属场域

1. 外部环境（场域）

本部分关注外部环境（场域）对网剧生产竞合格局的影响，外部环境可分为政策环境、技术环境和资本环境。政策环境属于国家场域，其有正式权力干预和制定规则，并对其他场域的合法性和可行性发表一般性意见①。技术环境属于非国家场域，代表着当前技术发展状况，主要包括作为基础设施的技术和应用层面的技术。资本环境属于非国家场域，代表着资金供给状态。一般而言，非国家场域的环境是依赖国家场域的环境而存在的。

2. 影视剧产业链（场域）

本部分关注影视剧产业链（场域）对网剧生产竞合格局的影响。影视剧产业链（场域）具体如图1.4所示。影视剧产业链可分为五个环节：融资、获取创作资源、影视创作、宣传发行和衍生销售，其中获取创作资源和影视创作属于影视剧生产场域，融资和宣传发行属于影视剧生产场域的近场，衍生销售属于影视剧生产场域的远场。场域之间的关系在不同阶段是不同的，可能是依赖型场域，即该场域受到另一个场域的影响较大，这种关系源于法律契约、官僚授权和各种资源依赖；也可能是

---

① Neil Fligstein and Doug McAdam, *A Theory of Fields*, Oxford: Oxford University Press, 2012, pp. 13, 20.

相互影响型场域，即两个相互联系的场域对彼此的影响程度趋同①。

```
融资 → 获取创作资源 → 影视创作 → 宣传发行 → 衍生销售
```

（"获取创作资源"与"影视创作"合为）影视剧生产场域（网剧生产场域）

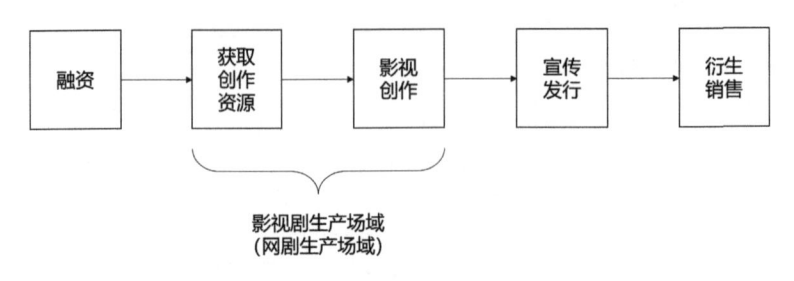

图 1.4　影视剧产业链（场域）

资本与场域的概念紧密相连，场域中的各种力量确定了特定的资本。只有在与一个场域的关系中，一种资本才得以存在并且发挥作用②。在场域中，资本分为四种形态，经济资本、文化资本、社会资本和符号资本。经济资本指货币和财产，它是其他资本的基础，在一定条件下，都能转换为其他资本；文化资本是文化商品与服务，主要包括身体化的文化能力，客观化的文化商品和机构化的教育文凭；社会资本是指某个个人或是群体，凭借拥有一个比较稳定又在一定程度上制度化的相互交往、彼此熟识的关系网，从而积累起来的资源的总和；符号资本是将经济资本，社会资本，文化资本用不成文的手段确立下来的合法体系，它不是具体形式，而是代表场域内的合法性。四种资本形态可以相互转化，但这些资本转换过程是缓慢的③。

在影视剧生产场域，网剧生产者拥有不同的资源和生产要素，按照场域实际情况可分为经济资本、文化资本、社会资本、政治资本和数据资本，其中经济资本是指生产过程中投资的资金，以股权、债权和自有现金流等形式存在；文化资本是指各类创作资源，以文化资源形式存在的版权，以劳动力形式存在的导演、编剧和演员等；社会资本是网剧生

---

① Neil Fligstein and Doug McAdam, *A Theory of Fields*, Oxford: Oxford University Press, 2012, pp. 13, 18.
② [法]皮埃尔·布迪厄、[美]华康德：《实践与反思：反思社会学导引》，李猛、李康译，中央编译出版社1998年版，第135页。
③ Pierre Bourdieu, "The Forms of Capital (1986)", *Cultural Theory: an Anthology*, Vol. 1, No. 81-93, 2011, p. 949.

产者之间的各种合作关系（不包括生产者之间的控股关系），生产者和场域外的其他个人、团体或组织的连接关系以及平台上的消费者；政治资本包括两类：一是作为政府机构的行政级别，国有企业的身份；二是国家、政府等公权力部分对影视剧影响力的重视程度，具体表现为政策的支持，一般特属于国有机构和受到政策扶持的机构。数据资本是指平台上众多消费者行为形成的数据，一般特属于数字平台。

3. 平台场域

本部分关注平台场域对网剧生产竞合格局的影响。平台场域不仅包括网络视频平台，还包括其他和影视剧产业链有交集的平台，如门户网站、社交媒体平台、众筹平台、电商平台、网络文学平台和网络游戏平台等，它们一起构成了平台生态。

平台场域和影视剧产业链（场域）交集的程度和方式由数字平台拥有的资本数量和结构决定。在融资环节，一些数字平台拥有经济资本和社会资本。一方面，数字平台可以通过常规的自有积累、债券融资（银行借款和发行债券）和股权融资（风险投资机构和IPO）来获取资金，这些资金可以支持网剧创作；另一方面，数字平台可以借助自有的众筹平台获取资金来支持网剧创作。在获取创作资源和影视创作环节，一些数字平台拥有文化资本。一方面，数字平台通过并购的方式获取以文化资源形式存在的版权，以劳动力形式存在的导演、编剧和演员等，即将经济资本转化为文化资本；另一方面，数字平台借助网络文学平台、网络游戏平台和网络漫画平台来积累文化资本。在宣传发行环节，一些数字平台拥有社会资本，并以两种形式存在，一是在网络视频平台上的消费者，二是在门户网站和社交媒体平台上的消费者，但可以把他们导向网络视频平台。在衍生销售环节，一些数字平台拥有文化资本和社会资本，即拥有衍生品制作的版权和销售衍生品的电商平台。在所有环节，一些数字平台拥有数据资本，即把每个环节的用户活动转换为数据，而数据又可以作为每个环节活动的决策依据。不过，值得注意的是，随着时间推移，平台生态内部会逐渐聚合，每个环节之间的界限不再分明。如当前腾讯视频平台上聚合了网络文学平台和网络漫画平台的内容，优酷平台上可以购买衍生品。

网络视频平台场域具体如图1.5所示。基于平台经济学理论，平台由参与层、规则层和数据层构成。参与层是指平台的多边参与方，主要包括各类生产者和消费者。双方在平台的活动中生成原始信息，是平台组织成型后服务的主体对象。规则层是平台各种不同类型的规则组成的系统。规则系统将参与层生成的原始信息结构化和规范化，并与参与层进行互动，生成数据结构。数据层是平台所有活动的数据，既有结构化的数据，也有不规则数据，这些数据经过处理后可以支持平台对参与层和规则层进行调整。三个层级组成了一个系统，信息流、数据流、规则流和利益流在三者之间循环流动[①]。具体到网络视频领域，基于技术基础设施建立的平台中，有影视剧（网剧）生产者，消费者和其他参与者（广告主、宣发服务商、金融服务商和电子商务服务商等）。平台为了维持信息流、规则流、数据流和利益流在不同层次之间流动，会引导和促成三者之间的匹配和互动，具体来说，有以下方式：（1）分析消费者的需求特征和平台所面向的市场细分，向三者提供多个能够进入平台内部的渠道；（2）按照一定规则，对影视剧（网剧）生产者的供给进行监督和控制；（3）按照一定规则，向消费者提供消费影视剧（网剧）的工具与服务；（4）平台利用分发工具与服务来合理匹配影视剧（网剧）生产者、消费者和其他参与者，包括搜索工具、社交关注、编辑筛选和算法推荐等；（5）随着加入平台的消费者的数量越来越多，平台会向消费者和其他参与者进行收费，实现盈利。

4. 数字平台策略

本部分关注数字平台策略对网剧生产竞合格局影响。在场域中，行动者使用策略是为了争夺有利位置，获取权力资本和设定场域规则。行动者是资本的承载者，基于他们利用自身所有的资本数量和结构在场域中所占据的位置，他们具有一种使他们积极踊跃行事的倾向，其目的要么是竭力维持现有的资本分配格局，要么是颠覆它[②]。是颠覆，还是守成，取决于行动者拥有的资本的数量和结构，也取决于场域的规则以及

[①] 徐晋：《平台经济学》，上海交通大学出版社2013年版，第126—128页。
[②] ［法］皮埃尔·布迪厄、［美］华康德：《实践与反思：反思社会学导引》，李猛、李康译，中央编译出版社1998年版，第148页。

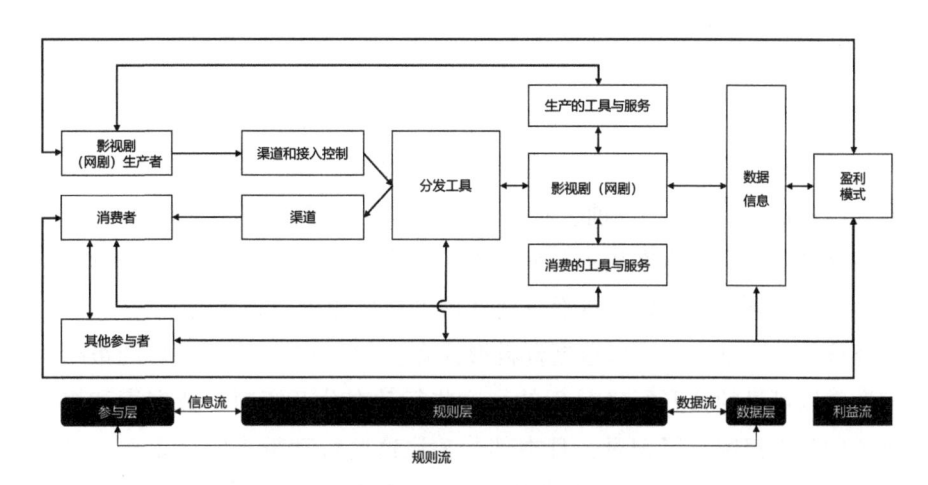

图 1.5　以影视剧为核心的网络视频平台场域

场域所嵌入的更大的社会系统中①。一般采取三种不同的策略，保守、颠覆和继承。具体到网剧生产场域，早期的网剧生产场域采用的策略不属于三种策略的一种。研究认为其早期采取的策略是"创造"，即创造一个新的场域——网剧生产场域。在新场域中，数字平台创造新的规则和共识，重新定义不同资本类型的重要程度，并获取各种类型资本。随着数字平台成为了网剧生产场域的主导者，它们才开始采取"保守"和"继承"策略。

尽管数字平台可能采取三种不同的策略，但数字平台最根本的目的是收益最大化。为了实现利益最大化，平台必须满足内容生产者和消费者对效用的追求。只有获取了这些核心用户，其他参与方才会进入平台，为平台带来更多利益。对于生产者来说，他们有获取经济资本的需求；对于消费者来说，他们有消费视频内容与和其他消费者互动的需求。因此，数字平台不仅要提供内容和社交的相关服务，还要利用多个渠道和多种分发工具保证平台内的信息流、规则流和数据流的持续流动性，并开发多种盈利模式收获利益流。

---

①　[法] 皮埃尔·布迪厄、[美] 华康德:《实践与反思：反思社会学导引》，李猛、李康译，中央编译出版社1998年版，第136页。

(二) 研究方法：历史研究法

基于上一部分的分析结果，本部分基于结合的场域理论和平台经济学理论，利用历史研究法来分析网剧生产竞合格局变化的动因。历史研究法是指利用公开的材料来研究某个社会现象，储卉娟就用互联网历史研究法分析了 2013 年以前，技术和法律是怎么塑造网络文学生产的[①]。虽然网剧和网络文学在生产流程上具有差异，但该方法可以用来分析网剧生产竞合格局的变化。本部分选择该方法的原因有以下几点：（1）外部环境的状况基本都是以数据资料形式存在的。（2）数字平台的策略大多数是以可见的公开行动呈现的，这些行动在公开资料、数据库和媒体报道中基本都留下了记录，且本部分关注这些行动带来的结果而不是这些行动的决策过程。（3）其他方法可行性较低。例如，深度访谈法不仅需要访谈 2007—2020 年涉及网络视频平台业务的大部分管理者，还要确保管理者能够在访谈中提供非公开的内容，不具有可行性。实地调查法无法回溯早期数字平台的状况。

1. 数据资料收集和处理

尽管第一部网剧诞生于 2007 年，但网剧的兴起离不开网络视频平台的发展。因此，所有数据资料从互联网平台开始提供影视剧观看服务开始，即 1996 年 1 月。

外部环境可分为政策环境、技术环境和资本环境。政策环境数据资料主要来自《中国广播电视年鉴》、国家广播电视总局、国家互联网信息办公室以及文化和旅游部发布的政策文件。政策数量较多，本部分选择与研究问题密切相关的进行阐释。技术环境数据资料主要来自中国互联网信息中心和中国信息通信研究院；资本环境数据资料主要来自国家统计局、国泰安数据库、天眼查和 IT 桔子。数字平台的策略数据资料来自数字平台的发布会、公开财务报告、媒体报道、网页的历史记录信息（Internet Archive）、天眼查和 IT 桔子。

---

① 储卉娟：《说书人与梦工厂：技术、法律与网络文学生产》，社会科学文献出版社 2019 年版，第 17—21 页。

三 网剧生产竞合格局变化与生产者的市场收益

本部分基于结合的场域理论、平台经济学理论和传播政治经济学理论分析网剧生产竞合格局变化对网剧生产者市场收益的影响，回答"网剧生产竞合格局的变化对网剧生产者的市场收益产生怎样的影响（问题3）"。问题3可细分为三大部分，竞合格局和网剧生产者在同一年的市场收益有何关系（问题3.1）？数字平台的参与对网剧生产的市场收益有何影响（问题3.2）？网剧生产者当年的市场收益能否改善其下一年的竞争地位？数字平台、非数字平台、平台合作机构和非平台合作机构有什么差别（问题3.3）？

（一）理论分析框架：场域理论、平台经济学理论和传播政治经济学理论

1. 网剧生产场域的位置与资本的生产、流通和分配

在《资本论》中，马克思通过对资本的生产过程、流通过程和分配过程进行研究，分析了剩余价值的生产、实现和分配。生产过程始于资本家利用货币资本购买劳动力和生产资料，劳动者运用劳动资料对劳动对象进行加工，产品归资本家所有，但是劳动力的价值和劳动力在劳动过程中创造的价值是有差别的，这个差额最终体现在出售价格高于初始投资，多出来的部分便是剩余价值，而剩余价值分配后可以用于再生产，以进一步扩大资本的积累，这个过程循环往复，最终实现剥削①。把资本的生产过程、流通过程和分配过程看作场域的一部分，场域就能发挥构型功能，对影响行动者及其社会实践的外在力量产生自主的形塑机制②。行动者在场域中的位置作为一种社会结构，既提供机会又提供社会约束，是行动者行为的客观前提和基础。行动者根据场域中的关系制定具体的行动策略。因此，场域结构间接影响了行动者社会实践的结果。场域结构给行动者带来的收益和分配结果并非均等，而是依据行动者占据的位置而变。关系结构的对称带来结果的平等，反之，关系不对称造成行动

---

① ［德］卡尔·马克思:《资本论》第一卷，人民出版社2004年版。
② ［法］皮埃尔·布迪厄、［美］华康德:《实践与反思：反思社会学导引》，李猛、李康译，中央编译出版社1998年版，第144页。

者之间的收益和分配不平等。而这种不平等又会影响下一阶段行动者的位置，对资本再生产过程产生影响（见图1.6）。

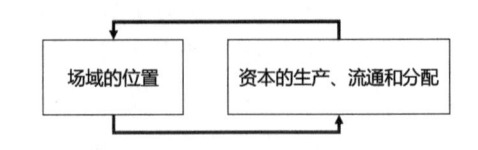

图1.6　场域的位置与资本的生产、流通和分配

具体到网剧生产场域，网剧生产者的竞争地位即是场域中占据的位置，资本的生产、流通和分配即是网剧生产获取和分配经济资本的过程，在整个过程中，网剧生产者的竞争地位和类型决定了初始资本的数量和质量，资本转换效率，管理能力和资本分配结果。基于此，本部分关注网剧生产者的竞争地位和类型对生产者市场收益获取和分配的影响，其中网剧生产者的类型重点关注数字平台。

2. 数字平台的特征

数字平台具有多个特征，与本部分研究问题直接相关的有网络效应、以数据为核心的基础设施以及平台生态。

网络效应是指一个平台的用户的数量对用户所能创造的价值的影响。网络效应可分为积极单边、积极交叉、消极单边和消极交叉四种。本部分主要关注积极的网络效应，积极的单边效应包括当同类用户数量上升时产生的积极效益，如社交网络平台。当用户从市场另一边的参与者数量增长中获益时，出现的是积极交叉效应，如网络视频平台[①]。

数字平台的运营以数据为基础，由参与层、规则层和数据层组成。平台通过整合围绕双边或多边市场参与者间交易行为的原始信息，在信息规范的有机作用下形成数据结构，该数据结构由数据层的云计算和人工智能技术处理后成为抽象性的大数据。运用大数据后面的经济规律，一方面调整原有的规则或是制定出更符合经济社会的新规则，另一方面用这些经济规律引导平台组织参与者的行为和活动，促进市场交易更频

---

① ［美］杰奥夫雷·G.帕克、［美］马歇尔·W.范·埃尔斯泰恩、［美］桑基特·保罗·邱达利：《平台革命：改变世界的商业模式》，志鹏译，机械工业出版社2017年版，第28—32页。

繁地进行，从而创造更多的市场价值。

数字平台可以形成平台生态。平台生态是指建立在数字平台基础上形成的企业网络化协同的整体图景。平台生态体系既可以被看作是平台模式成熟与发展的结果，也可以看作是服务于不同对象的多个平台形成了价值链后的整体图景①。当企业同时运营多个价值相关性高的平台时，往往会考虑将这几个平台进行信息打通与价值链连接。这样不仅能低成本地为平台的每个参与者提供额外的价值，更能为原本的平台中心提供更丰富的兑价手段

（二）研究方法：档案研究法为主，深度访谈法为辅

本部分基于场域理论、平台经济学理论和传播政治经济学理论，利用档案研究法和深度访谈法来研究网剧生产竞合格局变化对网剧生产者市场收益的影响。深度访谈法的具体信息见附录。

1. 数据资料收集和处理

本部分共有基础数据两组，生产者视角组和生产团队视角组，生产者视角把每年的单个网剧生产者作为一个样本，生产团队视角把每年的单个网剧生产团队（单个网剧）作为一个样本。在第一部分数据资料的基础上，本部分增加了新的数据资料。新的数据资料主要来自天眼查、豆瓣、猫眼电影专业版、骨朵传媒和百度指数。数据分为两组，生产者视角组最终获得 3518 个样本；生产团队视角组最终获得 1491 个样本。在生产者视角组基础上加入滞后项得到 920 个样本。数据处理采用 Ucinet6 和 Stata15 完成。

2. 研究模型和变量定义

本部分主要采用多元回归模型来验证问题，生产者视角组采用模型（1），生产团队视角组采用模型（2）。在生产者视角组基础上加入滞后项后采用模型（3）。

$$\text{Perform-Indiv}_{it} = \alpha_0 + \alpha_1 \text{Location-Indiv}_{it} + \alpha_2 \text{Platform 1}_{it} + \sum_k \alpha_k \text{Control1}_{it} + \varphi_{it} \quad 模型（1）$$

---

① 钟琦、杨雪帆、吴志樵：《平台生态系统价值共创的研究述评》，《系统工程理论与实践》2021 年第 2 期。

$$\text{Perform-Group}_{it} = \alpha_0 + \alpha_1 \text{Location-Group}_{it} + \alpha_2 \text{Platform 2}_{it}$$
$$+ \sum_k \alpha_k \text{Contro2l}_{it} + \varphi_{it} \qquad 模型（2）$$

$$\text{Location-Indiv}_{i(t+1)} = \alpha_0 + \alpha_1 \text{Perform-Indiv}_{it} + \alpha_2 \text{Location-Indiv}_{it}$$
$$+ \sum_k \alpha_k \text{Contro1l}_{it} + \varphi_{it} \qquad 模型（3）$$

在模型（1）—模型（3）中，i 代表网剧生产者，t 代表某一年，t+1 代表滞后一年，φ 是误差项。

Perform-Indiv 和 Perform-Group 分别是网剧生产者和网剧生产团队在当年的市场收益变量。为了衡量生产者和生产团队的市场收益，本部分从生产团队视角出发，先计算生产团队生产一部网剧的市场收益，再由网剧市场收益计算单个网剧生产者在当年的市场收益。

衡量网剧市场收益可以借鉴传媒行业中其他相似的品类——电影和电视剧，电影是以票房作为市场收益衡量方法，电视剧是以收视率作为市场收益衡量方法。但是，网剧没有像票房一样公开的收入数据；而与电视剧收视率对应的视频平台播放量数据并不完整。2018 年 9 月 3 日，爱奇艺为了规避"刷播放量"问题，关闭了前台播放量显示，以热度值代替；次年 1 月 18 日，优酷也采取了相同的措施；腾讯视频和芒果 TV 仍旧显示播放量，这些变化使得各平台之间丧失了可比性。为此，本部分重新选择和设计了新的衡量方法，电视收视率、平台播放量和平台热度主要代表着受众的观看行为，是基于注意力的数量来衡量市场收益。基于相同的逻辑，本部分选择微博指数、百度指数、微信指数、豆瓣评分人数、豆瓣短评数量和豆瓣长评数量作为备选指标，并进行了筛选和处理，具体步骤如下：（1）本部分剔除了微博指数和微信指数，两者目前只开放了最近六个月的查询结果，无法获得完整数据；（2）本部分保留了百度指数，百度指数主要取决于受众搜索量，反映了受众对该网剧感兴趣并引发了搜索行为；（3）本部分保留了豆瓣相关数据，通过咨询豆瓣工作人员和影视营销行业的从业者，明确了豆瓣设计了一套较为完整的算法来避免"违规刷量"问题，数据具有真实性，豆瓣相关数据反映了受众对该网剧有关注，并引发了评分和撰写影评行为；（4）本部分把网剧播放期间百度指数的最高值、豆瓣评分人数、豆瓣短评数量和豆瓣长评数量相加，取总和的对数来衡量网剧的市场收益。这么处理的理由是，四个指标单位不同，但它们衡量的都是观众的注意力，且研究只关注不同样本之间收益的相对值，单位的差别对最终结果没有影响。值得注意的是，市场收益指数取 0 并不代表网剧没有收益，但这个收益较小，趋近于 0。

Location-Indiv 和 Location-Group 分别是网剧生产者和网剧生产团队在网剧生产场域中的位置变量。网剧生产竞合关系构成了场域的结构，网剧生产者在场域中的位置代表其竞争（权力）地位，即相对社会关系。在社会网络理论中，相对社会关系可利用中心性和跨越结构洞来进行定量表述。因此，本部分参照第一部分，用度数中心度、接近中心度、特征向量中心度、中介中心度和网络约束度（跨越结构洞）来衡量网剧生产者的位置，由网剧生产团队中每个成员度数中心度、接近中心度、特征向量中心度、中介中心度和网络约束度（跨越结构洞）的总和来衡量网剧生产团队的位置。竞争地位总指标具体计算方法是先按照"（度数中心度＋接近中心度＋特征向量中心度＋中介中心度－网络约束度）/5"计算后，并对同一年所有数据从小到大进行排序，用序号除以当年网剧生产者数量，最终计算结果为竞争地位总指标，该值越大，说明竞争地位越高。

PLA、Platform 1 和 Platform 2 是平台参与的虚拟变量。PLA 代表网剧生产者属于数字平台。Platform 1 代表网剧生产者的合作者（不包括自身）属于数字平台；Platform 2 代表网剧生产团队中的成员有数字平台。以上变量具体计算方法如表 1.3 所示。

表 1.3　　　　　　　　　　因变量和自变量的定义和度量方法

类型	变量	含义	度量方法
因变量	Perform-Indiv	网剧生产者的市场收益指数	ln [$\sum$（网剧 N 的 Perform-Group/参与者数量）]，N＝当年参与生产网剧数量
	Perform-Group	网剧生产团队的市场收益指数	ln（百度指数＋豆瓣评分人数＋豆瓣短评数量＋豆瓣长评数量）

续表

类型	变量	含义	度量方法
自变量	Location-Indiv	网剧生产者的位置	度数中心度、接近中心度、特征向量中心度、中介中心度、网络约束度和竞争地位总指标
	Location-Group	网剧生产团队的位置	网剧生产者位置变量的平均值
	PLA	数字平台	虚拟变量，若网剧生产者属于数字平台，则为1，否则为0
	Platform 1	数字平台参与	虚拟变量，若网剧生产者的合作者属于数字平台，则为1，否则为0
	Platform 2		虚拟变量，若网剧生产团队中的成员有数字平台，则为1，否则为0

Control 1 和 Control 2 分别是不同模型的控制变量。参考王锦慧和白敬璇与姜照君等的研究[①]，根据本部分的研究问题和理论框架，选取了两个模型的控制变量。Control 1 包括网剧生产者成立年限（Time-Indiv）、国有机构（SOE）、民营机构（PER）、境外机构（ABR）和当年网络视频用户数量（Video）。Control 2 包括基于 IP 改编（IP）、续集（Series）、网剧生产团队当年平均成立年限（Time-Group）、宣发水平（Prom）、非独播（Multi）、播出时间（Hot）、当年网络视频用户数量（Video）。以上这些控制变量可以衡量网剧生产者和生产团队所拥有的资本数量和质量，成立年限意味着生产者已存在多年，积累了一定的资本；网剧生产者类型代表着生产者初始持有资本类型的差异；IP 改编和续集代表着文化资本数量；宣发水平、独播和播出时间代表着宣传和发行环节把文化资本转换为经济资本的效率；当年网络视频用户数量代表着外部可获取的社会资本总数。

本部分没有选择导演、编剧和演员的热度作为模型（2）的控制变量，原因是大部分网剧选择的都是新进入该行业或者不知名的导演、编剧和演员，他们作为主创团队贡献的是制作能力而不是宣传能力，难以

---

① 王锦慧、白敬璇：《基于 IP 视角下的网络剧价值评估影响因素研究》，《中国海洋大学学报（社会科学版）》2016 年第 5 期；姜照君、吴志斌、孙吴优：《网络口碑对国产与进口动画电影票房的影响：以 2009—2018 年为例》，《国际新闻界》2020 年第 8 期。

用数据进行衡量。本部分借鉴了邱章红的研究①来确定网剧是否基于 IP 改编。本部分把 IP 分为两大类,一是没有明确产权归属认定的 IP,如成语、历史人物和经典名著;二是有明确的产权归属认定的 IP,如一首音乐、某个地方的文化古迹、小说、漫画、游戏和影视(翻拍,但不包括续集)等。播出时间中的寒假档是指首播时间是 12 月至次年 2 月,暑假档是指首播时间是 6—8 月。以上变量具体计算方法如表 1.4 所示。

表 1.4　　　　　　　　控制变量的定义和度量方法

类型	变量	含义	度量方法
控制变量1	Time-Indiv	网剧生产者成立年限	ln(当年 – 成立时间 +1)
	Video	网络视频用户数量	ln(当年网络视频用户数量)
	SOE	国有机构	虚拟变量,若网剧生产者属于国有机构,则为 1,否则为 0
	PER	民营机构	虚拟变量,若网剧生产者属于民营机构,则为 1,否则为 0
	ABR	境外机构	虚拟变量,若网剧生产者属于境外机构,则为 1,否则为 0
	Year	年份变量	年份虚拟变量
控制变量2	IP	IP 改编	虚拟变量,若网剧是基于 IP 改编的,则为 1,否则为 0
	Series	续集	虚拟变量,若网剧属于续集,则为 1,否则为 0
	Episode	集数	ln(网剧集数)
	Length	单集时长	ln(单集时长)
	Orga	团队成员数量	ln(生产团队成员数量)
	Time-Group	生产团队平均成立年限	ln($\sum$Time-Indiv/生产成员数量)
	Prom	宣传水平	ln(网剧开播前一周最高的百度指数)
	Multi	多平台	虚拟变量,若网剧在多个平台首播,则为 1,否则为 0

---

① 邱章红:《电影 IP 资源的价值评估》,《当代电影》2017 年第 9 期。

续表

类型	变量	含义	度量方法
控制变量 2	Hot	播出时间	虚拟变量,若网剧播出时间属于寒假档或暑假档,则为1,否则为0
	Video	网络视频用户数量	ln(当年网络视频用户数量)
	Year	年份变量	年份虚拟变量

四 网剧生产竞合格局变化与生产内容多样性

本部分基于结合的场域理论和传播政治经济学理论,结合之前的分析结果,研究网剧生产竞合格局变化对网剧生产内容多样性的影响,回答"网剧生产竞合格局的变化对网剧生产内容的多样性产生怎样的影响(问题4)"。问题4可细分为两大部分,不同阶段的竞合格局对生产内容的多样性产生怎样的影响(问题4.1)?为了进一步排除网剧内容受非平台因素,尤其是监管因素的影响,以2020年的电视剧生产场域作为对比,网剧生产场域下的内容的多样性有什么特点(问题4.2)?

(一)理论分析框架:场域理论和传播政治经济学理论

不同的文化生产主体,按照它们在场域中的位置,来提供客观上有差距的内容,这些差距与权力场中同源位置占据者(多数是消费者)的期待配合。这种配合对于自主性较高的生产者而言,并不是一种生产者与消费者之间的有意识交易。但是,对于自主程度较低的文化生产主体来说,这种配合属于有意为之[1]。配合行为是惯习的具体表现,即作为外在结构内化的结果,惯习以某种大体上连贯一致的系统方式对场域的要求作出回应[2]。以19世纪法国文学生产场域为例,布迪厄认为其受到两种外部力量的影响,一是市场,要么通过精确的销售量或票房收入直接作用于文学生产,要么通过出版、报刊和文学产业等商业形式提供的新职位间接作用于文学生产;二是某种持久的关系,这些关系建构在生活

---

[1] [法]皮埃尔·布迪厄:《艺术的法则》,刘晖译,中央编译出版社2011年版,第225—226页。

[2] [法]皮埃尔·布迪厄、[美]华康德:《实践与反思:反思社会学导引》,李猛、李康译,中央编译出版社1998年版,第19页。

方式和价值体系相互认同的基础上，法国文学场通过沙龙将一部分作者与特定的社会高层联系起来，且引导宫廷向艺术提供资助。受到两种力量影响的程度则由作家在文学场域中的位置决定①。因此，文学作品在该阶段要么是迎合大众的通俗文学，要么是支持贵族势力的谄媚文学。这个过程不是一蹴而就的，它是历史的产物，是一个开放的性情倾向系统，不断地随经验而变，并在这些经验的影响下不断地强化，或是调整自己的结构②。迎合大众的通俗文学符合莫斯可所说的商品化过程，商品化是把使用价值转化为交换价值的过程，在这个过程中，内容、受众以及受众产生的数据都被转化为可在市场买卖的产品③，行动者生产的内容服从于资本的安排，迎合"愿意出钱"的受众。因此，随着生产规模的扩大，内容的生产数量增加，但内容多样性未必会增加④。迎合贵族势力的谄媚文学则符合莫斯可所说的结构化过程，结构化描述的是一个过程，结构在这一过程中由人类能动行为来构建，而它又提供了构建所需的"媒介"本身⑤。

具体到网剧生产场域，网剧的生产内容多样性同样受到场域内部结构的影响，而外部场域和网剧生产者共同建构了网剧生产场域的内部结构。就外部场域而言，主要包括政策环境、技术环境、资本环境、行业环境以及网络视频平台内部运作机制；就场域内部结构而言，网剧生产场域的结构由其网剧生产者间的竞合格局决定。网剧生产场域的内部结构决定了场域内的规则和共识，并形塑网剧生产者的惯习，最终影响网剧生产内容多样性。

(二) 研究方法：内容分析法为主，深度访谈法为辅

本部分基于场域理论和传播政治经济学理论，利用内容分析法和深

---

① [法] 皮埃尔·布迪厄：《艺术的法则》，刘晖译，中央编译出版社 2011 年版，第 5 页。
② [法] 皮埃尔·布迪厄、[美] 华康德：《实践与反思：反思社会学导引》，李猛、李康译，中央编译出版社 1998 年版，第 178 页。
③ [加] 文森特·莫斯可：《传播政治经济学》，胡春阳等译，上海译文出版社 2013 年版，第 165 页。
④ [加] 文森特·莫斯可：《传播政治经济学》，胡春阳等译，上海译文出版社 2013 年版，第 209 页。
⑤ [加] 文森特·莫斯可：《传播政治经济学》，胡春阳等译，上海译文出版社 2013 年版，第 239 页。

度访谈法分析网剧生产竞合格局变化对网剧生产内容的影响。深度访谈法的具体信息见附录。

1. 数据资料收集

在第一部分数据资料的基础上，本部分对1569个样本进行内容编码，包括1491个2007—2020年的网剧样本和78个2020年的电视剧样本。

编码主要通过观看网剧或电视剧的内容梗概和第一集完成。内容梗概主要来自百度百科、豆瓣、猫眼电影专业版和骨朵传媒，第一集主要来自各个视频网站，对于已下架的内容，本部分通过百度搜索的方式寻找可观看的原视频。

2. 数据资料编码规则

每部网剧或电视剧的内容是本部分的分析对象。本部分认为当前网络视频网站、豆瓣、猫眼电影专业版和骨朵传媒对影视剧的题材分类是存在不足的。以《庆余年》为例，腾讯视频和豆瓣把其划分为剧情和古装，猫眼电影专业版把其划分为奇幻和古装，骨朵传媒把其划分为古代和权谋。在《庆余年》中，人物所处时代环境为古代，带有穿越和奇幻元素，核心剧情发展则是权谋，以上分类并未把该网剧的内容精准涵盖在内。基于此，本部分借鉴麦基的编剧理论[①]，重新设计影视剧的编码方式。一部影视剧主要由时间、空间、事件和人物构成；所有影视剧都存在情感维度；一些影视剧里存在脱离现实的元素，本部分统称为幻想维度；一些影视剧是由IP改编的，属于IP维度。基于此，本部分将从时间、空间、事件、人物、幻想、情感和IP七个维度进行编码。本次编码由两位传媒经济学博士生完成，本部分抽取10%样本进行信度检验。具体编码方式和每个维度的信度如表1.5所示。

表1.5　　　网剧和电视剧内容的编码维度和信度

维度	具体内容			信度
时间	古代	近现代	当代　　　多时代	0.96

---

① [美] 罗伯特·麦基：《故事：材质·结构·风格和银幕剧作的原理》，周铁东译，天津人民出版社2014年版，第27—108页。

续表

维度	具体内容				信度
空间	府邸、宫廷、江湖、职业、神魔妖境、书院、战争和其他	城市、大宅、江湖、职业、神魔妖境、野外、战争和其他	城市、乡村、校园、职业、野外、异世界、战争和其他	其他	0.78
事件	谍战、革命、恐怖、励志、冒险、普通生活、权谋、扫黑除恶、商战、探案、战争、找人/找真相和其他				0.70
情感	是否以爱情为主线				0.67
人物	群像、非群像（只有男主、只有女主和男女主皆有） 九个群体，三个级别（上层、中层和下层）				0.82
幻想	超能力；超能物种；超能物品；超能现象				0.89
IP	是否根据 IP 改编；是否有平台参与（完成编码后确认加入）				0.99

时间维度可分为古代、近现代、当代和多时代，以历史和现实情况为基础的影视剧，通过年份进行判断，古代为 1840 年以前，近现代为 1840—1948 年，当代为 1949 年至未来；不以历史和现实情况为基础的影视剧，通过在特定空间中的人物外貌、衣着和行为模式来判断其属于的时期。

空间维度在不同时间有不同划分方法。每一部影视剧都是多场景的融合，但贯穿其主线的场景是固定的。本部分根据贯穿影视剧主线的场景来确定影视剧内容所处的空间。古代空间主要有府邸、宫廷、江湖、职业、神魔妖境、书院、战争和其他，近现代空间主要有城市、大宅、江湖、职业、神魔妖境、野外、战争和其他，当代空间主要有城市、乡村、校园、职业、野外、异世界、战争和其他。多时代空间主要是其他。在所有类别中，职业是指影视剧内容空间皆是与某个行业有关的场景；神魔妖境是指当代以前，以神魔妖等为背景构建出的空间；异世界是指当代并不存在或人类无法进入的虚构空间。

事件维度是影视剧内容的主线，一般而言影视剧都是围绕某个目标进行剧情推进，主要包括谍战、革命、恐怖、励志、冒险、普通生活、权谋、扫黑除恶、商战、探案、战争、找人/找真相和其他。以爱情为主线的纳入了普通生活，并在情感元素部分单列。情感维度是指影视剧中是否以爱情为主线，这样编码的原因是非爱情主线的影视剧一般会是爱情、友情和亲情多个情感结合，不具备分类意义。

人物维度主要关注影视剧中的人物主角数量和人物代表的群体。从主角数量来看，人物可分为群像和非群像，超过两个主角的为群像，非群像可分为只有男主，只有女主和男女主皆有。从人物代表群体来看，莫斯可认为阶级划分有三个观点，即分类观、联系观和形成观。阶级的分类观主要是对一类人群进行界定，以他们的财产和收入来衡量其经济地位，进而判断其社会地位。阶级的联系观认为，人群基于在社会生产与再生产这个主要的过程中作用的不同。阶级的形成观认为在社会行动过程中，人群自我建构，同时建构了阶级关系①。本部分遵从分类观，借鉴前人的研究成果②，把影视剧中的人物分为九个群体：（1）对国家有控制能力，如古代的皇帝；（2）能影响国家政策但没有控制能力，如古代的宰相；（3）能影响一个地区或者行业的发展，如古代的京城首富；（4）地区或行业内的管理者，但影响力较小，如当代某公司的总经理或董事长；（5）有自己事业，有一定名气，如当代的主任医师；（6）地区或行业内的基层工作者，如当代的普通公务员；（7）能在大中城市立足但本身处于边缘地位的人，如当代大城市中的工人或来自乡村的个体户；（8）能够自食其力但难以在大中城市立足的人，如当代的外卖员和快递员或乡村中的普通人；（9）失业者。九大群体可凝练为上层、中层和下层三个级别。

幻想维度是影视剧中是否存在超越常识的事物，可分为超能力、超能物品、超能物种和超能现象。超能力是指人物可以自由控制的某种能力，如法术；超能物品是指使用它才能发挥某种超能力，如长生不老药；超能物种是指与人的特点具有明显差别并具有超能力的其他生物；超能现象是指在一定条件下才发生的超越常识的事件。

IP维度是指影视剧是否根据IP内容改编，且关注在平台参与和没有平台参与下的差别。IP的定义与上一部分保持一致。完成编码后，本部分对比了每个维度数据的平台参与和非平台参与的情况，发现仅有IP维度具有显著差异，有对比的意义。

---

① ［加］文森特·莫斯可：《传播政治经济学》，胡春阳等译，上海译文出版社2013年版，第165页。
② 陆学艺主编：《当代中国社会阶层研究报告》，社会科学文献出版社2002年版，第9页。

第二章　网剧生产竞合格局的演进

本章基于结合的场域理论和社会网络理论,利用社会网络分析法从平台视角研究网剧生产竞合格局的演进,回答问题1"平台视域下网剧生产竞合格局发生了怎样的变化"。本章分为两大部分,第一节为动态分析,基于平台视域下网剧生产发展情况,划分演进区间,再从整体视角、聚类视角和单个网剧生产者视角分析2007—2020年网剧生产竞合格局的动态演进过程。第二节为静态分析,分析2020年以网络视频平台作为播放渠道的影视剧,它们所在的生产场域的竞合格局。

在正式分析前,研究分别计算了所有原始数据和经股权分析合并后的数据,具体如表2.1所示。在原始数据部分,共有3128个节点和11678个连接,表明在2007—2020年,共有3128个网剧生产者参与生产,并结成了11678对合作关系。网络密度为0.002,网络直径为8,平均距离为3.251。在经股权分析合并后数据部分,共有2602个节点和9417个连接,表明在2007—2020年,实际有2602个网剧生产者参与生产,并结成了9417对合作关系。网络密度为0.003,相比原始数据有所提升。网络直径为7,平均距离为3.144。两组数据的差异说明,部分网剧生产者在利用股权结构隐藏自己参与业务的范围。因此,本部分后续的分析都将以经股权分析合并后数据为基础。

表2.1　　　　　　　　所有网剧生产者的网络结构

指标	原始数据	经股权分析合并后数据
节点数	3128	2602
连接数	11678	9417

续表

指标	原始数据	经股权分析合并后数据
网络直径	8	7
网络密度	0.002	0.003
平均距离	3.251	3.144

第一节 网剧生产竞合格局网络的动态演进

本节主要分为两大部分，第一部分基于平台视域下2007—2020年网剧生产发展情况划分演进区间，关注网剧生产变化；第二部分从整体视角、聚类视角和单个网剧生产者视角分析2007—2020年网剧生产竞合格局的动态演进过程。

一　平台视域下的网剧生产概况

网剧的发展主要依靠网络视频平台的发展。2007—2020年参与网剧生产的平台数量和平台参与生产的网剧数量如表2.2所示。2007年仅有1部网剧，是由上海文化广播影视集团参与制作的禁毒宣传片《迷狂》，说明此时网剧仅被当作一种宣传手段，而不是影视行业内认可的产品形式。2008年，出现了2部具有剧集雏形的网剧《电影少女》和《苏菲日记》，参与的平台是中国艺人网。虽然该平台现在已经转型为短视频社区，但它的尝试给后来者奠定了基础。2009—2013年，越来越多的网剧出现，在2013年达到32部。在此期间，网剧形式主要有作为广告宣传的网剧，如《安与安寻》《李宁shine动·穿越回去》和《乐动青春》等；电视剧的衍生剧，如《爱情公寓外传》《夏日甜心》和《我为宫狂》等；小型制作的网剧，如《毛骗》《嘻哈四重奏》和《万万没想到》等。参与的平台有爱奇艺、酷6、乐视网、PPS、搜狐视频、土豆网、腾讯视频、新浪视频、优酷和中国艺人网。整体而言，网剧在这一时期开始受到关注，但生产规模有限。

2014—2017年，网剧的生产发生了较大变化。2014年网剧数量达到

92部，相比2013年增长了187.5%。网剧形式仍是广告宣传剧、电视剧衍生剧和小型制作的网剧，但符合剧集标准的网剧数量明显增加，并出现了一些精品的网剧，如《灵魂摆渡》和《匆匆那年》。参与的平台有爱奇艺、哔哩哔哩、乐视网、芒果TV、PPTV、搜狐视频、腾讯视频、迅雷看看和优酷，平台参与率达到66.30%。随后，网剧数量不断增加，在2017年达到176部。同一期间，参与的平台数量则逐步上升又下降，2015年有10个平台参与（爱奇艺、哔哩哔哩、乐视网、咪咕视频、芒果TV、PPTV、搜狐视频、腾讯视频、响巢看看和优酷），参与率为51.25%，2017年有8个平台参与（爱奇艺、乐视网、咪咕视频、芒果TV、PP视频、搜狐视频、腾讯视频和优酷），参与率为64.20%。整体而言，网剧在这一时期开始逐步形成一定的生产规模。

表2.2　　　　　　　　平台视域下网剧的生产情况

年份	网剧数量（部）	参与网剧生产平台数量（个）	平台参与生产网剧数量（部）	平台参与生产网剧比例（%）
2007	1	1	1	100
2008	2	1	1	50.00
2009	7	2	4	57.14
2010	26	5	15	57.69
2011	14	4	6	42.86
2012	18	5	7	38.89
2013	32	6	22	68.75
2014	92	9	61	66.30
2015	160	10	82	51.25
2016	176	9	112	63.64
2017	176	8	113	64.20
2018	252	10	128	50.79
2019	223	8	140	62.78
2020	312	10	188	60.26

2018—2020年，网剧的生产数量实现了飞跃。2018年网剧数量达到252部，相比2017年增长了43.18%，精品网剧成为主流。参与的平台有

爱奇艺、哔哩哔哩、乐视网、咪咕视频、芒果 TV、PP 视频、搜狐视频、腾讯视频、响巢看看和优酷，平台参与率达到 50.79%。随后，网剧数量稳中有升，在 2020 年达到 312 部。同一期间，参与生产的平台数量基本保持不变，2019 年乐视网、咪咕视频没有参与，平台参与率为 62.78%。2020 年，PP 视频没有参与，但增加了咪咕视频、华数 TV、乐视网，平台参与率为 60.26%。整体而言，网剧在这一时期的生产规模已逐渐稳定。

基于以上分析，本研究对网剧生产竞合格局演进阶段进行划分，分为摸索期（2007—2013 年）、成长期（2014—2017 年）和成熟期（2018—2020 年）。

二 摸索期（2007—2013 年）：网剧生产场域生成

（一）整体视角：规模增加，密度减少

摸索期的整体视角状况如表 2.3 所示。2007 年，节点数为 2，连接数为 1，网络直径、网络密度和平均距离均为 1。随着时间推移，网络规模不断扩大，到 2013 年节点数为 48，连接数为 44。但网络内部结构越来越稀疏，网络直径为 2，网络密度为 0.039，平均距离为 1.532。以上结果说明，2007 年参与网剧生产的组织不多，仅有两家，合作关系只有 1 对。随着时间推移，网剧生产者数量和合作关系逐年增加，到 2013 年，网剧生产者数量达到 48 家，合作关系达到 44 对。但由他们形成的竞合网络却变得松散，不如原来紧密。

表 2.3　　　　　　　摸索期网剧生产竞合格局的整体视角

年份	节点数（个）	连接数（个）	网络直径	网络密度	平均距离
2007	2	1	1	1	1
2008	5	4	1	0.400	1
2009	11	8	1	0.145	1
2010	37	37	3	0.056	1.549
2011	29	31	2	0.076	1.446
2012	34	36	2	0.064	1.357
2013	48	44	2	0.039	1.532

（二）聚类视角：聚类增加，缺乏核心

摸索期的聚类视角状况如表2.4所示。随着网络规模扩大，网络中成分数量除了2011年外，整体呈现增长趋势，这一点从图2.1中可以看到明显变化。成分平均规模从2007年的1增长到2013年的3.43，说明成分数量虽有增加，但单个成分的规模不大。与此同时，由孤立点组成的成分数量在2010年增加到4后，基本保持稳定。在最大成分方面，最大成分规模从2007年的1增长到2010年的10，又回落到2013年的9，最大成分比例从2007年的1下降到2013年的0.188。以上数据说明整个生产网络中，生产者群落数量在增加，单个群落规模也在扩大，但并没有生产群落在整个网络中占据中心位置。

表2.4　　　　摸索期网剧生产竞合格局的聚类视角

年份	成分数量（个）	成分平均规模	孤立点的数量（个）	最大成分规模	最大成分比例
2007	1	1	0	1	1
2008	2	2.500	0	3	0.600
2009	5	2	1	3	0.300
2010	13	2.850	4	10	0.270
2011	11	2.640	3	10	0.345
2012	12	2.830	4	8	0.235
2013	14	3.430	3	9	0.188

（三）网剧生产者视角：不存在主导者

1. 竞争地位分布：分布状况变化大，没有集中趋势

摸索期网剧生产者竞争地位的整体分布状况如表2.5所示。由于2007年网剧生产者数量较少（2个生产者），其数值不具有参考价值，在具体分析中略去。

从中心性来看，度数中心度、接近中心度和特征向量中心度的标准差都越来越低；偏度从左偏向右偏转变；峰度在波动中上升。中介中心度的标准差基本保持不变；偏度和峰度比较稳定。以上数据说明网剧生产者之间的合作关系越来越分散，竞合格局一直在变化，开始出现资源和权力向竞争地位较高的网剧生产者集中的现象，尤其是在2013年；强

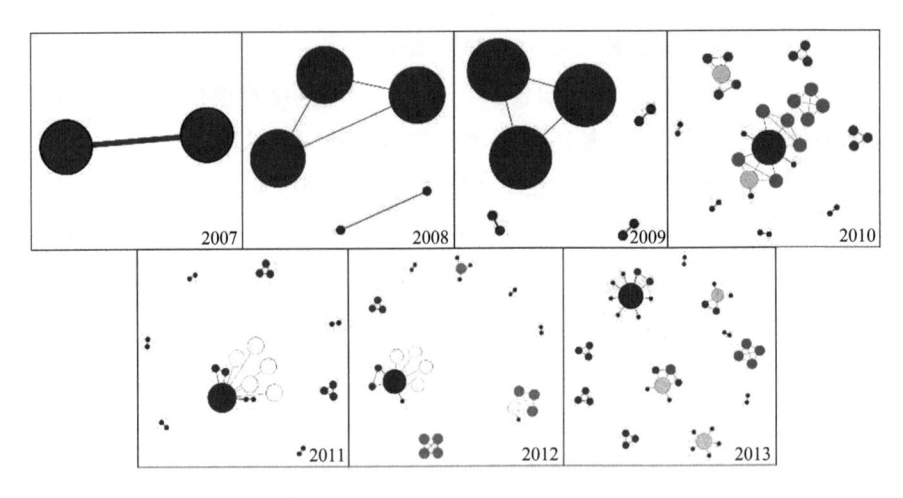

图 2.1　摸索期网剧生产竞合格局网络图

强联合和强弱联合现象均同时存在，其中强强联合现象在 2010 年、2012 年和 2013 年比较明显；能够发挥桥接作用的参与者不多，但在 2010 年后，能够发挥桥接作用的生产者开始呈现集中趋势。

表 2.5　　　　　　　　摸索期网剧生产者的描述性统计

年份	描述项	度数中心度	接近中心度	特征向量中心度	中介中心度	网络约束度
2008	标准差	0.137	0.053	0.447	0	0.068
	偏度	-0.408	-0.408	-0.408	—	-0.408
	峰度	1.167	1.167	1.167	—	1.167
2009	标准差	0.078	0.020	0.422	0	0.316
	偏度	-0.658	0.095	1.500	—	-2.667
	峰度	2.372	2.299	3.250	—	8.111
2010	标准差	0.062	0.015	0.226	0.007	0.350
	偏度	1.473	0.736	3.069	5.082	-1.731
	峰度	4.521	2.377	10.422	28.539	4.614
2011	标准差	0.073	0.027	0.229	0.012	0.357
	偏度	1.663	0.843	1.322	5.103	-1.448
	峰度	5.515	2.277	2.949	27.036	3.864

续表

年份	描述项	度数中心度	接近中心度	特征向量中心度	中介中心度	网络约束度
2012	标准差	0.053	0.014	0.232	0.005	0.355
	偏度	0.674	0.481	2.497	4.896	−1.439
	峰度	2.773	2.520	7.403	26.626	3.736
2013	标准差	0.034	0.008	0.191	0.004	0.339
	偏度	2.191	0.645	2.969	5.089	−1.662
	峰度	9.241	4.346	12.195	30.126	5.025

从网络约束度来看，标准差缓慢下降；偏度一直保持着左偏，且越来越明显；峰度在波动中上升，从2008年的1.167增加到2013年的5.025。以上数据结果说明不同生产群落之间桥梁较为集中，且2009年是最明显的一年。

综上所述，在摸索期，竞合格局还未稳定下来，每年都存在一些参与者具有稍高的竞争地位，即不管是中心位置、桥接位置还是建立合作方面，其分布状况变动都较大，没有明显的集中趋势。

2. 不同类别网剧生产者：数字平台竞争地位高但不稳定，其他类型动荡

摸索期不同类别网剧生产者竞争地位状况如表2.6所示。2007年仅有两个类别的网剧生产者——国有机构和数字平台，且只有一对合作关系，不具备研究意义，在具体分析中略去。2007年以后，网剧生产者类别逐渐增加，除了2008年之外，其余年份均有四个类别的网剧生产者。在2010年、2011年和2013年，平台具有明显的高竞争地位。

表2.6 摸索期不同类别网剧生产者中心度和网络约束度的均值

年份	生产者类别	度数中心度	接近中心度	特征向量中心度	中介中心度	网络约束度
2008	国有	0.500	0.667	0.816	0	1.125
	民营	0.417	0.635	0.544	0	1.083
	平台	0.250	0.571	0	0	1

续表

年份	生产者类别	度数中心度	接近中心度	特征向量中心度	中介中心度	网络约束度
2009	国有	0.111	0.529	0	0	1
	境外	0.222	0.563	0	0	1
	民营	0.133	0.530	0.200	0	0.800
	平台	0.167	0.529	0.500	0	1
2010	国有	0.028	0.277	0	0	1
	境外	0.075	0.264	0.117	0	0.890
	民营	0.052	0.266	0.034	0	0.888
	平台	0.150	0.285	0.163	0.012	0.698
2011	国有	0.036	0.378	0.124	0	1
	境外	0.036	0.341	0	0	1
	民营	0.075	0.359	0.138	0	0.823
	平台	0.116	0.373	0.199	0.017	0.851
2012	国有	0.121	0.375	0	0	0.766
	境外	0.061	0.351	0.099	0	1.091
	民营	0.061	0.352	0.033	0.001	0.789
	平台	0.109	0.354	0.306	0.005	0.638
2013	国有	0.047	0.345	0	0	1.044
	境外	0.036	0.341	0	0	1.083
	民营	0.031	0.347	0.080	0	0.964
	平台	0.110	0.357	0.159	0.008	0.508

2008年，国有机构竞争地位较高，在场域内拥有对资源和信息的掌控力以及竞争地位较高的合作伙伴；民营机构竞争地位处于中间位置；数字平台竞争地位不高，但是资源和信息流动的枢纽。

2009年，境外机构出现，在场域内拥有对资源和信息的掌控力；数字平台拥有稍弱的掌控力，但其合作伙伴竞争地位较高；民营机构处于资源和信息流动的核心枢纽；国有机构没有明显的竞争优势，竞争地位最低。

2010年，数字平台竞争地位最高，在场域内既拥有对资源和信息的掌控力，也处于资源和信息流动的核心枢纽，且合作伙伴竞争地位较高；境外机构和民营机构在各方面都稍显弱势；国有机构不具备明显优势。

2011年，数字平台竞争地位最高，在场域内拥有对资源和信息的掌控力，且合作伙伴竞争地位较高；民营机构竞争地位不如数字平台，但处于资源和信息流动的核心枢纽；国有机构和境外机构地位最低。

2012年，不同类型的网剧生产者拥有不同的优势。国有机构在场域内拥有对资源和信息的掌控力；数字平台处于资源和信息流动的核心枢纽，且拥有竞争地位较高的合作伙伴；民营机构和境外机构优势不明显。

2013年，数字平台竞争地位较高，在场域内既拥有对资源和信息的掌控力，也处于资源和信息流动的核心枢纽，且合作伙伴竞争地位较高；国有机构和民营机构优势不明显；境外机构竞争地位最低。

综上所述，摸索期的竞合格局变化是比较大的，数字平台从资源和信息流动的枢纽向资源和信息的掌控者逐步转变，且和较强的网剧生产者逐步建立了合作关系，但整体而言，其竞争地位处于波动中，并不稳固。其他类型网剧生产者竞争地位则一直处在变化之中，但境外机构竞争地位随着时间推移，基本处于边缘。

3. 核心网剧生产者：竞争持续波动，平台保持参与

摸索期排名前十的核心网剧生产者竞争地位如表2.7所示。从核心层情况来看，国有机构在2008年竞争地位最高，数字平台在2009—2013年竞争地位最高。具体到平台，参与网剧生产的数字平台数量越来越多，处于核心层的数字平台数量占据了当年所有数字平台的一半及以上。以上结果说明在2007—2013年，数字平台一直保持着参与的频率。

表2.7　　　　　摸索期排名前十的网剧生产者的竞争地位

年份	网剧生产者数量（个）	核心网剧生产者对比	处于核心层的平台数量（个）
2007	2	国有 = 平台	1（1）
2008	5	国有 > 民营 > 平台	1（1）
2009	11	平台 > 民营 > 境外 > 国有	2（2）
2010	37	平台 > 民营 > 境外	4（5）
2011	29	平台 > 民营	1（4）

续表

年份	网剧生产者数量（个）	核心网剧生产者对比	处于核心层的平台数量（个）
2012	34	平台＞民营	4（5）
2013	48	平台＞民营	4（6）

注：平台数量的括号内为当年所有平台数量，下同。

4. 数字平台竞争地位：前三名一直变化

摸索期数字平台竞争地位变化情况如表 2.8 所示。2007—2009 年，东方宽频、中国艺人网和优酷相继进入了网剧生产场域，且占据了较为核心的位置。但由于在此期间网剧生产者数量较少，其排序和指标参考价值不大。

表 2.8　　　　　　　摸索期数字平台的情况

年份	排序	平台名称	平台生产网剧数量(个)	度数中心度	接近中心度	特征向量中心度	中介中心度	网络约束度
2007	1	东方宽频	1	1	1	1	0	1
2008	4	中国艺人网	1	0.250	0.571	0	0	1
2009	2	优酷	3	0.222	0.529	1	0	1
	8	中国艺人网	1	0.111	0.529	0	0	1
2010	1	优酷	7	0.222	0.305	0	0.043	0.292
	8	新浪视频	4	0.222	0.261	0.816	0	1.125
	9	土豆网	3	0.111	0.295	0	0.013	0.583
	10	酷6	2	0.111	0.273	0	0.006	0.563
	12	爱奇艺	1	0.083	0.293	0	0	0.926
2011	1	搜狐视频	4	0.321	0.424	0.640	0.066	0.280
	13	土豆网	1	0.071	0.384	0.154	0	1.125
	15	优酷	1	0.036	0.341	0	0	1
	21	爱奇艺	1	0.036	0.341	0	0	1
2012	1	乐视网	2	0.152	0.355	0.765	0	0.915
	1	新浪视频	2	0.152	0.355	0.765	0	0.915
	4	优酷	1	0	0.333	0	0	0
	8	腾讯视频	3	0.212	0.388	0	0.027	0.362
	28	搜狐视频	1	0.030	0.340	0	0	1

续表

年份	排序	平台名称	平台生产网剧数量(个)	度数中心度	接近中心度	特征向量中心度	中介中心度	网络约束度
2013	1	乐视网	8	0.191	0.376	0.956	0.025	0.186
	5	搜狐视频	5	0.106	0.359	0	0.009	0.200
	7	优酷	4	0.106	0.353	0	0.005	0.380
	8	腾讯视频	4	0.128	0.359	0	0.007	0.431
	16	PPS	1	0.064	0.348	0	0	0.926
	16	爱奇艺	1	0.064	0.348	0	0	0.926

注：排序以度数中心度降序为主要依据，其相同时依次以接近中心度、特征向量中心度、中介中心度降序排到以网络约束度升序排列，下同。

2010年，新浪视频、土豆网、酷6和爱奇艺是网剧生产场域的新进入者，其中优酷和新浪视频在场域中具有较高的竞争地位，在场域内拥有对资源和信息的掌控力，优酷处于资源和信息流动的核心枢纽，新浪视频拥有竞争地位较高的合作伙伴，分别生产了7部和4部网剧。土豆网和酷6竞争地位稍低，分别生产了3部和2部网剧；爱奇艺竞争地位不高，生产了1部网剧。

2011年，酷6和新浪视频退出网剧生产场域，搜狐视频进入网剧生产场域，并获得了较高的竞争地位，在场域内既拥有对资源和信息的掌控力，也处于资源和信息流动的核心枢纽，且合作伙伴竞争地位较高，参与生产了4部网剧。而土豆网、优酷和爱奇艺竞争地位不高，都只生产了1部网剧。

2012年，乐视网、新浪视频和腾讯视频进入网剧生产场域，优酷和土豆网合并。乐视网和新浪视频具有较高的竞争地位，在场域内拥有对资源和信息的掌控力，且合作伙伴竞争地位较高，均生产了2部网剧。优酷属于独立制作，独立性较强，不受网络关系限制，生产了1部网剧。腾讯视频处于资源和信息流动的核心枢纽，生产了3部网剧。搜狐视频竞争地位较低，生产了1部网剧。

2013年，新浪视频退出网剧生产场域，PPS进入网剧生产场域。乐视网具有较高竞争地位，在场域内既拥有对资源和信息的掌控力，也处于资源和信息流动的核心枢纽，且合作伙伴竞争地位较高，生产了8部网剧。相比之下，搜狐视频、优酷和腾讯视频缺乏强大的合作伙伴，分别生产了5部、4部和4部网剧。PPS和爱奇艺竞争地位较低，都只生产了1部网剧。

基于以上分析，摸索期网剧生产场域一直处于比较动荡的状态，除了数字平台积极参与之外，其他类别的网剧生产者都处于试探阶段，不愿深度参与。因此，随着时间推移，数字平台逐步获取了较高的竞争地位。但是，在众多平台中，拥有高竞争地位的生产者（前三名）一直在变化，2009年和2010年是优酷，2011年是搜狐视频，2012年是乐视网和新浪视频，2013年只有乐视网。

三 成长期（2014—2017年）：数字平台主导

（一）整体视角：规模膨胀，密度减少

成长期的整体视角状况如表2.9所示。2014年，节点数为131，是上一年的2.73倍；连接数为206，是上一年的4.68倍；网络直径为6，是上一年的3倍；平均距离为3.480，是上一年的2.27倍；网络密度为0.024，是上一年的0.62倍。2014年后，网络规模继续扩张，到2017年节点数为472，连接数为1393。但网络内部结构却越来越稀疏，网络密度持续减少到0.013，2015年甚至达到了0.010，网络直径则在6—9之间波动，平均距离除2015年超过了4以外，其他年份都在3—3.5之间波动变化。以上结果说明，2014年起，网剧生产进入了极速扩张期，网剧生产者数量从2014年的131家增长到2017年的472家，增长率达到260%，合作关系数量从2014年的206对增长到2017年的1393对，增长率达到576%。但他们的合作关系网络越来越松散。

表2.9　　　　成长期网剧生产竞合格局的整体视角

年份	节点数（个）	连接数（个）	网络直径	网络密度	平均距离
2014	131	206	6	0.024	3.480
2015	268	371	9	0.010	4.098
2016	355	759	8	0.012	3.367
2017	472	1393	6	0.013	3.198

(二) 聚类视角：聚类增加，核心形成

成长期的聚类视角状况如表2.10所示。2014年成分数量为27，是上一年的1.93倍；成分平均规模为4.85，是上一年的1.41倍；孤立点的成分数量为13，是上一年的4.33倍，最大成分规模为77，是上一年的8.56倍，最大成分比例为0.588，是上一年的3.13倍。可以看出，2014年起，网剧生产开始形成明显的群落，这一点从图2.2中可以看到明显变化。2014年后，成分数量从2014年的27增长到2017年的46；成分平均规模从2014年的4.85增长到2017年的10.26，说明成分数量不断增加，且单个成分的规模增加速度更快。与此同时，孤立点数量由2014年的13增加到2015年的22后又在2017年回落到12，基本保持稳定。在最大成分方面，最大成分规模从2014年的77增长到2017年的342，最大成分比例从2014年的0.588增长到2017年的0.725。以上数据说明整个生产网络中，生产群落数量在增加，且开始有群落在整个网络中占据中心位置。

表2.10　　　　成长期网剧生产竞合格局的聚类视角

年份	成分数量	成分平均规模	孤立点的成分数量	最大成分规模	最大成分比例
2014	27	4.85	13	77	0.588
2015	63	4.25	22	135	0.504
2016	56	6.34	19	236	0.665
2017	46	10.26	12	342	0.725

(三) 网剧生产者视角：数字平台逐步成为主导者

1. 竞争地位分布：分布逐渐集中

成长期网剧生产者竞争地位的整体分布状况如表2.11所示。从中心性来看，度数中心度、特征向量中心度和中介中心度标准差保持稳定，偏度和峰度均在波动中上升。接近中心度的标准差保持稳定，偏度左偏且不断下降，峰度保持上升。以上数据说明生产者之间的竞合格局逐步稳定，资源和权力逐步向竞争地位较高的网剧生产者集中，并在2017年

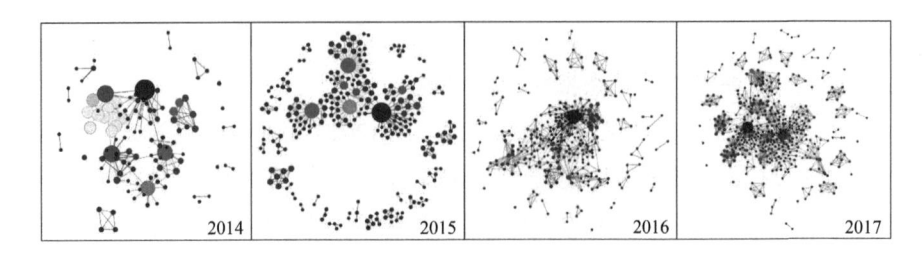

图2.2　成长期网剧生产竞合格局网络图

达到顶峰；与此同时，所有生产者之间的合作更加频繁，而强强联合是主要合作方式，这一点在2015年和2017年尤为明显；能够发挥桥接作用的生产者越来越集中，并在2017年达到顶峰。

表2.11　　　　　　　成长期网剧生产者的描述性统计

年份	描述项	度数中心度	接近中心度	特征向量中心度	中介中心度	网络约束度
2014	标准差	0.034	0.029	0.116	0.028	0.382
	偏度	2.131	-0.093	2.759	4.602	-0.973
	峰度	7.919	1.383	8.760	23.990	2.495
2015	标准差	0.013	0.021	0.082	0.015	0.336
	偏度	5.714	0.115	5.910	6.292	-1.255
	峰度	48.425	1.175	53.088	47.357	3.750
2016	标准差	0.019	0.039	0.069	0.017	0.334
	偏度	7.179	-0.509	4.236	9.022	-0.956
	峰度	77.484	1.482	24.516	100.044	2.894
2017	标准差	0.017	0.043	0.056	0.017	0.302
	偏度	7.714	-0.712	4.892	10.553	-0.195
	峰度	83.945	1.895	47.027	127.949	2.159

从网络约束度来看，标准差在波动中缓慢下降；偏度一直保持着左偏，但波动较大。峰度一直在2—4之间波动。以上数据结果说明不同生产群落之间桥梁每年都有变化，2015年相对集中。

综上所述，在成长期，竞合格局逐渐形成，高竞争地位的网剧生产者呈现集中趋势,其中 2017 年是竞争地位分布最不均衡的一年。不同生产群落之间关系比较动荡,说明竞争关系和立场已经成型。

2. 不同类别网剧生产者:数字平台逐步稳定占据高竞争地位

成长期不同类别网剧生产者竞争地位状况如表 2.12 所示。2014—2017 年均有四个类别的网剧生产者。除 2014 年之外,数字平台稳定地占据高竞争地位;国有和民营机构在生产场域中优势不同,竞争地位不相上下;境外机构处于较低竞争地位。

表2.12 成长期不同类别网剧生产者中心度和网络约束度的均值

年份	生产者类别	度数中心度	接近中心度	特征向量中心度	中介中心度	网络约束度
2014	国有	0.047	0.187	0.202	0	0.666
	境外	0.011	0.183	0.004	0	1.036
	民营	0.024	0.177	0.039	0.003	0.803
	平台	0.071	0.186	0.023	0.058	0.372
2015	国有	0.011	0.128	0.045	0.001	0.903
	境外	0.007	0.134	0.041	0	0.941
	民营	0.009	0.119	0.022	0.001	0.832
	平台	0.050	0.138	0.114	0.047	0.303
2016	国有	0.018	0.174	0.052	0.002	0.667
	境外	0.007	0.153	0.005	0	0.940
	民营	0.010	0.163	0.026	0.001	0.811
	平台	0.087	0.195	0.114	0.078	0.198
2017	国有	0.015	0.217	0.052	0.001	0.576
	境外	0.007	0.199	0.015	0	0.791
	民营	0.011	0.209	0.029	0.001	0.696
	平台	0.096	0.265	0.174	0.102	0.216

2014 年,数字平台竞争地位较高,在场域内既拥有对资源和信息的掌控力,也处于资源和信息流动的核心枢纽,但缺少竞争地位较高的合作伙伴;国有机构竞争地位排名第二,但拥有竞争地位较高的合作伙伴;民营机构和境外机构不具备明显优势,竞争地位略低。

2015—2017 年,数字平台拥有绝对优势,其竞争地位最高,在场域内既拥有对资源和信息的掌控力,也处于资源和信息流动的核心枢纽,且合作伙伴竞争地位较高;国有和民营机构在各方面都稍显弱势;境外机构不具备明显优势,竞争地位最低。

综上所述,成长期竞合格局虽有变化,但逐步稳定。数字平台具有最高的竞争地位,既是资源和信息流动的枢纽,也是资源和信息的掌控者,且和较强的网剧生产者建立了稳定的合作关系。国有和民营机构各有优势,但随着时间推移,国有机构的竞争地位逐步超过民营机构,并保持稳定;境外机构竞争地位一直最低。

3. 核心网剧生产者竞争地位:平台逐步处于高位,国有民营相互竞争

成长期排名前十的核心网剧生产者竞争地位如表 2.13 所示。从核心层情况来看,数字平台一直占据最重要的中心位置,民营机构在 2014—2016 年占据次重要的中心位置,2017 年被国有机构超越。具体到平台,参与网剧生产的数字平台数量一直在 10 个左右,但位于核心层的数字平台数量,除了 2017 年之外,不到所有数字平台的一半。以上结果说明在 2014—2017 年,数字平台是绝对的主导者,且不同数字平台之间竞争逐渐变得激烈;国有和民营机构则处在争夺次要地位的状态。

表 2.13 成长期排名前十的网剧生产者的竞争地位

年份	网剧生产者数量(个)	核心网剧生产者对比	处于核心层的平台数量(个)
2014	131	平台>民营>国有	2(9)
2015	269	平台>民营	5(11)
2016	355	平台>民营>国有	4(9)
2017	472	平台>国有>民营	6(8)

4. 数字平台竞争地位:领导者逐步稳定

成长期数字平台竞争地位变化情况如表 2.14 所示。2014 年,哔哩哔哩、芒果 TV、迅雷看看和 PPTV 是网剧生产场域的新进入者。优酷和腾讯视频具有较高的竞争地位,在场域内既拥有对资源和信息的掌控力,也处于资源和信息流动的核心枢纽,且合作伙伴竞争地位较高,分别生产了 17 部和 13 部网剧。爱奇艺和乐视网具有一定的竞争地位,但在场域

内对资源和信息的掌控力不强，尤其缺失强大的合作伙伴，分别生产了13部和10部网剧。哔哩哔哩、搜狐视频、芒果TV、迅雷看看和PPTV竞争地位较低，分别生产了1部、4部、3部、1部和1部网剧。

2015年，响巢看看进入网剧生产场域。优酷、爱奇艺、乐视网和腾讯视频具有较高的竞争地位，在场域内既拥有对资源和信息的掌控力，也处于资源和信息流动的核心枢纽，且合作伙伴竞争地位较高，分别生产了23部、13部、13部和10部网剧。哔哩哔哩独立完成了1部网剧生产，独立性较强，不受网络关系限制。搜狐视频、PPTV、响巢看看、咪咕视频、芒果TV和迅雷看看竞争地位较低，分别生产了8部、3部、7部、2部、4部和1部网剧。

2016年，哔哩哔哩退出网剧生产场域，迅雷看看和响巢看看已经在2015年末合并。腾讯视频、优酷、爱奇艺和乐视网具有较高的竞争地位，在场域内既拥有对资源和信息的掌控力，也处于资源和信息流动的核心枢纽，且合作伙伴竞争地位较高，分别生产了31部、18部、23部和17部网剧。芒果TV和搜狐视频具有一定的竞争地位，分别生产了10部和13部网剧。咪咕视频、PPTV和响巢看看竞争地位较低，分别生产了2部、4部和2部网剧。

2017年，响巢看看退出了网剧生产场域。腾讯视频竞争地位最高，在场域内既拥有对资源和信息的掌控力，也处于资源和信息流动的核心枢纽，且合作伙伴竞争地位较高，生产了35部网剧。优酷竞争地位较高，但相比腾讯视频，其合作伙伴不强，生产了28部网剧。搜狐视频、爱奇艺、芒果TV和乐视网竞争地位稍低，各方面优势不明显，分别生产18部、18部、8部和10部网剧。PP视频和咪咕视频竞争地位最低，都只生产了1部网剧。

基于以上分析可知，成长期的网剧生产场域渐趋稳定，不同类别的网剧生产者在场域中的地位逐步稳定下来，其中数字平台获取了较稳定的高竞争地位。在众多平台中，拥有高竞争地位的网剧生产者虽有变化，但相对稳定。2014年是优酷和腾讯视频，2015年是优酷、爱奇艺和乐视网，2016年是腾讯视频、优酷和爱奇艺，2017年是腾讯视频、优酷和搜狐视频。可以看到，优酷基本维持在前三名。处于次要地位的数字平台则处于激烈的竞争之中。

表 2.14　　成长期数字平台的情况

年份	排序	平台名称	参与生产网剧数量(部)	度数中心度	接近中心度	特征向量中心度	中介中心度	网络约束度
2014	2	优酷	17	0.192	0.235	0.086	0.178	0.134
	3	腾讯视频	13	0.162	0.225	0.103	0.143	0.104
	15	爱奇艺	13	0.115	0.209	0.003	0.108	0.089
	16	乐视网	10	0.092	0.218	0.003	0.085	0.149
	20	哔哩哔哩	1	0	0.143	0	0	0
	32	搜狐视频	4	0.031	0.146	0	0	0.375
	34	芒果 TV	3	0.015	0.207	0.008	0.009	0.500
	87	迅雷看看	1	0.023	0.149	0	0	0.997
	92	PPTV	1	0.008	0.144	0	0	1
2015	1	优酷	23	0.146	0.159	0.898	0.144	0.069
	2	爱奇艺	13	0.090	0.156	0.069	0.090	0.096
	3	乐视网	13	0.075	0.150	0.082	0.081	0.117
	4	腾讯视频	10	0.086	0.148	0.007	0.078	0.111
	8	哔哩哔哩	1	0	0.100	0	0	0
	29	搜狐视频	8	0.045	0.149	0.029	0.029	0.216
	30	PPTV	3	0.022	0.155	0.149	0.056	0.384
	32	响巢看看	7	0.037	0.140	0.018	0.036	0.261
	45	咪咕视频	2	0.026	0.138	0.002	0.002	0.546
	48	芒果 TV	4	0.019	0.102	0	0	0.530
	163	迅雷看看	1	0.004	0.123	0	0	1
2016	1	腾讯视频	31	0.251	0.225	0.614	0.222	0.038
	2	优酷	18	0.124	0.223	0.143	0.125	0.073
	3	爱奇艺	23	0.124	0.211	0.058	0.105	0.059
	6	乐视网	17	0.099	0.210	0.046	0.106	0.078
	19	芒果 TV	10	0.054	0.217	0.126	0.043	0.176
	20	搜狐视频	13	0.059	0.193	0.028	0.060	0.113
	47	咪咕视频	2	0.040	0.186	0.008	0.022	0.246

续表

年份	排序	平台名称	参与生产网剧数量(部)	度数中心度	接近中心度	特征向量中心度	中介中心度	网络约束度
2016	57	PPTV	4	0.023	0.182	0.003	0.018	0.384
	113	响巢看看	2	0.008	0.112	0	0	0.611
2017	1	腾讯视频	35	0.219	0.293	0.702	0.252	0.032
	2	优酷	28	0.195	0.283	0.245	0.192	0.036
	3	搜狐视频	18	0.110	0.273	0.141	0.126	0.061
	4	爱奇艺	18	0.106	0.270	0.122	0.098	0.059
	6	芒果 TV	8	0.066	0.282	0.093	0.105	0.105
	9	乐视网	10	0.049	0.242	0.036	0.044	0.112
	97	PP 视频	1	0.019	0.249	0.046	0	0.396
	341	咪咕视频	1	0.006	0.227	0.009	0	0.926

四 成熟期（2018—2020 年）：以数字平台为中心

（一）整体视角：规模扩张，密度不变

成熟期的整体视角状况如表 2.15 所示。2018 年，节点数为 732，是上一年的 1.55 倍；连接数为 2349，是上一年的 1.69 倍；网络直径为 8，是上一年的 1.33 倍；平均距离为 3.286，是上一年的 1.03 倍；网络密度为 0.009，是上一年的 0.69 倍。随着时间推移，网络规模继续扩张，但增速放缓。到 2020 年，节点数为 779，连接数为 2690。网络内部结构逐步稳定，网络密度基本保持不变，在 0.009—0.011 之间波动。网络直径在 6—8 之间波动，平均距离除 2019 年低于 3 以外，其他年份都在 3—3.3 之间波动变化。以上结果说明，2018 年起网剧生产进入了平稳发展期，网剧生产者数量从 2018 年的 732 家下降到 2019 年的 616 家，又在 2020 年上升到 779 家，增长率达到 6.42%。合作关系数量从 2018 年的 2349 对下降到 2019 年的 2175 对，又在 2020 年上升到 2690 对，增长率达到 14.52%。整体来看，他们的合作关系趋于稳定。

表2.15　　　　　　　成熟期网剧生产竞合格局的整体视角

年份	节点数（个）	连接数（个）	网络直径	网络密度	平均距离
2018	732	2349	8	0.009	3.286
2019	616	2175	6	0.011	2.883
2020	779	2690	7	0.009	3.076

（二）聚类视角：聚类增加，核心稳定

成熟期的聚类视角状况如表2.16所示。从聚类视角来看，2018年成分数量为69，是上一年的1.50倍；成分平均规模为10.61，是上一年的1.04倍；孤立点的成分数量为14，是上一年的1.17倍；最大成分规模为521，是上一年的1.52倍；最大成分比例为0.712，是上一年的0.98倍。可以看出，2018年开始，网剧生产者的群落增长速度放缓，这一点从图2.3中可以看到明显变化。2018年后，成分数量从2018年的69下降到2019年的57，又在2020年增长到74，增长率达到7.25%；成分平均规模则基本保持在10.5—10.9之间，说明成分数量和单个成分的规模都已经比较稳定。与此同时，孤立点的成分数量由2018年的14增加到2020年的18，基本保持稳定。在最大成分方面，最大成分规模从2018年的521下降到2019年的423，又在2020年增长到537，最大成分比例从2018年的0.712下降到2020年的0.689。以上数据说明整个生产网络中，生产者群落数量基本保持稳定，存在占据网络中心位置的生产群落，且生产者群落位置比较稳定。

表2.16　　　　　　　成熟期网剧生产竞合格局的聚类视角

	成分数量	成分平均规模	孤立点的成分数量	最大成分规模	最大成分比例
2018	69	10.61	14	521	0.712
2019	57	10.81	16	423	0.687
2020	74	10.53	18	537	0.689

（三）网剧生产者视角：数字平台成为中心

1. 竞争地位分布：分布集中程度提高

成熟期网剧生产者竞争地位的整体分布状况如表2.17所示。从中心

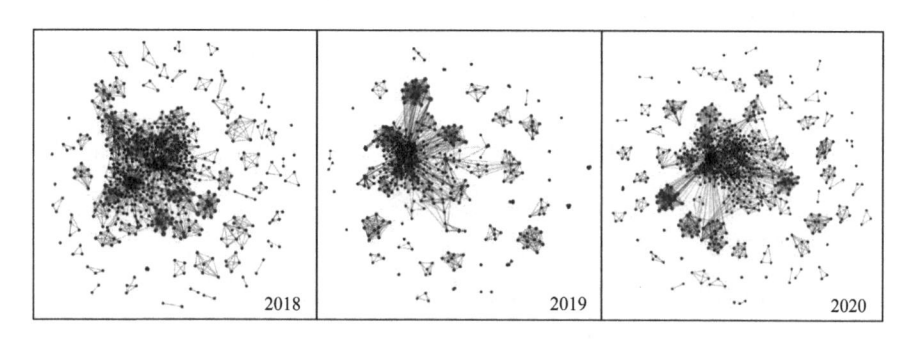

图 2.3 成熟期网剧生产竞合格局网络图

性来看，度数中心度、接近中心度、特征向量中心度和中介中心度的标准差都基本保持不变；除度数中心度和中介中心度的偏度不断上升外，其他指标偏度保持稳定；除接近中心度峰度下降外，其他指标保持上升。以上数据说明生产者的竞合格局已经定型，资源和权力在竞争地位较高的生产者处越来越集中，在 2020 年达到顶峰。与此同时，生产者之间的合作关系更松散，强强联合是主要合作方式；处于桥接位置的生产者不多，但能够发挥桥接作用的生产者越来越集中，并在 2020 年达到顶峰。

表 2.17　　成熟期网剧生产者的描述性统计

年份	描述项	度数中心度	接近中心度	特征向量中心度	中介中心度	网络约束度
2018	标准差	0.013	0.043	0.044	0.012	0.305
	偏度	9.554	-0.708	6.022	13.582	-0.015
	峰度	122.943	1.743	63.774	205.602	2.130
2019	标准差	0.020	0.047	0.050	0.013	0.329
	偏度	10.563	-0.574	6.488	13.787	0.045
	峰度	149.127	1.571	73.079	205.948	2.152
2020	标准差	0.015	0.044	0.045	0.012	0.329
	偏度	11.075	-0.615	6.603	16.445	0.110
	峰度	166.114	1.608	83.165	295.59	2.238

从网络约束度来看，标准差基本不变；偏度从左偏向右偏转变，

2018 年为 -0.015，2019 年为 0.045，2020 年为 0.110；峰度一直维持在 2 左右。以上数据结果说明不同生产群落之间的桥梁每年都有微小变化，但集中程度不大。

综上所述，在成熟期，竞合格局已经定型，高竞争地位的网剧生产者集中趋势越来越大，在 2020 年达到顶峰。不同生产群落之间关系比较稳定，说明竞争关系和立场已经稳定。

2. 不同类别网剧生产者：数字平台稳定占据高竞争地位

成熟期不同类别网剧生产者竞争地位状况如表 2.18 所示。整体来看，2018—2020 年均有四个类别的网剧生产者。数字平台稳定地占据高竞争地位；国有、民营和境外机构在生产场域中优势不同，竞争地位一直波动。

表 2.18　成熟期不同类别网剧生产者中心度和网络约束度的均值

	生产者类别	度数中心度	接近中心度	特征向量中心度	中介中心度	网络约束度
2018	国有	0.012	0.175	0.034	0.002	0.542
	境外	0.006	0.183	0.023	0	0.820
	民营	0.008	0.176	0.024	0.001	0.679
	平台	0.066	0.215	0.195	0.059	0.302
2019	国有	0.018	0.220	0.054	0.001	0.524
	境外	0.011	0.230	0.036	0	0.719
	民营	0.010	0.208	0.022	0	0.674
	平台	0.107	0.237	0.208	0.076	0.323
2020	国有	0.010	0.187	0.017	0.002	0.558
	境外	0.006	0.197	0.011	0	0.755
	民营	0.008	0.188	0.022	0	0.670
	平台	0.076	0.233	0.155	0.059	0.400

2018—2019 年，数字平台拥有绝对优势，其竞争地位最高，在场域内既拥有对资源和信息的掌控力，也处于资源和信息流动的核心枢纽，且合作伙伴竞争地位较高；国有机构竞争地位排名第二；民营和境外机构不具备明显优势，竞争地位最低。到 2020 年，数字平台继续保持优势；

国有和民营机构各有优势;境外机构不具备明显优势,竞争地位最低。

综上所述,成熟期,竞合格局已经十分稳定。数字平台具有最高的竞争地位,既是资源和信息流动的枢纽,也是资源和信息的掌控者,且和较强的网剧生产者建立了稳定的合作关系。国有机构在2018年和2019年竞争地位排名第二,但到2020年,与民营机构不相上下。境外机构竞争地位一直最低。

3. 核心网剧生产者竞争地位:平台稳定处于高位,国有民营相互竞争

成熟期排名前十的核心网剧生产者竞争地位如表2.19所示。从核心层情况来看,数字平台一直占据最重要的中心位置,民营机构在2018年和2020年占据次重要的中心位置,国有机构在2019年占据次重要的中心位置。参与网剧生产的数字平台数量一直维持在10左右,但除了2019年之外,位于核心层的数字平台不到所有数字平台的一半。以上结果说明在2018—2020年期间,数字平台是中心,且竞争围绕着核心层的平台展开;国有和民营机构则处在争夺次要地位的状态。

表2.19　　　　成熟期排名前十的网剧生产者的竞争地位

年份	网剧生产者数量(个)	核心网剧生产者对比	处于核心层的平台数量(个)
2018	733	平台>民营>国有	5(10)
2019	616	平台>国有>民营	4(8)
2020	780	平台>民营>国有	4(10)

4. 数字平台竞争地位:前三稳定不变

成熟期数字平台竞争地位变化情况如表2.20所示。2018年,腾讯视频、爱奇艺、优酷、芒果TV、搜狐视频、乐视网、响巢看看、咪咕视频、PP视频和哔哩哔哩在网剧生产场域中。腾讯视频、爱奇艺和优酷在场域中具有较高的竞争地位,在场域内既拥有对资源和信息的掌控力,也处于资源和信息流动的核心枢纽,且合作伙伴竞争地位较高,分别生产了45部、35部和32部网剧;芒果TV和搜狐视频具有一定的竞争地位,但各方面稍显弱势,分别生产了12部和10部网剧;乐视网、响巢看看、咪咕视频、PP视频和哔哩哔哩竞争地位较低,分别生产了3部、1部、2

部、1部和1部网剧。

表2.20　　　　　　　　　成熟期数字平台的情况

年份	排序	平台名称	参与生产网剧数量(部)	度数中心度	接近中心度	特征向量中心度	中介中心度	网络约束度
2018	1	腾讯视频	45	0.194	0.241	0.618	0.175	0.028
	2	爱奇艺	35	0.175	0.245	0.404	0.205	0.029
	3	优酷	32	0.156	0.244	0.449	0.143	0.033
	6	芒果TV	12	0.048	0.232	0.211	0.030	0.110
	9	搜狐视频	10	0.042	0.216	0.057	0.026	0.093
	57	乐视网	3	0.016	0.224	0.090	0.005	0.270
	190	响巢看看	1	0.010	0.212	0.047	0	0.493
	193	咪咕视频	2	0.008	0.202	0.020	0.006	0.463
	236	PP视频	1	0.008	0.217	0.057	0	0.576
	577	哔哩哔哩	1	0.004	0.112	0	0	0.926
2019	1	爱奇艺	51	0.337	0.295	0.707	0.222	0.025
	2	腾讯视频	53	0.229	0.292	0.487	0.180	0.039
	3	优酷	27	0.195	0.284	0.347	0.131	0.039
	6	芒果TV	16	0.065	0.254	0.083	0.064	0.096
	103	搜狐视频	5	0.011	0.244	0.019	0.011	0.303
	204	响巢看看	1	0.011	0.239	0.021	0	0.496
	325	哔哩哔哩	2	0.007	0.144	0	0	0.583
	530	PP视频	1	0.002	0.143	0	0	1
2020	1	爱奇艺	62	0.272	0.267	0.726	0.246	0.024
	2	腾讯视频	61	0.192	0.256	0.331	0.166	0.029
	3	优酷	44	0.171	0.257	0.227	0.140	0.030
	4	芒果TV	22	0.084	0.234	0.125	0.030	0.063
	85	搜狐视频	5	0.014	0.239	0.073	0.005	0.305
	304	乐视网	2	0.006	0.218	0.010	0.002	0.530
	313	哔哩哔哩	2	0.006	0.195	0.001	0.004	0.513
	377	咪咕视频	2	0.006	0.227	0.038	0	0.656
	516	响巢看看	1	0.004	0.223	0.015	0	0.926
	530	华数TV	1	0.004	0.211	0.008	0	0.926

2019年,乐视网和咪咕视频离开了网剧生产场域。爱奇艺、腾讯视频和优酷在场域中延续了上一年的优势地位,分别生产了51部、53部和27部网剧;芒果TV和搜狐视频具有一定的竞争地位,分别生产了16部和5部网剧;响巢看看、哔哩哔哩和PP视频竞争地位较低,分别生产了1部、2部和1部网剧。

2020年,PP视频离开了网剧生产场域,乐视网、咪咕视频和华数TV进入网剧生产场域。爱奇艺、腾讯视频和优酷继续保持优势地位,分别生产了62部、61部和44部网剧;芒果TV具有一定的竞争地位,生产了22部网剧;搜狐视频、乐视网、哔哩哔哩、咪咕视频、响巢看看和华数TV竞争地位较低,分别生产了5部、2部、2部、2部、1部和1部网剧。

基于以上分析,成熟的网剧生产场域已经完全稳定,数字平台一直稳定占据高竞争地位。在众多平台中,拥有高竞争地位的网剧生产者十分稳定。2018—2020年期间,前三名均为爱奇艺、腾讯视频和优酷,只是顺序有微小变化。

第二节 网剧生产竞合格局的静态结构

基于上一节的分析,研究发现当前网剧场域中的竞争地位分布符合"二八定律",数字平台竞争地位最高。但是之前的分析都是基于纯网剧场域的(不包括以先台后网形式播放的电视剧),本节在已有数据基础上,进一步探究数字平台除了在网剧场域占据绝对竞争地位外,在网剧场域以及网剧场域和电视剧场域交叉部分是怎样的位置?该场域内的竞争地位分布是怎样的?

为了解决以上问题,本节在2020年网剧数据基础上加入以先台后网形式播出的电视剧数据,并把两类数据进行对比分析,从整体视角、聚类视角和生产者视角分析当前以网络视频平台作为播放渠道的影视剧生产场域内,不同类型网剧生产者的竞争地位分布。

一 整体视角:规模更大,密度不变

2020年以网络视频平台作为播放渠道的影视剧生产场域的整体视角

状况如表 2.21 所示。网剧和电视剧生产场域节点数为 1091，比合并前多了 40.05%；连接数为 5567，比合并前多了 106.95%；网络直径和网络密度没有变化；平均距离为 2.866，比合并前少了 6.83%。以上数据结果说明网剧和电视剧生产场域有了更多的网剧生产者，且结成了更多的合作关系，但是其对整个合作网络的紧密程度影响不大。

表 2.21　　2020 年网剧和电视剧生产竞合格局的整体视角

类型	节点数（个）	连接数（个）	网络直径	网络密度	平均距离
网剧生产场域	779	2690	7	0.009	3.076
网剧和电视剧生产场域	1091	5567	7	0.009	2.866

二　聚类视角：聚类不变，核心变大

2020 年以网络视频平台作为播放渠道的影视剧生产场域的聚类视角状况如表 2.22 所示。网剧和电视剧生产场域的成分数量为 72，比合并前少了 2；成分平均规模为 15.15，比合并前多了 43.87%；孤立点数量没有变化；最大成分规模为 864，比合并前多了 60.89%；最大成分比例为 0.792，比合并前多了 14.95%。以上数据结果说明网剧和电视剧生产场域成分数量少了，但占据中心位置的生产群落规模更大了。

表 2.22　　2020 年网剧和电视剧生产竞合格局的聚类视角

类型	成分数量	成分平均规模	孤立点数量	最大成分规模	最大成分比例
网剧生产场域	74	10.53	18	537	0.689
网剧和电视剧生产场域	72	15.15	18	864	0.792

三　网剧生产者视角

（一）竞争地位分布：分布集中程度高

2020 年以网络视频平台作为播放渠道的影视剧生产场域的生产者竞争地位整体分布状况如表 2.23 所示。网剧和电视剧生产场域集中趋势有所变化。从度数中心度来看，标准差发生微小上升，而偏度和峰度都下降，说明新加入的网剧生产者具有一定的影响力，改变了资源和信息过

于集中的现象。从接近中心度来看，趋势与度数中心度保持一致。从特征向量中心度来看，标准差发生微小下降，偏度上升，峰度下降，说明新加入的网剧生产者偏好强弱联合。从中介中心度来看，标准差基本不变，但偏度和峰度下降，说明新加入的网剧生产者占据了新的核心桥接位置。从网络约束度来看，标准差微小下降，偏度和峰度保持上升，说明新加入的网剧生产者成为不同群落之间的枢纽，且整体分布越来越集中。

表 2.23　　　　2020 年网剧和电视剧生产者的描述性统计

类型	描述项	度数中心度	接近中心度	特征向量中心度	中介中心度	网络约束度
网剧生产场域	标准差	0.015	0.044	0.045	0.012	0.329
	偏度	11.075	-0.615	6.603	16.445	0.110
	峰度	166.114	1.608	83.165	295.590	2.238
网剧和电视剧生产场域	标准差	0.019	0.055	0.039	0.010	0.346
	偏度	9.545	-1.147	7.437	15.380	0.508
	峰度	120.010	2.722	77.672	259.989	2.620

（二）不同类别网剧生产者竞争地位：数字平台稳定占据高竞争地位

2020 年以网络视频平台作为播放渠道的影视剧生产场域的不同类别网剧生产者竞争地位状况如表 2.24 所示。在网剧和电视剧生产场域中，数字平台竞争地位较高，在场域内既拥有对资源和信息的掌控力，也处于资源和信息流动的核心枢纽，且合作伙伴竞争地位较高；国有机构在各方面稍显弱势，竞争地位排名第二；民营机构和境外机构不具备明显优势，竞争地位最低。可以看到，在网剧和电视剧场域中，国有机构地位有较大提升，说明国有机构在先台后网领域仍旧拥有较高掌控力。

为了进一步说明数字平台竞争地位的绝对优势，研究通过 Spearman 相关性分析法研究网剧生产者类别虚拟变量与各个关键指标的相关性。具体结果如表 2.25 所示。数字平台与度数中心度、接近中心度、特征向量中心度和中介中心度均在 1% 水平上显著正相关，与网络约束度在 10% 水平上显著负相关；国有机构与度数中心度、接近中心度和特征向量中心度在1%水平上显著正相关,与网络约束度在1%水平上显著负相关,与中介中心度正相关,但不显著。民营机构与度数中心度、接近中心度、特征向量中心度和中介中心度均在1%水平上显著负相关,与网络约束度在1%水平上显著正相关。境外机构除了与网络约束度在5%水平上显著正相关,与其他值负相关,但不显著。相关性分析结果说明,数字平台竞争地位最高,国有机构竞争地位排名第二,民营机构竞争地位排名第三,境外机构竞争地位最低。

表2.24　2020年不同类别网剧和电视剧生产者中心度和网络约束度的均值

类型	生产者类别	度数中心度	接近中心度	特征向量中心度	中介中心度	网络约束度
网剧生产场域	国有	0.010	0.187	0.017	0.002	0.558
	境外	0.006	0.197	0.011	0	0.755
	民营	0.008	0.188	0.022	0	0.670
	平台	0.076	0.233	0.155	0.059	0.400
网剧和电视剧生产场域	国有	0.018	0.249	0.033	0.002	0.357
	境外	0.006	0.225	0.010	0	0.711
	民营	0.008	0.224	0.013	0	0.622
	平台	0.100	0.282	0.190	0.055	0.383

表2.25　2020年网剧和电视剧生产者类别与中心度和网络约束度的相关性分析

类别	度数中心度	接近中心度	特征向量中心度	中介中心度	网络约束度
平台	0.467***	0.093***	0.426***	0.544***	−0.055*
国有	0.175***	0.163***	0.169***	0.042	−0.278***
民营	−0.261***	−0.170***	−0.248***	−0.164***	0.247***
境外	−0.035	−0.010	−0.032	−0.018	0.060**

注:***、**、*分别表示在1%、5%和10%水平上显著,下同。

(三) 核心网剧生产者竞争地位:平台稳定处于高位

2020年以网络视频平台作为播放渠道的影视剧生产场域排名前十的核心网剧生产者竞争地位如表2.26和表2.27所示。爱奇艺、腾讯视频、优酷、芒果 TV、万达影视传媒和中央电视台不管在合并前还是合并后都位列前七；合并后优酷、中央电视台位次上升，腾讯视频和芒果 TV 位次下降。从具体类别来看，合并前后的生产场域都有 4 个数字平台；合并前的国有机构有中央电视台，合并后的国有机构有中央电视台、北京广播电视台、上海文化广播影视集团、深圳广播电影电视和广东广播电视台；合并前的民营机构有万达影视传媒、完美世界、北京耐飞科技、北京本佳文化传媒和北京捷成世纪科技，合并后的民营机构仅有万达影视传媒。以上数据变化说明，合并前后的网剧生产场域，数字平台都占据了最高的竞争地位；民营机构在合并前的生产场域占有优势；国有机构在合并后的生产场域占有优势。

表 2.26 2020 年排名前十的网剧和电视剧生产者的情况

类型	网剧生产者数量（个）	核心网剧生产者对比	处于核心层的平台数量（个）
网剧生产场域	770	平台 > 民营 > 国有	4（10）
网剧和电视剧生产场域	1082	平台 > 国有 > 民营	4（10）

表 2.27 2020 年排名前十的网剧和电视剧生产者的竞争地位

排序	网剧生产场域	网剧和电视剧生产场域
1	爱奇艺	爱奇艺
2	腾讯视频	优酷
3	优酷	腾讯视频
4	芒果 TV	中央电视台
5	万达影视传媒	芒果 TV
6	完美世界	万达影视传媒
7	中央电视台	北京广播电视台
8	北京耐飞科技	上海文化广播影视集团
9	北京本佳文化传媒	深圳广播电影电视
10	北京捷成世纪科技	广东广播电视台

（四）数字平台竞争地位：位居前列

2020 年以网络视频平台作为播放渠道的影视剧生产场域内数字平台竞争地位如表 2.28 所示。合并前后的生产场域，爱奇艺、腾讯视频、优酷和芒果 TV 都稳居前五，其他平台都在 50 名之外。合并后，爱奇艺、腾讯视频和优酷稳定占据优势地位，在场域内既拥有对资源和信息的掌控力，也处于资源和信息流动的核心枢纽，且合作伙伴竞争地位较高，分别生产了 77 部、78 部和 57 部电视剧。芒果 TV 竞争地位较高，但各方面稍显弱势，生产了 35 部电视剧。其他平台不具备优势，竞争地位很低。以上数据说明数字平台不仅积极参与纯网剧生产，还积极参与以先台后网形式播放的影视剧生产，头部数字平台在场域内位居最前列。

表 2.28　　　　2020 年两个场域数字平台的情况

类型	排序	平台名称	参与生产网剧数量（部）	度数中心度	接近中心度	特征向量中心度	中介中心度	网络约束度
网剧生产场域	1	爱奇艺	62	0.272	0.267	0.726	0.246	0.024
	2	腾讯视频	61	0.192	0.256	0.331	0.166	0.029
	3	优酷	44	0.171	0.257	0.227	0.140	0.030
	4	芒果 TV	22	0.084	0.234	0.125	0.030	0.063
	85	搜狐视频	5	0.014	0.239	0.073	0.005	0.305
	304	乐视网	2	0.006	0.218	0.010	0.002	0.530
	313	哔哩哔哩	2	0.006	0.195	0.001	0.004	0.513
	377	咪咕视频	2	0.006	0.227	0.038	0	0.656
	516	响巢看看	1	0.004	0.223	0.015	0	0.926
	530	华数 TV	1	0.004	0.211	0.008	0	0.926
网剧和电视剧生产场域	1	爱奇艺	77	0.276	0.320	0.505	0.189	0.030
	2	优酷	57	0.268	0.324	0.483	0.153	0.024
	3	腾讯视频	78	0.250	0.321	0.493	0.150	0.031
	5	芒果 TV	35	0.162	0.300	0.273	0.052	0.034
	66	乐视网	3	0.021	0.291	0.072	0.002	0.186
	236	搜狐视频	5	0.010	0.281	0.038	0.004	0.321
	566	哔哩哔哩	2	0.005	0.217	0.001	0.003	0.513
	669	咪咕视频	2	0.005	0.257	0.013	0	0.675
	832	华数 TV	1	0.003	0.238	0.003	0	0.926
	955	响巢看看	1	0.003	0.266	0.017	0	1.086

本章小结

本章从平台视角研究网剧生产竞合格局演进，回答问题1"平台视域下网剧生产竞合格局发生了怎样的变化"。该问题可分为两大部分，场域中网剧生产竞合格局发生了怎样的变化？数字平台在网剧生产场域中的地位是怎么变化的（问题1.1）？当前以网络视频平台作为播放渠道的影视剧生产场域内生产者的竞合格局是怎样的？数字平台处于什么地位？（问题1.2）

本章利用社会网络分析法展开研究，从整体视角分析网络的规模、密度和直径等；从聚类视角分析成分数量、规模、孤立点数量以及最大成分的规模和比例；从单个网剧生产者视角分析其竞争地位，竞争地位由其在场域（社会网络）中的位置决定。本章利用度数中心度、接近中心度、特征向量中心度、中介中心度和网络约束度来衡量网剧生产者的竞争地位。

针对问题1.1，本章以2007—2020年所有网剧数据作为基础，基于平台视域下网剧生产发展情况划分演进区间：摸索期（2007—2013年）、成长期（2014—2017年）和成熟期（2018—2020年）。从整体视角来看，摸索期到成熟期，整个生产网络经历了缓慢增大到极速膨胀再到保持稳定的发展历程，网剧生产者之间关系从逐渐松散到维持稳定。从聚类视角来看，聚类数量越来越多，并逐渐形成核心聚类。从网剧生产者视角来看，竞争地位分布从动荡变化转向集中趋势；数字平台逐步获取高竞争地位，既拥有对资源和信息的掌控力，也处于资源和信息流动的核心枢纽，且合作伙伴竞争地位较高，国有机构和民营机构则一直在争夺次重要的竞争地位。在核心层，数字平台、国有机构和民营机构共享高竞争地位，但数字平台逐步稳定占据最高位置（见图2.4）。具体到数字平台本身，数字平台一直积极参与网剧生产，经历了试探摸索到百花齐放再到稳定集中，最终，爱奇艺、优酷和腾讯视频成为数字平台的领导者（见表2.29）。

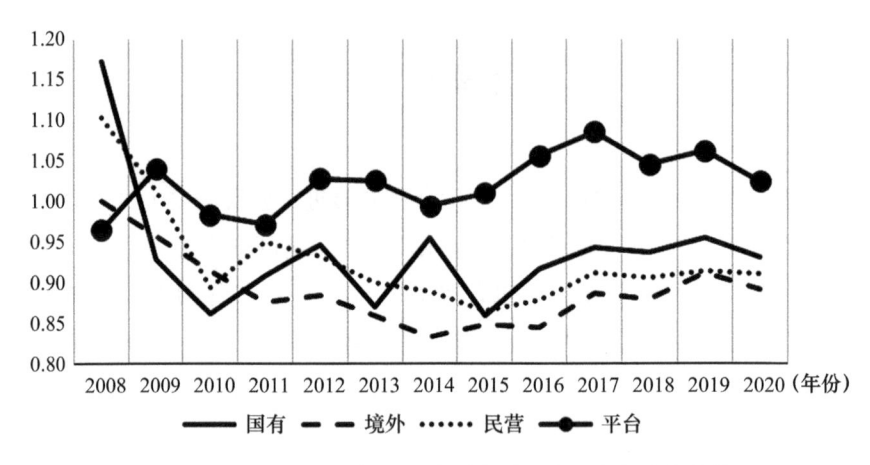

图 2.4　2008—2020 年不同类型网剧生产者竞争地位变化

表 2.29　　　　　2007—2020 年处于领导地位的数字平台变化

排序	2007	2008	2009	2010	2011	2012	2013	2014	2015	2016	2017	2018	2019	2020
1	东方宽频			优酷	搜狐视频	乐视网	乐视网		优酷	腾讯视频	腾讯视频	腾讯视频	爱奇艺	爱奇艺
2			优酷							爱奇艺	爱奇艺	爱奇艺	腾讯视频	腾讯视频
3						新浪视频	腾讯视频	乐视网	爱奇艺	搜狐视频		优酷	优酷	优酷

针对问题 1.2，本章在 2020 年数据的基础上，加入了以先台后网形式播放的影视剧，构建了以网络视频平台作为播放渠道的影视剧生产场域。从整体视角来看，网络规模扩大，但密度基本保持不变；从聚类视角来看，聚类数量和核心聚类基本没有变化；从生产者视角来看，数字平台拥有较高竞争地位，既拥有对资源和信息的掌控力，也处于资源和信息流动的核心枢纽，且和强大的伙伴建立稳定的合作关系；国有机构竞争地位排名第二，稍高于民营机构。在核心层，数字平台、国有机构和民营机构共享高竞争地位，但数字平台仍处于最高位置。具体到数字

平台本身，爱奇艺、优酷和腾讯视频是所有数字平台的领导者。

综上所述，从摸索期到成熟期，网剧生产竞合格局发生了巨大变化。数字平台逐步稳定地占据了高竞争地位。从具体网络视频平台来看，从早期仅有优酷位列前三到爱奇艺、腾讯视频和优酷位居前三。

第三章 网剧生产竞合格局演进的动因：外部环境和平台策略

上一章研究分析了网剧生产竞合格局的演进和最终状态。本章基于结合的场域理论和平台经济学理论，利用历史研究法分析外部环境变化和平台策略是如何改变网剧生产竞合格局的，回答问题2"网剧生产竞合格局的变化过程中，外部环境和平台策略发挥了怎样的作用"。本章分为两大部分，第一节为网剧生产场域生成的基础（1996—2006年），在这个阶段没有出现研究定义下的"网剧"，但网络视频平台的诞生为网剧的出现奠定了基础，具有分析的价值。为此，本章研究主要关注这个阶段外部环境的状态和网络视频平台的初始形态。第二节可分为三个部分，对应上一章的摸索期（2007—2013年）、成长期（2014—2017年）和成熟期（2018—2020年），主要关注每一阶段网剧生产竞合格局演进背后的动因，动因主要来自外部环境的变化和数字平台采取的策略。

第一节 网剧生产场域生成的基础（1996—2006年）

本节主要分为三大部分，第一部分研究网剧出现之前网络视频平台发展的外部环境；第二部分研究网剧出现之前网络视频平台的基本情况和采取的策略；第三部分为场域资本的积累情况。

一 外部环境

(一) 政策环境：传播内容受限，版权保护欠缺

政策类型可分为四大类，互联网建设的支持政策、电视剧的网络传播规制、电视剧内容规制和网络版权保护。

互联网建设方面，1996年2月1日，国务院发布了《中华人民共和国计算机信息网络国际联网管理暂行规定》，对中国互联网建设进行部署。2001年5月，国务院信息产业部（现工业和信息化部）发布《信息产业"十五"计划纲要》，这是国家确立信息化重大战略后出台并实施的第一个产业规划。2006年3月19日，国务院发布《2006—2020年国家信息化发展战略》，对我国信息化发展作出了整体规划。

最早关于电视剧的网络传播规制由国家广电总局在1999年1月发布——《关于加强通过信息网络向公众传播广播电影电视类节目管理的通告》。文件中提到在境内通过互联网传播广播电影电视类节目，要经过广电总局审批。同年11月，国家广电总局在该通告基础上发布《网上播出前端的设立审批管理暂行办法》，提到在互联网上设立播出前端——以计算机点播等形式播放、转播广播电影电视类节目——必须经过广电总局批准，并持有《网上传播广播电影电视类节目许可证》。2000年4月7日，国家广电总局发布《信息网络传播广播电影电视类节目监督管理暂行办法》，首次对广播电影电视类节目进行分类。随后，相关政策不断深入细化，在2003年1月7日，国家广电总局发布《互联网等信息网络传播视听节目管理办法》，这是第一个关于视听节目网络传播的综合性规范文件。同年5月10日文化部发布《互联网文化管理暂行规定》，规定生产和传播网络文化产品需要取得《网络文化经营许可证》。2004年7月6日，国家广电总局更新该文件，提到从事信息网络传播视听节目业务，应取得《信息网络传播视听节目许可证》，业务类别分为播放自办节目、转播节目和提供节目集成运营服务等；所有在网络传播的视听节目必须是取得《电视剧发行许可证》的电视剧和取得《电影片公映许可证》的电影片。

关于影视剧内容规制，国家广电总局一直在不断完善。2002年5月

22 日,国家广电总局发布《关于印发净化荧屏检查项目的通知》中,要求各台自查各类题材电视剧播出比例的情况,并汇报因古装剧过多被上级主管部门和观众批评、制止及纠正的情况。同年 7 月 5 日,国家广电总局发布《关于切实加强电视剧审查工作的通知》,旨在提高电视剧质量。2004 年 9 月 20 日,国家广电总局发布《电视剧审查管理规定》,对电视剧审查机构和标准、审查程序以及惩罚方式做出了详细规定。2006 年 4—5 月,国家广电总局发布了《电视剧拍摄制作备案公示管理暂行办法》,决定从 2006 年 5 月 11 日,取消电视剧题材规划立项审批制,实行电视剧拍摄制作备案公示管理;发布《电视剧内容审查暂行规定》,对内容进行了严格限制。

除了传统电视剧之外,政策也注意到了一些组织和个人自行拍摄 DV 片并在网络上传播。为此,2004 年 5 月 24 日,国家广电总局发布《关于加强影视播放机构和互联网等信息网络播放 DV 片管理的通知》,通知提到在互联网上传播 DV 片,与传播视听节目一样,需要取得《网上传播视听节目许可证》。任何企业和组织传播由社会机构和个人制作的各类 DV 片,必须根据《广播电视管理条例》和《电影管理条例》及有关规定,事先对其内容进行审查。

最早关注到网络传播中版权保护问题的文件可追溯到 2000 年 11 月 22 日,最高人民法院公布《关于审理涉及计算机网络著作权纠纷案件适用法律若干问题的解释》,这是首次对网络传播中的侵权问题进行详细阐述,明确了在著作权法保护范围之外互联网上的一些智力创作成果同样受到保护;在网络上传播作品需要取得原作者的授权;提供网络服务的企业要及时移除构成侵权的内容。2001 年 10 月 27 日,《关于修改〈中华人民共和国著作权法〉的决定》通过。在新的著作权法中,明确了著作权包括信息网络传播权;未经过著作权人许可,通过信息网络向公众传播其作品的属于侵权行为。2005 年,国家开始定期开展打击网络侵权盗版的专项行动。2006 年 5 月 10 日,国务院根据新的《著作权法》制定并颁布了《信息网络传播权保护条例》,对网络传播中的侵权行为认定和惩罚进行详细阐释。

1996—2006 年,互联网建设的相关政策十分具有前瞻性,为整个互联网产业的有序发展提供了坚实基础。在影视剧规制领域，政策处于边发展边制定的状态。影视剧的网络传播规范和内容审查管理几乎都是针对电视剧的，但仍有政策涉及了专为互联网生产和传播的 DV 片。这些政策为后续网剧生产者进行网剧生产提供了基本的参考。在网络版权保护领域，政策上从 2000 年就开始关注，并开展了专项行动打击网络盗版。但受限于技术和成本，相关政策执行力度欠缺且打击对象主要是企业而非普通用户。因此，以 UGC 作为主要内容的网络视频平台基本不受影响。

（二）技术环境：互联网普及率增加

1996 年 1 月，以中国公用互联网为核心的全国骨干网开通，开始向全国提供服务。在此期间，除中国公用互联网外，中国教育和科研网（CERNET）、中国科技网（CSTNET）和中国金桥信息网（CHINAGBN）三大骨干网也相继建设完成，并于 1997 年实现四大骨干网的互联互通。截至 1997 年 10 月 31 日，中国共有上网计算机 29.9 万台，上网用户数 62 万，在家上网比例为 25.3%。2000 年 5 月 17 日，中国移动互联网"CM-NET"投入运行。同日，中国移动正式推出"全球通 WAP（无线应用协议）"，这是我国移动互联网的雏形。随后，互联网传输速度不断提升，费用下降，互联网普及率逐渐增加。截至 2006 年 12 月 31 日，上网计算机总数为 5940 万台，是第一次统计值的 198.66 倍；网民总人数达到 1.37 亿人，是第一次统计值的 220.97 倍；在家上网比例达到 76%，笔记本电脑和手机开始成为新的上网设备。

1996—2006 年，互联网快速普及，推动了用户的上网地点从单位向家中迁移。这意味着用户的上网时间增加，用于娱乐的时间增多，为网络视频平台兴起奠定了良好的基础。

（三）资本环境：风险投资介入，国有资本转型

自党的十四大（1992 年）明确提出要建立社会主义市场经济体制以来，社会资本开始涌入资本市场。在高新技术创业领域，风险投资机构是具有代表性的社会资本，包括天使投资、VC、PE 和企业设立的投资部门等。早期，一些境外投资机构在中国设立了投资基金，但多数资金还是投向了非创业型企业。直到 1998 年全国政协九届一次会议提出《关于尽快发展我国风险投资事业的提案》，希望通过风险投资支持高技术风险

企业的成长，由此揭开了我国风险投资发展的序幕。1992—2006 年本土和合资的风险投资机构数量如表 3.1 所示。1999 年，51 家本土风险投资机构和 2 家中外合资风险投资机构成立。随后，风险投资机构数量不断增加，到 2006 年，已有 1068 家本土风险投资机构和 43 家中外合资风险投资机构成立。2001—2006 年，风险投资机构投向文化传媒领域资金逐年增加，从 2001 年的 0.02 亿元增至 2006 年的 4.76 亿元。

表 3.1　　　　　1992—2006 年风险投资机构新增数量　　　　　单位：个

年份	本土风险投资机构	中外合资风险投资机构	合计
1992	15	0	15
1993	15	0	15
1994	12	1	13
1995	13	1	14
1996	18	1	19
1997	31	1	32
1998	29	0	29
1999	51	2	53
2000	149	4	153
2001	157	5	162
2002	80	2	82
2003	107	3	110
2004	94	8	102
2005	93	6	99
2006	176	7	183

与此同时，2000 年 10 月 11 日，《中共中央关于制定国民经济和社会发展第十个五年计划的建议》通过，文件中提出了"深化文化体制改革"，希望积极推进文化事业单位的社会化。2002 年 11 月 8 日，党的十六大召开，明确区分了文化事业和文化产业的定位与目标，正式启动文化产业体制改革，文化市场体系改革进入了全面深化阶段。随后，我国围绕"深化文化体制改革"，探究文化事业单位的市场化和集团化。

1996—2006 年，风险投资机构为民营网络视频平台的兴起奠定了经济基础，而风险投资机构大多通过投资企业的上市实现退出，这也推动百度、盛大、搜狐和腾讯在这一阶段实现了境外上市，积累了资金。文化体制改革激发了国有资本的活力，国有视频平台得以兴起。

二 网络视频平台

（一）概况：国有和民营平台同步发展

最早涉及电视剧网络传播业务的是中央电视台开办的网站——央视国际网，其在 2000 年 12 月成立，提供部分节目的直播。2002 年 12 月 26 日，央视国际网与影视部合作推出电视剧频道，提供网络观看电视剧的服务。随后，各地电视台相继开通网站。到 2004 年，所有地区的省级电视台都开通了自己的网站，但是这些网站提供的服务主要是直播已有内容，功能较少。在这样的背景下，上海电视台所属的上海文化广播影视集团在 2004 年成立了全国广电行业内第一家专业经营网上视听业务的商业网站（上海东方宽频传播有限公司），提供节目的直播、点播和下载播放等服务。此外，上海文化广播影视集团还获得了第一张 IPTV 集成运营牌照，并在 2006 年年底通过"百视通"品牌来运营 IPTV 业务，是国内第一家以电视为终端的网络视频平台。

在国有机构发展自己网络视频平台的同时，民营的网络视频平台在风险投资机构支持下陆续登上历史舞台。最早涉及该业务的是新浪门户网站，其在 2004 年 6 月开办了"视听"频道，用户可以上传分享自己的视频。同年 11 月，第一个只提供网络视频服务的平台"乐视网"成立。随后，据不完全统计，56 网、土豆网、PPTV、风行网、PPS、芝麻开门视频网、搜狐宽频、腾讯宽频、Mofile、悠视网、激动网、鸿波网、人人视频网、优酷网、酷 6 网、播视网、六间房、偶偶网、爆米花网和琥珀网等相继成立。

（二）策略：国有平台保守，民营平台激进

国有平台和民营平台在运作模式上具有明显不同。在渠道方面，国有平台通过网站和网络电视向消费者提供服务；民营平台则是通过网站或 P2P 播放器来提供服务。在分发方面，两者都是通过初级算法（点击

量)、搜索工具和编辑推荐实现分发。在影视剧内容方面,上海文化广播影视集团旗下平台提供多个节目的直播、点播和下载播放等服务,并推出了网剧、我型我秀以及观众能够利用网络与节目进行即时互动的独创内容。这些服务在当时十分具有前瞻性,是后来引入正版资源后,网络视频平台的雏形。其他国有平台主要提供电视台自有的正版内容或电视频道直播。民营平台大多数内容来自用户自发上传,少数内容来自版权合作,以土豆网为例,用户自发上传的内容有三类,原创音视频内容、二次创作的音视频内容和影视剧资源[①],其中影视剧资源以盗版为主。在社交功能方面,国有平台提供了基础的互动服务,如参与投票和论坛;民营平台在此基础上,还提供了社交关系建立的功能,如添加联络人。在盈利模式方面,国有平台有内容付费和广告收入;民营平台则以广告收入为主。

三 场域资本积累

这一阶段,网剧生产场域还未形成,但网络视频平台是网剧发展的基础。因此,本部分主要关注国有和民营网络视频平台的资本积累,即政策、技术和资本环境与平台自身策略改变了它们在场域内拥有的资本结构和数量,具体如表 3.2 所示。

在 1996 年年初,国有平台及其背后的企业拥有政治资本、经济资本、社会资本和文化资本,民营平台及其背后的企业拥有部分的经济资本。在政策、技术和资本支持下,两者不断发展,但到了 2006 年,两者拥有的资本结构和数量开始呈现差异。

国有平台及背后企业的政治资本和经济资本因政策变化而有所增加,但其在平台上积累消费者相关的社会资本则十分缓慢。主要原因是互联网平台与电视不同,它更加注重双向互动,而国有平台受限于产权性质,格外重视平台上的版权保护和内容控制,但创新意识欠缺,忽略用户对互动的需求。

---

① 曹书乐:《云端影像:中国网络视频的产制结构与文化嬗变》,华东师范大学出版社 2021 年版,第 30 页。

民营平台及背后的企业在政治资本、经济资本、社会资本和文化资本方面都有所增加。因政策环境变化，其拥有了部分政治资本。风险投资机构的介入不仅提供了充足的资金，还推动其通过境外上市获取资金，由此积累比较充足的经济资本。民营平台的 UGC 模式为用户提供了双向互动的自由，由此积累了社会资本和文化资本。一方面，用户在内容创作上比较自由。网站由此孕育了一批知名创作者，其中一部分成为最早的网剧生产者；另一方面，用户上传的海量盗版内容成为视频平台的核心竞争力，使其在规避法律风险的同时，吸引了大量的消费者。两者资本的积累为网剧生产场域的形成奠定了基础。

表 3.2　　　　　　　　国有平台和民营平台的资本积累

类型	资本类型	资本形态（1995/12/31）	对应环境和平台策略	资本形态（2006/12/31）
国有平台及背后企业	政治资本	政策倾斜	（1）互联网建设相关政策；（2）网络传播限制政策	（1）政策倾斜；（2）互联网基础设施建设
	经济资本	财政拨款	文化体制改革	（1）财政拨款；（2）经营收入；（3）其他融资渠道
	社会资本	（1）电视台观众；（2）上游合作关系	（1）互联网普及率增加；（2）建立数字平台	（1）电视台观众转换为少量消费者；（2）上游合作关系
	文化资本	（1）未聚合的正版影视；（2）创作人才	无	（1）未聚合的正版影视；（2）创作人才
民营平台及背后企业	政治资本	无	（1）互联网建设相关政策；（2）网络传播限制政策	互联网基础设施建设
	经济资本	风险投资机构支持	风险投资机构相关政策	（1）风险投资机构支持；（2）股权融资（境外上市）
	社会资本	无	（1）互联网普及率增加；（2）UGC 模式；（3）版权保护力度欠缺	大量内容生产者和消费者
	文化资本	无		大量盗版影视

第二节　网剧生产竞合格局演进的动因

本节主要分为三大部分，对应上一章的摸索期（2007—2013年）、成长期（2014—2017年）和成熟期（2018—2020年），主要关注每一阶段外部环境的变化、数字平台采取的策略以及它们引起网剧生产竞合格局变化的过程。

一　摸索期（2007—2013年）

基于上一章的数据，研究发现摸索期是网剧生产场域生成的过程，其竞合格局的变化是比较动荡的。数字平台具有相对较高的竞争地位，但其竞争地位并不稳固。国有和民营机构竞争地位一直处在变化之中，但境外机构竞争地位随着时间推移，基本处于边缘。为此，本节重点分析网剧生产场域的生成过程中外部环境变化和数字平台的策略。

（一）外部环境：政策限制盗版，但技术和资本提供机会

1. 政策环境：网剧获得认可，打击盗版力度加大

摸索期的政策可分为四大类，互联网的支持政策、影视剧的网络传播规制、电视剧内容规制和网络版权保护。

在互联网的支持政策方面，2007年12月，《国民经济和社会发展信息化"十一五"规划》发布，提出了"十一五"时期国家信息化和互联网发展的总体目标。2010年1月13日，国务院总理温家宝主持召开国务院常务会议，决定加快推进电信网、广播电视网和互联网三网融合。2010年3月，国家广播电影电视总局给CNTV颁发了首张互联网电视牌照，牌照持有方负责建设互联网电视集成平台。

在影视剧的网络传播规制方面，国家不仅颁布相关政策，还加大了执行力度。2007年5月11日，信息产业部（现工业和信息化部）发布《关于依法打击网络淫秽色情专项行动工作方案的通知》，希望通过该行动，整顿互联网视听节目的传播秩序。同年12月20日，国家广播电影电视总局和信息产业部（现工业和信息化部）发布了《互联网视听节目服

务管理规定》，文件中要求互联网视听节目内容必须具有积极正面的导向；从事互联网视听节目服务需要取得《信息网络传播视听节目许可证》；鼓励影视生产基地生产适合网络传播的影视剧，积极发展网络影视产业。这是"网络影视"一词第一次出现在国家正式文件中。2008 年，网络视听节目管理司成立，标志着对网络视听节目管理的进一步规范化。2010 年 3 月 26 日，国家广播电影电视总局发布《互联网视听节目服务业务分类目录（试行）》，在该目录中，网剧作为一个分类出现，属于第二类互联网视听节目服务。2012 年 7 月 6 日，国家广播电影电视总局、国家互联网信息办公室发布《关于进一步加强网络剧、微电影等网络视听节目管理的通知》，文件中提到要强化对网剧、微电影等网络视听节目内容审核、监管和退出机制，其中审核只需要由其自行组建的审核队伍完成即可。

在电视剧内容规制方面，国家广播电影电视总局在此期间发布了多个文件，比较有代表性的是 2010 年 5 月 14 日发布的《电视剧内容管理规定》，明确了电视剧的备案公示、审查流程、播出管理和法律责任对象；2011 年 8 月 18 日发布的《电视剧内容审查实施细则》，对内容审查问题进行了详细阐释；2013 年 9 月 22 日发布的《电视剧拍摄制作备案公示管理办法》。其他文件则是对以上文件的补充，如严格控制电视剧使用方言，加强公安题材影视节目制作、播出管理，严格控制电影、电视剧中吸烟镜头，进一步加强电视剧文字质量和进一步加强省级电视剧审查管理等。

在网络版权保护方面，相关政策不断细化。2009 年 3 月 3 日，国家广播电影电视总局发布《关于加强互联网视听节目内容管理的通知》，文件中强调了互联网传播中的版权保护问题。同年 5 月 7 日，国家广播电影电视总局在《国家知识产权战略纲要》（2008 年 6 月）基础上发布了任务分解方案。文件中提到要加强广播影视知识产权保护法律制度建设；探索建立广播、电视、电视剧制作、互联网视听节目领域的著作权行业保护组织。2010 年 11 月 12 日，国家广播电影电视总局发布《广播影视知识产权战略实施意见》，明确了知识产权保护中的主要任务和保障措施。2011 年，国家广播电影电视总局开展专项行动，加强对视听网站的版权监督。

在摸索期，国家积极推进电信网、广播电视网和互联网三网融合，为信息网络的发展奠定了良好基础。在影视剧规制领域，一方面，网络版权保护日益受到重视，且打击盗版的范围和力度都越来越大；另一方面，电视剧内容审核趋严，而网剧却获得了政策的认可和支持，且在审查力度上远远小于电视剧。政策的变化不仅让网络视频平台陷入了版权大战，也让它们开始寻求新的道路——自制网剧。此外，网剧的出现为一些中小影视剧生产机构提供了额外的生存空间。

2. 技术环境：移动互联网时代来临

在互联网领域，截至 2007 年 12 月 31 日，中国上网用户数量达到 2.1 亿人，互联网普及率达到 16%，其中网络视频用户数量达到 1.6 亿。2009 年 1 月 7 日，3G 牌照发放，同年 10 月，搭载 iOS 系统和 Android 系统的智能 3G 手机发布，揭开了移动互联网时代的序幕。2013 年 12 月 4 日，4G 牌照发放，移动互联网加速发展。2010—2013 年，智能手机销量持续增长，仅 2013 年 1 月到 10 月，智能手机出货量就达到了 3.48 亿部；3G 用户数量在 2013 年 11 月达到 3.86 亿。互联网普及率也不断攀升，上网用户数量从 4.57 亿增加到 6.18 亿，互联网普及率从 34.3% 增加到 45.8%，手机上网用户数量从 3.03 亿增加到 5 亿，网络视频用户数量从 2.84 亿增加到 4.28 亿。在移动互联网加速发展的同时，国家广播电影电视总局也重视互联网的相关技术研发，主要涉及网络电视、三网融合、交互电视、宽带接入、IP 电视集成播控、下一代广播电视网（NGB）、移动多媒体广播电视和互联网电视等。

在摸索期，信息网络的发展、智能手机的普及和手机应用的多元化推动手机上网成为主流。广播电视领域虽然基于互联网研发了新的技术，但主要是从供给端视角进行研发，忽略了用户对于"互动"和"社交"的需求。这些都加速推动着用户观看影视的终端向移动端转变。

3. 资本环境：境外上市掀起风潮，影视产业限制放开

2007 年，已经完成上市的阿里巴巴、百度和腾讯市值先后超过 100 亿美元，跻身全球最大互联网企业之列。三家企业的成功让越来越多的人看到中国企业，尤其是中国互联网企业的潜力。从 2007 年起，本土和

中外合资的风险投资机构新增数量不断增加，2011年的新增数量达到了1864家，随后开始放缓（见表3.3）；2007—2013年，风险投资机构投向文化传媒领域的资金逐年增加，从2007年的25.22亿元到2013年的98.23亿元。此外，上一阶段入场的风险投资机构开始寻求退出，掀起了互联网企业境外上市的风潮。2009年11月，酷6网和盛大旗下的华友世纪合并，成为世界第一家上市的视频平台。2010年8月，乐视网在中国创业板上市。同年12月，优酷在纽约证券交易所上市。2011年8月，土豆网在纳斯达克交易所上市。

表3.3　　　　　2007—2013年风险投资机构新增数量　　　　单位：家

年份	本土风险投资机构	中外合资风险投资机构	合计
2007	407	14	421
2008	475	13	488
2009	584	17	601
2010	1129	23	1152
2011	1839	25	1864
2012	717	12	729
2013	195	7	202

与此同时，在"深化文化体制改革"的背景下，国家广播电影电视总局发布了两个重要文件：一是《关于认真做好广播电视制播分离改革的意见》（2009年8月27日），鼓励电视台按照现代企业制度建立影视剧等节目制作公司，或是吸纳社会资本参与节目制作生产。二是《关于鼓励和引导民间资本投资广播影视产业的实施意见》（2012年5月22日），鼓励和引导民间资本投资广播电视节目制作或从事广播电视节目制作经营活动。

在摸索期，互联网行业获得了大量社会资本的支持，推动了民营网络视频平台的高速发展，且远高于传统电视行业的转型速度。而放开影视剧制作生产领域的资本限制，意味着更多主体可以参与影视剧生产。

（二）网络视频平台：开始寻求自制

1. 概况：国有平台持续观望，民营平台积极参与

在国有网络视频平台中，有两个代表性平台，一是上海文化广播影

视集团的东方宽频，其在 2008 年进行了功能升级，模仿民营平台的运作模式。2012 年，上海文化广播影视集团战略投资风行网，把其与东方宽频进行深度整合。二是 2010 年成立的中国网络电视台，集成了全国主要电视频道节目的直播和点播服务。除了这两个平台之外，每个地区的电视台都继续维护自己的平台，但它们在内容和技术上都远远不如前两者。与此同时，有一批新的民营网络视频平台成立。据不完全统计，2007 年 AcFun 弹幕视频网、暴风影音、迈视网和皮皮影视成立，2008 年快播、迅雷看看成立，2009 年哔哩哔哩和华数 TV 成立，2010 年爱奇艺在百度支持下成立，2011 年 100TV、TV189 成立。但随着版权保护力度加大，民营网络视频平台格局发生变化。2009 年 2 月，搜狐宽频改版，搜狐视频上线；2009 年 11 月，盛大集团收购酷 6；2011 年 4 月，QQlive 改版，腾讯视频上线；2012 年 8 月，优酷和土豆网合并正式完成；同年 12 月，哔哩哔哩上线影视剧区，开始提供正版影视资源；2013 年 5 月，百度收购 PPS，并把爱奇艺和 PPS 业务合并。

具体到网剧生产，最早的网剧《迷狂》由上海市禁毒委员会办公室和上海文化广播影视集团旗下的东方宽频在 2007 年生产制作。然而，在随后的 6 年里，国有平台都再没有参与网剧制作。2008 年和 2009 年，中国艺人网相继制作了《电影少女》和《苏菲少女》，尽管中国艺人网作为视频平台并不出名，但其生产的两部网剧为后来者奠定了内容基调。2009 年起，版权保护开始受到重视，民营视频平台之间爆发"版权大战"，版权内容价格不断攀升。为了自身的发展，民营视频平台开始自制网剧，这一时期主要参与者有优酷、土豆网、爱奇艺、酷 6、新浪视频、搜狐视频、乐视网、腾讯视频和 PPS。但是，处于核心竞争地位的网剧生产者（前十名）一直在变化，2009 年是优酷，2010 年是优酷、新浪视频和土豆网，2011 年是搜狐视频，2012 年是乐视网、新浪视频、优酷和腾讯视频，2013 年是乐视网、搜狐视频、优酷和腾讯视频。

2. 策略：平台寻求自制

在国家版权保护力度不断加大的背景下，2009 年 9 月，由搜狐视频、激动网和优朋普乐等联合发起的中国网络视频反盗版联盟在北京成立，该联盟的成立不仅引发了版权大战，也推动了网剧生产场域的生成。在网剧生产场域中，除了东方宽频之外，都是民营平台。因此，本部分重点关注东方宽频和民营平台的策略。

在渠道方面，东方宽频和民营平台主要通过网站和应用（电视端、PC端和移动端）提供服务。在分发方面，东方宽频和民营平台通过中级算法（点击量和内容过滤）、搜索工具和编辑推荐实现分发，具体到影视剧的发行，其以先台后网形式或只在网络播放影视剧。

在影视内容方面，东方宽频提供了聚合的正版影视，并尝试自制网剧，其中东方宽频聚合的正版影视来自2012年战略投资的风行网和自有版权。民营平台提供的内容由用户上传转向"版权合作""版权并购"和"平台自制"，版权合作一般是指平台通过合作获取影视剧的网络传播权；版权并购一般是指平台通过并购方式获取影视剧的完整著作权，且可以把网络传播权分销给其他平台；平台自制一般是指平台通过参与生产制作的方式获取影视剧的完整著作权。具体来说，在版权合作方面，除了和影视制作单位合作外，2010年2月，优酷、土豆宣布在版权和播出领域达成合作；2012年4月，搜狐视频、爱奇艺和腾讯视频宣布合作，在版权和播出领域实现资源互通和平台合作。在版权并购方面，2012年8月，优酷和土豆合并正式完成；2013年5月，百度收购PPS，并把爱奇艺和PPS业务整合；同年9月，乐视网以16亿收购了花儿影视，不仅获取了花儿影视的版权内容，还有花儿影视的制作能力。在平台自制方面，民营平台在内容方面尝试自制，并以网络视频平台作为主要发行渠道，网剧生产场域由此诞生。此外，酷6网所属的盛大、腾讯视频所属的腾讯和爱奇艺所属的百度还在获取创作资源环节积累版权。2008年7月，盛大全资收购红袖添香小说网，并整合了已有的起点中文网和晋江原创网，成立了盛大文学。2012年3月，腾讯动漫成立，并购入大量版权；2013年9月，腾讯文学成立，开始签约作者。2013年12月27日，百度收购纵横中文网。

在社交功能方面，东方宽频和民营平台在提供基础互动服务的基础上，还提供了社交关系建立的功能——关注订阅功能。在盈利模式方面，东方宽频和民营机构的平台以广告收入为主，内容付费为辅。

（三）竞合格局的变化：数字平台积累各种资本

摸索期的网剧生产场域已经形成，除了民营网络视频平台之外，国有和民营机构也进入网剧生产场域。本部分主要关注民营平台与国有和民营机构竞合关系的变化。它们竞合关系变化的原因是，政策、技术和资本环境与平台自身策略改变了它们在场域内拥有的资本结构和数量，具体如表3.4和表3.5所示。

表3.4　　　　　　　　　　摸索期民营平台的资本变化

类型	资本类型	资本形态（2006/12/31）	对应环境和平台策略	资本形态（2013/12/31）
民营平台及背后企业	政治资本	互联网基础设施建设	电视剧和网剧审核政策	网剧审查力度小
	经济资本	（1）风险投资机构支持；（2）股权融资（境外上市）	（1）制播分离政策；（2）影视产业放开资本限制	（1）风险投资机构支持；（2）经营收入；（3）股权融资（境外上市）；（4）其他融资渠道
	社会资本	大量内容生产者和消费者	（1）移动互联网时代；（2）技术支持下的平台服务优化	（1）大量消费者；（2）部分上游合作关系
	文化资本	大量盗版影视	（1）版权保护力度加大；（2）版权合作、版权并购和平台自制（创造网剧生产场域）；（3）在获取创作资源环节积累版权	（1）大量授权影视；（2）少量自制影视；（3）少量创作人才；（4）版权和孵化版权的社区

　　在上一阶段，国有平台和民营平台都积累了政治资本、经济资本、社会资本和文化资本。但民营平台积累了比国有平台更多的经济资本、以消费者形式存在的社会资本以及特别的文化资本（盗版影视内容）。在摸索期，受益于政策、技术和资本环境，国有平台及背后企业没有生存危机，进入网剧生产场域的动力不足。而民营平台及背后企业由于版权保护力度加大，选择在影视剧生产场域中创造网剧生产场域。民营平台因网剧审查力度小收获了政治资本。在风险投资机构的推动下，民营平台通过上市获取更多经济资本以支持自身发展。在版权合作、版权并购和平台自制的活动中，民营平台积累了部分社会资本和文化资本，其中

社会资本是指上游的合作关系，文化资本是以文化资源形式存在的版权或孵化版权的社区，以劳动力形式存在的导演、编剧和演员等。这些资本帮助平台继续获取以消费者形式存在的社会资本。

表3.5　　　　　　　摸索期国有和民营机构的资本变化

类型	资本类型	资本形态（2006/12/31）	对应环境和平台策略	资本形态（2013/12/31）
国有传媒机构	政治资本	政策倾斜	观望	政策倾斜
	经济资本	(1) 财政拨款；(2) 经营收入		(1) 财政拨款；(2) 经营收入
	社会资本	上下游合作关系		上下游合作关系
	文化资本	(1) 正版影视；(2) 创作人才		(1) 正版影视；(2) 创作人才
民营传媒机构	政治资本	无	电视剧和网剧审核政策	网剧审查力度小
	经济资本	无	(1) 制播分离政策；(2) 影视产业放开资本限制	(1) 风险投资机构支持；(2) 经营收入；(3) 其他融资渠道
	社会资本	无	和数字平台合作	上下游合作关系
	文化资本	创作人才	无	(1) 正版影视；(2) 创作人才

国有机构（非平台）处于被动接受平台合作的观望状态，到2013年参与网剧制作的也仅有4家机构。因此，在网剧生产场域，它们虽然拥有政治资本、经济资本、社会资本和文化资本，但并未主动积累新的资本。民营机构（非平台）在政策和资本支持下，它们自愿进入网剧生产场域，参与网剧生产数量从0家增长到34家，但这些机构以小微机构和主营业务不是影视生产的机构为主，主要靠依附数字平台生存。因此，在网剧生产场域，它们拥有部分文化资本，并积累了少量的政治资本和经济资本。

在摸索期，民营平台面临生存危机，在电视剧生产场域之外，主动地创造网剧生产场域，并与上游邻近场域建立合作关系，积累各种相关资本。而其他类型网剧生产者虽然进入网剧生产场域，但积累资本有限，处于被动地位。在这样的资本分布下，数字平台逐步占据竞合网络中的关键位置，这为其后期成为网剧生产场域的主导者奠定了基础。

二 成长期（2014—2017 年）

基于上一章的数据，研究发现成长期是数字平台逐渐主导网剧生产场域的过程，竞合格局虽有变化，但逐步稳定。数字平台具有最高的竞争地位，占据了重要的中心和桥接位置，并和竞争地位较高的合作伙伴建立了稳定的合作关系。国有和民营机构在 2014 年各有优势，但随着时间推移，国有机构的竞争地位逐步超过民营机构，并保持稳定；境外机构竞争地位一直最低。为此，本节重点分析数字平台逐渐主导网剧生产场域的过程中外部环境变化和数字平台的策略。

（一）外部环境：政策收紧，技术和资本提供有力支持

1. 政策环境：网剧监管标准逐步接近电视剧

成长期的政策可分为两大类，互联网支持性政策和影视剧的规制。在互联网支持性政策方面，2015 年 7 月 4 日，国务院发布《关于积极推进"互联网＋"行动的指导意见》，支持互联网和各种业态融合发展。2016 年 7 月 2 日，国家新闻出版广电总局在《关于推动传统媒体和新兴媒体融合发展的指导意见》基础上，发布《关于进一步加快广播电视媒体与新兴媒体融合发展的意见》，要求其在各方面都进行深度融合，实现广播电视媒体与互联网从简单相"加"迈向深度相"融"的根本性转变。

在影视剧规制方面，2014 年 4 月 12 日，国家新闻出版广电总局发布《关于进一步加强省级电视剧内容管理工作的通知》。同年 12 月 22 日，国家新闻出版广电总局发布《关于加强通过移动互联网开展视听节目服务管理有关问题的通知》，文件中提到通过移动互联网提供视听服务，应当取得《信息网络传播视听节目许可证》；互联网视听节目应在丰富多彩的同时确保绿色健康。2016 年 11 月 4 日，国家新闻出版广电总局发布《关于进一步加强网络原创视听节目规划建设和管理的通知》，文件要求网络原创视听节目要弘扬主旋律、传播社会主义先进文化；属于重点网络原创视听节目要通过"网络视听节目信息备案系统"进行备案；加强

对所有网络原创视听节目的内容把关和监管。2017年2月8日，国家新闻出版广电总局发布《关于进一步做好影视剧行政许可管理工作的通知》，要求已经审批立项的电视剧在取得《电视剧发行许可证》前，不能在其他任何渠道和频道播出。同年9月4日，国家新闻出版广电总局等五部门联合发布《关于支持电视剧繁荣发展若干政策的通知》，文件中提到要对电视剧和网剧实行同一标准进行管理；鼓励优秀电视剧制作机构加入网剧生产，提升网剧整体创作水平。同年6月30日，中国网络视听节目服务协会发布《网络视听节目内容审核通则》，明确内容审核对象和审核原则。同年9月20日，国家新闻出版广电总局发布《关于进一步健全网络视听节目服务机构总编辑内容负责制有关事宜的通知》，对网络视听节目服务结构的审核制度进行了重新规划，加强对内容的把关和监督。

在成长期，国家提出了"互联网+"和"媒体融合"两大基础性政策，为新兴媒体发展奠定了基础。在影视剧规制领域，一方面，关于电视剧和网剧的审查和监管进一步收紧，其中关于网剧的管理，从重点的网剧要通过网络视听节目信息备案系统进行备案，过渡到要对电视剧和网剧实行同一标准进行管理；另一方面，鼓励优秀电视剧制作机构加入网剧生产，提升网剧整体创作水平。政策导向的变化，让电视剧和网剧的界限逐渐模糊，推动更多生产主体加入网剧生产。

2. 技术环境：数据成为互联网的重要资产

在互联网领域，2014年起，4G商用进程在中国全面启动，到2017年年底，4G用户渗透率达到70%。2014—2017年，中国上网用户数量从6.18亿达到7.72亿，互联网普及率从45.8%增加到55.8%，手机上网用户数量从5亿增加到7.53亿，网络视频用户数量从4.33亿增加到5.79亿。在上网用户规模保持稳步增长的同时，国家新闻出版广电总局重点支持互联网相关技术研发，主要涉及广播网和互联网互联互通及融合、云平台、智能电视操作系统（TVOS）、IPTV、OTT、大数据以及网络原创影视内容制播云服务系统。

在成长期，4G的快速普及带动了上网用户数量增长，用户的使用行为沉淀下来的庞大数据量与不断发展的云计算和人工智能技术相结合，推动了数据分析和算法在商业场景中的应用，为移动互联网行业创造了更多价值挖掘空间；广播电视领域开始推进广播网和互联网的融合以及云计算和大数据的应用。这都推动着具有数据优势的网络视频平台成为行业中的领导者。

3. 资本环境：以"BAT"为核心的投资风潮

2014年9月10日，在夏季达沃斯论坛上，国务院前总理李克强第一次提出"大众创业、万众创新"的概念。2014—2017年，风险投资机构投资金额不断增加，在文化传媒领域分别投资了367家、799家、1079家和885家，金额分别达到198.76亿元、304.68亿元、647.33亿元和626.08亿元。

同一时期，2014年9月19日，阿里巴巴集团在纽约证券交易所正式挂牌上市。截至2014年12月31日，百度、阿里巴巴和腾讯的市值分别达到711.02亿美元、2123.6亿美元和1641.95亿美元，成为互联网行业的三大巨头，统称为"BAT"。此后，百度、阿里巴巴和腾讯加快了投资速度，以拓宽业务版图，具体情况如表3.6所示。2014—2017年，百度、阿里巴巴和腾讯的对外投资（并购）数量开始快速增长，百度涉及影视剧产业的投资数量为2，均是爱奇艺的战略投资；阿里巴巴涉及影视剧产业的投资数量为12；腾讯涉及影视剧产业的投资数量为23。

表3.6　　2000—2017年BAT的对外投资（并购）数量

年份	百度	阿里巴巴	腾讯
2000	0	1	0
2005	0	1	2
2006	1	1	1
2007	2	0	0
2008	1	2	4
2009	1	2	4
2010	4	8	8
2011	8	8	22
2012	5	7	34
2013	21	28	24
2014	18	47	78

续表

年份	百度	阿里巴巴	腾讯
2015	30	63	119
2016	27	55	124
2017	23	46	147

在成长期，风险投资机构投向文化传媒领域的资金持续增加。而掌握着大量资金和资源的互联网行业三大巨头百度、阿里巴巴和腾讯也在影视产业领域持续投资。这直接助推了民营网络视频平台，尤其是互联网三巨头旗下的爱奇艺、腾讯视频和优酷成为头部网络视频平台和网剧生产场域的主导者。

（二）网络视频平台：创造以"IP"和"数据"为核心的规则

1. 概况：国有平台开始参与，民营平台地位稳定

在国有网络视频平台中，上海文化广播影视集团旗下的风行网在成长期继续发展，连通了电视观众和新媒体用户两大群体，形成具有强大点播功能、丰富海量内容资源、多屏互动便捷服务"三位一体"的视频平台。此外，还有三个国有平台具有代表性。一是湖南广播电视集团旗下的芒果TV，其于2014年4月上线，肩负着湖南广播电视集团"媒体融合"和"互联网+"两大发展战略的重任，致力于发展基于移动互联网和客厅双中心的全终端视频产业。二是中国移动旗下的咪咕视频，其于2014年12月上线，提供高品质综合类视频观看服务。三是浙江广播电视集团旗下的中国蓝TV，其于2015年7月上线，整合浙江广播电视集团各频道资源，打造以综艺为主体的视频平台。除了以上平台之外，每个地区电视台仍旧独立运营自己的平台，但它们不管是在内容、技术和商业模式上都已经远远落后。与此同时，民营网络视频平台竞争格局发生变化，2014年10月搜狐收购56网，并与旗下搜狐视频进行业务整合；2015年4月，北京响巢国际传媒收购迅雷看看，并把其改为"响巢看看"；2015年11月，阿里巴巴收购优酷土豆。到2017年底，国有网络视频平台主要有百视通、咪咕视频、芒果TV、央视影音和中国蓝TV；民营网络视频平台主要有爱奇艺、哔哩哔哩、乐视网、PPTV、搜狐视频、腾

讯视频、响巢看看和优酷。

具体到网剧生产，芒果TV和咪咕视频作为国有平台开始参与网剧生产，主要民营平台积极参与网剧生产。在以平台形式存在的网剧生产者中，处于核心竞争地位的网剧生产者（前十名）虽有变化，但相对稳定。2014年是优酷和腾讯视频，2015年是优酷、爱奇艺、乐视网、腾讯视频和哔哩哔哩，2016年是腾讯视频、优酷、爱奇艺和乐视网，2017年是腾讯视频、优酷、搜狐视频、爱奇艺、芒果TV和乐视网。可以看到，爱奇艺、乐视网、腾讯视频和优酷是稳定的核心网剧生产者，而其他数字平台地位波动较大。

2. 策略：民营平台创造新规，国有平台跟随模仿

移动互联网的蓬勃发展，推动用户生活娱乐方式的变迁，而文化娱乐行业也面临一场声势浩大的变革。2014年4月16日，腾讯举行了UP2014腾讯互动娱乐年度发布会。在发布会上，腾讯首次提出了"泛娱乐"战略，宣布将基于互联网与移动互联网的多领域共生，打造明星IP（Intellectual Property的缩写，下同）的粉丝经济，全面布局互动娱乐产业，致力打造全球领先的综合互动娱乐服务品牌。2015年8月6日，优酷土豆集团召开首届开放生态大会，董亚卫在会上介绍优酷土豆大数据在融合阿里及其他合作方数据外，还拥有全网最全的用户观看行为数据，这些数据不仅是精准营销的基础，也是影视剧和节目制作的参考。2016年5月5日，爱奇艺举办了首届世界大会，会上展现了以海量用户为基础、开放合作为宗旨、创新技术为手段、IP产业全链协动的开放娱乐生态。可以看到，民营平台及其背后的企业在遵循场域已有规则的前提下，开始创造新的规则：一是基于"IP"的产业链运营成为影视剧产业乃至整个文化娱乐产业的核心；二是大数据分析成为影视剧产业的普遍现象。在新的规则下，以芒果TV为代表的国有平台与民营平台逐步趋同。

在渠道方面，芒果TV和民营平台都通过网站、应用（电视端、PC端和移动端）提供服务。在分发方面，芒果TV和民营平台都通过高级算法（点击量、内容过滤和协同过滤）、搜索工具和编辑推荐实现分发，具体到影视剧发行，它们都以先台后网、先网后台或是台网联动三种形式播放电视剧和网剧，其中网剧播放形式还有会员提前观看。

在影视剧内容方面，芒果 TV 在湖南广播电视集团自有内容基础上，提供各种自制内容；民营平台延续了上一时期的策略，主要依靠版权合作、版权并购和平台自制来提供各种内容。具体来说，在版权合作方面，各大视频平台继续和影视制作单位合作，并与其他平台实施版权互换。在版权并购方面，2014 年 10 月，搜狐视频收购 56 网；2015 年 4 月，北京响巢国际传媒收购迅雷看看，并把其改为"响巢看看"；2015 年 11 月，阿里巴巴收购优酷土豆，并与阿里影业进行整合。在平台自制方面，2015 年 9 月，腾讯旗下企鹅影视成立，专门负责腾讯视频平台的影视剧生产制作；其他平台仍以数字平台本身作为生产制作方。此外，2014—2017 年，爱奇艺、腾讯视频、优酷和芒果 TV 所属的企业均在融资环节、获取创作资源环节和影视创作环节积累相关资源。对爱奇艺而言，其在 2016 年 5 月成立爱奇艺文学，8 月成立爱奇艺动漫；同期，投资 2 家动漫企业，3 家影视企业。对腾讯视频而言，其所属的腾讯在 2014 年 11 月收购盛大文学，并在 2015 年 1 月组建了阅文集团；同期，投资 11 家动漫企业，5 家影视企业和 3 家网络文学企业。对优酷而言，2014 年 6 月，阿里巴巴收购文化中国传播集团，并把其改为"阿里影业"；其所属的阿里巴巴在 2014 年 3 月上线娱乐宝，用于影视众筹，2015 年 4 月成立阿里文学；同期，投资 8 家影视企业。对于芒果 TV 而言，其所属企业开设的芒果文创基金投资 1 家影视企业。

在社交功能方面，芒果 TV 和民营平台都在提供基础的互动服务基础上，陆续提供了社交关系建立的功能、社区功能和弹幕功能。在盈利模式方面，芒果 TV 和民营平台以内容付费为主，广告收入为辅。

（三）竞合格局的变化：数字平台以经济资本积累数据资本

成长期的网剧生产场域逐步发展，除了国有和民营网络视频平台之外，国有和民营机构也积极参与到网剧生产中。本部分主要关注国有和民营平台与国有和民营机构竞合关系的变化。它们竞合关系变化的原因是，政策、技术和资本环境与平台自身策略改变了场域内的规则，进而引发它们在场域内拥有的资本结构和数量的变化，具体如表 3.7 和表 3.8 所示。

表 3.7　　　　　　　　　成长期国有和民营平台的资本变化

类型	资本类型	资本形态（2013/12/31）	对应环境和平台策略	资本形态（2017/12/31）
国有平台及背后企业	政治资本	(1) 政策倾斜；(2) 互联网电视牌照	(1) "互联网+"政策；(2) 媒体融合政策；(3) "大众创新、万众创业"	(1) 政策倾斜；(2) 互联网电视牌照
	经济资本	(1) 财政拨款；(2) 经营收入；(3) 其他融资渠道		(1) 财政拨款；(2) 经营收入；(3) 其他融资渠道
	社会资本	(1) 积累少量消费者；(2) 上游合作关系	(1) 技术支持下的平台服务优化；(2) 影视剧播放模式创新	(1) 积累部分消费者；(2) 上游合作关系
	文化资本	(1) 未聚合的正版影视；(2) 创作人才	模仿民营平台版权合作和平台自制	(1) 部分正版影视；(2) 创作人才；(3) 少量自制影视
	数据资本	无	大数据、云平台和媒体融合相关技术研发	部分消费者转换为数据
民营平台及背后企业	政治资本	网剧审查力度小	(1) "互联网+"政策；(2) 网剧相关政策	网剧受到重视
	经济资本	(1) 风险投资机构支持；(2) 经营收入；(3) 股权融资（境外上市）；(4) 其他融资渠道	(1) "大众创新、万众创业"；(2) 百度、阿里巴巴和腾讯拥有充足资金	(1) 风险投资机构支持；(2) 经营收入；(3) BAT的支持；(4) 丰富的融资渠道
	社会资本	(1) 大量消费者；(2) 部分上游合作关系	(1) 技术支持下的平台服务优化；(2) 影视剧播放模式创新；(3) 创造场域新规则（IP）；(4) 版权合作、版权并购和平台自制；(5) 在产业链其他环节积累资源	(1) 大量消费者；(2) 较多上游合作关系
	文化资本	(1) 大量授权影视；(2) 少量自制影视；(3) 少量创作人才；(4) 版权和孵化版权的社区		(1) 大量授权影视；(2) 较多自制影视；(3) 较多创作人才；(4) IP和孵化IP的社区
	数据资本	无	(1) 数据成为互联网重要资产；(2) 大数据、云计算和人工智能技术的发展；(3) 创造场域新规则（数据）	大量消费者转换为数据

表 3.8 成长期国有和民营机构的资本变化

类型	资本类型	资本形态（2013/12/31）	对应环境和平台策略	资本形态（2017/12/31）
国有传媒机构	政治资本	政策倾斜	鼓励优秀影视制作机构参与网剧生产	(1) 政策倾斜；(2) 网剧受到重视
	经济资本	(1) 财政拨款；(2) 经营收入	"大众创新、万众创业"	(1) 财政拨款；(2) 经营收入；(3) 其他融资渠道
	社会资本	上下游合作关系	和相关机构合作	上下游合作关系
	文化资本	(1) 正版影视；(2) 创作人才	和相关机构合作	(1) 正版影视；(2) 创作人才
民营传媒机构	政治资本	网剧审查力度小	鼓励优秀影视制作机构参与网剧生产	网剧受到重视
	经济资本	(1) 风险投资机构支持；(2) 经营收入；(3) 其他融资渠道	(1) "大众创新、万众创业"；(2) 风险投资机构支持	(1) 风险投资机构支持；(2) 经营收入；(3) 丰富的融资渠道
	社会资本	上下游合作关系	(1) 投资相关企业；(2) 和相关机构合作	上下游合作关系
	文化资本	(1) 正版影视；(2) 创作人才	(1) 投资相关企业；(2) 和相关机构合作	(1) 正版影视；(2) 创作人才；(3) IP 和孵化 IP 的社区

在上一阶段，国有平台及背后的企业没有进入网剧生产场域，拥有资本数量和结构没有太大变化。而民营平台及背后企业积累了更多的经济资本、以消费者和合作关系形式存在的社会资本以及充足的文化资本（授权影视、自制影视、创作人才、版权和孵化版权的社区）。在成长期，政策、技术和资本推动了国有平台及背后企业进入网剧生产场域，其中湖南广播电视集团旗下的芒果 TV 是国有平台中的先锋，它在"互联网+"政策和"媒体融合"政策的支持下，从技术和商业模式上全方位模仿民营平台，通过版权合作、平台自制和商业模式创新积累新的文化资本，进而获取大量消费者（社会资本）；通过技术突破把用户留下的记录（社会资本）转换为可供决策的数据（数据资本）。

与此同时，度过危机的民营平台在政策和资本支持下，开始在网剧生产场域中创造新的规则，并进行商业模式创新。民营平台把"IP"定义为新的核心资源，不仅继续通过版权合作、版权并购和平台自制的方式积累影视版权和创作人才，还在获取创作资源环节创建、并购和投资孵化IP的社区，以此积累文化资本，进而获取以合作关系形式存在的社会资本；通过平台服务优化和影视剧播放模式创新将文化资本转换为以消费者形式存在的社会资本。民营平台把"数据"定义为新的核心资源，通过技术突破把以消费者形式存在的社会资本转换为数据资本。

在《关于支持电视剧繁荣发展若干政策的通知》政策支持下，越来越多的国有和民营机构（非平台）开始参与网剧生产。参与网剧生产的国有机构（非平台）数量从2014年的6家增长到37家，以大型企业为主。国有机构在网剧生产场域内拥有政治资本、经济资本、社会资本和文化资本，但其在成长期没有进行主动探索，持有资本结构和数量变化不大。参与网剧生产的民营机构（非平台）数量从2014年的109家增长到2017年的411家，既有大中型企业，也有小微企业。民营机构在网剧生产场域内拥有政治资本、经济资本、社会资本和文化资本，其中一些大中型企业通过投资入股的方式积累新的社会资本和文化资本，但资本数量不多。

在成长期，度过危机的民营平台开始创造新的规则，进而创造出新的文化资本（IP）和数据资本。与此同时，国有平台跟随模仿民营平台。因此，两者都积累了各种相关资本以及关键的数据资本。而其他类型网剧生产者虽然积极参与网剧生产，但受限于经济资本，无法积累新的资本，它们在网剧生产场域拥有的资本数量已经远远不如数字平台。在这样的资本分布下，数字平台不仅占据竞合网络中的关键位置，还开始主导场域的规则，这为其后期成为网剧生产场域的中心奠定了基础。

三 成熟期（2018—2020年）

基于上一章的数据，研究发现成熟期是数字平台逐渐成为网剧生产场域中心的过程，竞合格局已经十分稳定。数字平台具有最高的竞争地位，占据了重要的中心和桥接位置，并和强大的生产者建立了稳定的合作关系。国有机构在2018年和2019年竞争地位排名第二，但到2020年，与民营机构不相上下。境外机构竞争地位一直最低。为此，本节重点分析数字平台逐渐成为网剧生产场域中心的过程中外部环境变化和数字平台的策略。

（一）外部环境：政策、技术和资本推动高质量发展

1. 政策环境：促进网络视听发展，加强网剧监管

成熟期的政策主要以促进广播电视和网络视听产业发展和加强影视剧监管为主。

在促进广播电视和网络视听产业发展方面，2018年11月16日，国家新闻出版广电总局发布《关于促进智慧广电发展的指导意见》，希望实现广播电视从数字化网络化向智慧化的发展。2019年8月11日，国家广播电视总局发布《关于推动广播电视和网络视听产业高质量发展的意见》，从新兴产业体系建设、市场体系建设、产业布局优化和政策保障支持四个方面提出建议。

在加强影视剧监管方面，2018年3月16日，国家新闻出版广电总局发布《关于进一步规范网络视听节目传播秩序的通知》，文件进一步规范了各类节目和影视在网络中的传播秩序。2019年10月31日，国家广播电视总局发布《关于进一步加强广播电视和网络视听文艺节目管理的通知》，文件中提到要加大对电视剧和网剧治理力度，促进行业良性发展，主要包括限制不合理片酬，限制内容和价值导向，限制数据造假和恶性竞争行为。2019年11月18日，国家互联网信息办公室等三部门制定《网络音视频信息服务管理规定》，确保网络音视频信息服务有序发展，维护国家安全和公共利益。2019年12月21日，中共中央宣传部和国家广播电视总局发布《国有影视企业社会效益评价考核试行办法》，希望国有影视企业能从指导思想文化到内容创作再到企业治理上都考虑到社会效益。

在成熟期，国家格外重视广播电视和网络视听产业的发展，发布系统化的政策文件从各方面保障其高质量发展。在影视剧规制领域，电视剧和网剧实行同一标准进行管理，且监管对象逐步细化，不仅监管影视剧内容，还监管影视剧行业的市场运作和影视企业的社会效益。政策的收紧使得"良币"驱逐"劣币"，投机取巧的网剧生产者被迫离开，专注

生产优质内容的网剧生产者得以留下。

2. 技术环境：移动互联网用户规模增长饱和

在互联网领域，5G 在 2019 年 11 月开启商用进程，到 2020 年底，5G 用户突破 3 亿。在技术革新和疫情的影响下，2018—2020 年，中国上网用户数量从 7.72 亿达到 9.89 亿，互联网普及率从 55.8% 增加到 70.4%，手机上网用户数量从 7.53 亿增加到 9.86 亿，网络视频用户数量从 5.79 亿增加到 8.72 亿。在广播电视领域，国家新闻出版广电总局支持互联网相关技术研发，涉及智慧广电、4K 高清、人工智能、5G 媒体平台和云平台等。

在成熟期，不管是上网用户规模还是网络视频用户规模都逐渐稳定下来，继续增长空间缩小，技术研发都转向了如何提升用户体验上。因此，网络视频平台的竞争也由外部转向内部，即不会再有新进入者加入竞争。

3. 资本环境：影视行业陷入资本寒冬

2018 年，国家税务总局开展规范影视行业税收秩序工作，要求在 2018 年 12 月 31 日前，影视企业及相关从业人员自查自纠并到主管税务机关补缴税款。这次事件后，影视行业进入资本寒冬，2018 年，风险投资机构在文化传媒领域投资数量为 642 家，投资金额为 1161.47 亿元。2019 年，投资数量和金额都开始急剧下降，投资数量仅为 300 家，投资金额仅有 465.7 亿元。到 2020 年，受到疫情影响，文化传媒行业遭受重创，投资数量为 187 家，投资金额为 244.48 亿元。2020 年 5 月 7 日，三大网络视频平台优酷、爱奇艺、腾讯视频和六大传统传媒机构正午阳光、华策影视、柠萌影业、慈文传媒、耀客传媒、新丽传媒联合发布《关于开展团结一心·共克时艰·行业自救行动的倡议书》，倡议书中提到，疫情给影视行业带来了较大影响，具体表现在大约有 60 个剧组停拍、100 个项目延迟，播出机构各项收入大幅下滑，预计今年电视剧产量将比 2019 年减少 30%。

在成熟期，由于各种意外性事件，影视行业整体陷入危机，既缺少外部资本支持，自我创收能力也大大下降。但是危机也是机遇，资本寒冬迫使大量资源集中于头部生产者，直接助推了网络视频平台在网剧生产场域成为中心。

(二) 网络视频平台：巩固以"IP"和"数据"为核心的规则

1. 概况：民营平台为首，国有平台占据一席之地

在国有网络视频平台中，只有上海文化广播影视集团旗下的风行网、中国移动旗下的咪咕视频和湖南广播电视集团旗下的芒果 TV 保持着良好的运营状态，其中芒果 TV 在所有网络视频平台中突出重围，成为 A 股市场首支国有绝对控股的视频平台，也是所有网络视频平台中第一家实现连续盈利的平台。与此同时，民营网络视频平台竞争格局逐步稳定，主要有腾讯视频、爱奇艺、优酷、哔哩哔哩、搜狐视频、乐视网、响巢看看、PP 视频和华数 TV 等平台，其中乐视网因财务问题，陷入停滞发展；搜狐视频、响巢看看、PP 视频和华数 TV 因缺少资本支持，发展缓慢；哔哩哔哩以特有的 UGC 模式快速发展；爱奇艺、腾讯视频和优酷因背靠百度、腾讯和阿里巴巴，稳居前三名。根据易观千帆统计，截至 2020 年 12 月 31 日，爱奇艺、腾讯视频、优酷、芒果 TV 活跃用户数分别为 6.46 亿、5.58 亿、2.31 亿和 1.78 亿，位列网络长视频平台前四；主要以 UGC 模式运作的哔哩哔哩活跃用户数为 1.31 亿，位列第五。

具体到网剧生产，国有和民营平台都积极参与网剧生产。在以平台形式存在的网剧生产者中，处于核心竞争地位的网剧生产者（前十名）已经十分稳定。2018 年是腾讯视频、爱奇艺、优酷、芒果 TV 和搜狐视频，2019 年是爱奇艺、腾讯视频、优酷和芒果 TV，2020 年是爱奇艺、腾讯视频、优酷和芒果 TV。可以看到，爱奇艺、腾讯视频、优酷和芒果 TV 是稳定的核心网剧生产者，且前三名一直是爱奇艺、腾讯视频和优酷，只是顺序有微小变化。相比之下，其他数字平台已经远远落后。

2. 策略：国有和民营平台发挥各自优势

在政策收紧、互联网用户增长放缓和影视资本寒冬的背景下，国有和民营平台发挥各自优势，巩固自身地位。2018 年 4 月 20 日，优酷召开了春集发布会，提到两大变化，即圈层文化兴起和"好莱坞+硅谷"模式在中国的应用。同年 4 月 22 日，腾讯召开了 UP2018 腾讯新文创生态大会，在"泛娱乐"概念基础上提出了"新文创"概念，希望通过树立新标准、建立新共同体、打造新体验、探索新可能四种方法推动"IP 产业+文化"的二元价值。同年 5 月 17 日，爱奇艺召开 2018 爱奇艺世界·

大会，龚宇发表了"科技创新助力构建共赢生态"的主题演讲，内容包括打通 IP 价值全链路，共建创新、健康、共赢的娱乐生态以及人机共创开启未来娱乐。同年 10 月 19 日，芒果 TV 召开了广告招商会，广告部营销中心副总经理万琳提到"技术是平台运营和商业运营的基础设施，是 IP 可持续发展的先决条件"。可以看到，不管是国有平台还是民营平台都继续巩固"IP"和"以数据为基础的技术"作为核心资源的地位。此外，四个头部平台都强调了自身作为"平台"的合法性和巨大优势。在这一背景下，国有和民营平台在运作模式上已经完全趋同。

在渠道方面，两者通过网站、应用（电视端、PC 端和移动端）提供服务。在分发方面，两者通过高级算法（点击量、内容过滤和协同过滤）、搜索工具和编辑推荐实现分发，具体到影视剧发行，两者不仅以先台后网、先网后台或是台网联动三种形式播放电视剧和网剧，其中网剧播放还有会员提前观看服务和超前点播服务。

在影视剧内容方面，两者延续了上一时期的策略，主要依靠版权合作、版权并购和平台自制来提供各种内容。在版权并购方面，腾讯在 2018 年 8 月收购新丽传媒。此外，2018—2020 年，爱奇艺、腾讯视频、优酷和芒果 TV 所属的企业均在获取创作资源环节和影视创作环节积累相关资源。对于爱奇艺而言，其在该时期投资 5 家动漫企业和影视企业。对于腾讯视频而言，其所属的腾讯在该时期投资 38 家文化传媒领域企业，涉及影视、漫画、网络文学和艺人经纪等。对于优酷而言，其所属的阿里巴巴在该时期投资 4 家影视企业和 1 家动漫企业。对于芒果 TV 而言，其所属企业开设的芒果文创基金投资 2 家影视企业。

在社交功能方面，两者在提供基础的互动服务基础上，还提供了社交关系建立的功能和弹幕功能。在盈利模式方面，两者都以内容付费为主，广告收入为辅。

（三）竞合格局的变化：数字平台充分利用数据资本

成熟期的网剧生产场域已稳定成型，所有类型网剧生产者都积极参与到网剧生产中。本部分主要关注国有和民营平台与国有和民营机构竞合关系的变化。它们竞合关系变化的原因是，政策、技术和资本环境与平台自身策略改变了场域内的规则以及它们在场域内拥有的资本结构和数量，具体如表 3.9 和表 3.10 所示。

第三章　网剧生产竞合格局演进的动因：外部环境和平台策略

表 3.9　　成熟期国有和民营平台的资本变化

类型	资本类型	资本形态（2017/12/31）	对应环境和平台策略	资本形态（2020/12/31）
国有平台及背后企业	政治资本	(1) 政策倾斜；(2) 互联网电视牌照	(1) 促进网络视听行业发展；(2) 网剧监管收紧	(1) 政策倾斜；(2) 互联网电视牌照；(3) 网剧高质量发展
	经济资本	(1) 财政拨款；(2) 经营收入；(3) 其他融资渠道	(1) 资本寒冬；(2) 资金向头部集中	(1) 财政拨款；(2) 经营收入；(3) 其他融资渠道
	社会资本	(1) 积累部分消费者；(2) 上游合作关系	(1) 技术支持下的平台服务优化；(2) 影视剧播放模式创新	(1) 积累少量消费者；(2) 上游合作关系
	文化资本	(1) 部分正版影视；(2) 创作人才；(3) 少量自制影视	(1) 版权合作和平台自制；(2) 巩固场域规则（IP）；(3) 在产业链其他环节积累资源	(1) 部分正版影视；(2) 创作人才；(3) 部分自制影视
	数据资本	部分消费者转换为数据	(1) 大数据、云计算和人工智能技术的发展；(2) 巩固场域规则（数据）	少量消费者转换为数据
民营平台及背后企业	政治资本	网剧受到重视	(1) 促进网络视听行业发展；(2) 网剧监管收紧	网剧高质量发展
	经济资本	(1) 风险投资机构支持；(2) BAT 的支持；(3) 丰富的融资渠道	(1) 资本寒冬；(2) 资金向头部集中	部分融资渠道
	社会资本	(1) 大量消费者；(2) 较多上游合作关系	(1) 技术支持下的平台服务优化；(2) 影视剧播放模式创新；(3) 巩固场域规则（IP）；(4) 版权合作、版权并购和平台自制；(5) 在产业链其他环节积累资源	(1) 大量消费者；(2) 较多上游合作关系
	文化资本	(1) 大量授权影视；(2) 较多自制影视；(3) 较多创作人才；(4) IP 和孵化 IP 的社区		(1) 大量授权影视；(2) 较多自制影视；(3) 较多创作人才；(4) IP 和孵化 IP 的社区
	数据资本	大量消费者转换为数据	(1) 大数据、云计算和人工智能技术的发展；(2) 巩固场域规则（数据）	大量消费者转换为数据

表 3.10　　　　　　　　成熟期国有和民营机构的资本变化

类型	资本类型	资本形态（2017/12/31）	对应环境和平台策略	资本形态（2020/12/31）
国有传媒机构	政治资本	（1）政策倾斜；（2）网剧受到重视	（1）促进网络视听行业发展；（2）网剧监管收紧	（1）政策倾斜；（2）网剧高质量发展
	经济资本	（1）财政拨款；（2）经营收入；（3）其他融资渠道	（1）资本寒冬；（2）资金向头部集中	（1）财政拨款；（2）经营收入；（3）其他融资渠道
	社会资本	上下游合作关系	和相关机构合作	上下游合作关系
	文化资本	（1）正版影视；（2）创作人才	和相关机构合作	（1）正版影视；（2）创作人才
民营传媒机构	政治资本	网剧受到重视	（1）促进网络视听行业发展；（2）网剧监管收紧	网剧受到重视
	经济资本	（1）风险投资机构支持；（2）经营收入；（3）丰富的融资渠道	（1）资本寒冬；（2）资金向头部集中	（1）部分融资渠道；（2）经营收入
	社会资本	上下游合作关系	（1）投资相关企业；（2）和相关机构合作	上下游合作关系
	文化资本	（1）正版影视；（2）创作人才；（3）IP和孵化IP的社区	（1）投资相关企业；（2）和相关机构合作	（1）正版影视；（2）创作人才；（3）IP和孵化IP的社区

在上一阶段，国有平台及背后的企业开始进入网剧生产场域，通过模仿民营平台，它们积累了一部分社会资本、文化资本和数据资本。民营平台及背后企业继续积累更多的经济资本、以消费者和合作关系形式存在的社会资本、充足的文化资本（授权影视、自制影视、创作人才、版权和孵化版权的社区）以及大量的数据资本。在成熟期，政策上注重网络视听行业的高质量发展，而影视行业整体陷入资本寒冬。因此，各类资源开始向头部集中，具体表现为：一方面，头部的民营和国有平台继续巩固"IP"和"以数据为基础的技术"作为核心资源的地位，并确立"平台"在网剧生产场域的合法性和优势；另一方面，它们利用有限

的资金和资源继续积累相关资本，巩固自身地位。

在《关于推动广播电视和网络视听产业高质量发展的意见》《国有影视企业社会效益评价考核试行办法》政策下，优质的国有和民营机构（非平台）继续参与网剧生产。参与网剧生产的国有机构（非平台）从2018年的63家下降到2020年的53家，其中以大型企业为主。国有机构在网剧生产场域内拥有政治资本、经济资本和文化资本，但其策略在成熟期仍没有太大变化，持有资本结构和数量变化不大。参与网剧生产的民营机构（非平台）从2018年的632家，下降到2019年的540家，又在2020年增长到696家，既有大中型企业，也有小微企业。民营机构在网剧生产场域内拥有政治资本、经济资本和文化资本，但受限于该时期的政策、技术和资本环境，它们没有积累太多新资本。

在成熟期，国有和民营平台通过支持已有规则和积累相关资本的方式巩固自身地位。而其他网剧生产者虽然继续参与网剧制作，但受限于政治资本和经济资本，无法积累新的资本。所有网剧生产者拥有的资本数量和结构已经定型。在这样的资本分布下，数字平台持续稳定地主导场域规则，占据竞合网络中的关键位置，成为网剧生产场域的中心。

本章小结

本章分析了外部环境变化和数字平台策略是如何改变网剧生产竞合格局的，回答问题2"网剧生产竞合格局的变化过程中，外部环境和平台策略发挥了怎样的作用"。该问题根据上一章数据结果可细分为两大部分，在网剧出现之前，网络视频平台的诞生初期，外部环境和数字平台的策略是怎样的？这个过程中数字平台积累了哪些资本（问题2.1）？在网剧出现之后，网剧生产竞合格局经历了摸索期、成长期和成熟期，数字平台从创造网剧生产场域，到成为网剧生产场域主导者，再到成为网剧生产场域中心的过程中，外部环境和平台策略发挥了怎样的作用（问题2.2）？

本章利用历史研究法开展研究。首先，从政策、技术和资本角度分析外部环境的变化；其次，从网络视频平台参与网剧生产的概况和运作模式分析它们采取的策略；最后，结合外部环境和平台策略的分析结果，剖析场域内的规则的变化和不同类型网剧生产者拥有的资本结构和数量的变化。这些变化最终引发竞合格局的变化。

针对问题2.1，本章以1996—2006年的各种数据资料为基础，分析网剧出现之前，网络视频平台的诞生初期，外部环境的变化和数字平台的策略。互联网基础设施建设、版权保护的缺失、互联网普及率的增加、风险投资机构的兴起和文化体制改革为早期以UGC作为主要内容的网络视频平台发展奠定了基础。国有和民营平台不同的策略导致民营平台积累了比国有平台更多的经济资本、以消费者形式存在的社会资本以及特别的文化资本（盗版影视内容）。两者的资本积累为网剧生产场域的形成奠定了基础。

针对问题2.2，本章基于上一章数据结果分析摸索期（2007—2013年）、成长期（2014—2017年）和成熟期（2018—2020年）每一阶段网剧生产竞合格局演进背后的动因，动因主要来自外部环境的变化和数字平台采取的策略。

在摸索期，版权保护力度加大、网剧审查力度小、移动互联网的发展、风险投资机构大力支持和影视行业的资本限制放开等外部环境推动民营网络视频平台创造网剧生产场域，与上游邻近场域建立合作关系，并在网剧生产场域中积累了较多的经济资本、以消费者和合作关系形式存在的社会资本以及充足的文化资本（授权影视、自制影视、创作人才、版权和孵化版权的社区）。而其他类型网剧生产者虽然进入了网剧生产场域，但积累资本有限，处于被动地位。在这样的资本分布下，数字平台逐步占据竞合网络中的关键位置，这为其后期成为网剧生产场域的主导者奠定了基础。

在成长期，"互联网+"和媒体融合政策、网剧受到政策重视、"大众创新、万众创业"背景、4G普及、数据成为互联网重要资产、BAT三大巨头形成等外部环境因素不仅推动更多主体加入网剧生产，也促使民营网络视频平台开始创造新的场域规则，进而创造出新的文化资本（IP）和数据资本。与此同时，国有平台跟随模仿民营平台。因此，两者都积累了各种相关资本以及关键的数据资本。而其他类型网剧生产者虽然积极参与网剧生产，但受限于经济资本，无法积累新的资本，尤其是数据资本，它们在网剧生产场域拥有的资本数量已经远远不如数字平台。在这样的资本分布下，数字平台不仅占据竞合网络中的关键位置，还开始主导场域的规则，这为其后期成为网剧生产场域的中心奠定了基础。

在成熟期，国家推动网络视听产业高质量发展、电视剧和网剧实行统一标准管理、网络视频用户增长放缓和影视行业陷入资本寒冬，迫使大量资源集中于头部网剧生产者，国有和民营平台为了生存，通过支持已有规则和积累相关资本的方式巩固自身地位。而其他网剧生产者虽然继续参与网剧制作，但受限于政治资本和经济资本，无法积累新的资本。所有网剧生产者拥有的资本数量和结构已经基本定型。在这样的资本分布下，数字平台持续稳定地主导场域规则，占据竞合网络中的关键位置，成为网剧生产场域的中心。

综上所述，政策、技术和资本环境创造了良好的条件，而数字平台充分利用这些条件创造了网剧这个新的生产场域，并制定了与以往影视剧创作完全不同的场域规则——网剧生产以数据为导向：一是经过市场数据检验的"IP"成为影视剧产业乃至整个文化娱乐产业的核心；二是大数据分析成为影视剧产业的普遍现象。这直接助推数字平台成为了网剧生产场域的中心。

第四章　网剧生产竞合格局变化与生产者市场收益

在第二章和第三章，已研究了网剧生产竞合格局的演进以及演进的动因，那这种变化对生产者市场收益的影响是什么？为此，本章基于结合的场域理论、平台经济学理论和传播政治经济学理论，利用多元回归分析法分析网剧生产竞合格局的演进对生产者市场收益的影响，回答问题3"网剧生产竞合格局的变化对网剧生产的市场收益产生怎样的影响"。本章分为四大部分，第一节为假设提出和基础数据信息。第二节通过多元回归分析法验证在网剧生产竞合格局变化的背景下，当年网剧生产者的竞争地位和生产者市场收益的关系，数字平台参与和生产者市场收益的关系，网剧生产者的市场收益和下一年竞争地位的关系。第三节为进一步研究，基于第二章和第三章的分析结果，进一步分析在数字平台主导后，不同类型网剧生产者市场收益的变化，网剧生产者市场收益对其下一年竞争地位影响的变化。第四节针对研究结果，结合深度访谈结果，从传播政治经济学视角进行批判性探讨。

第一节　假设提出和基础数据分析

本节主要分为两大部分，第一部分利用场域理论、平台经济学理论和传播政治经济学理论对网剧生产中的资本转换和分配过程进行分析，提出三个假设；第二部分对三个模型的原始数据进行描述性分析和相关性分析，为回归结果分析奠定基础。

一 假设提出

在网剧生产场域中，网剧生产过程是获取和分配经济资本的过程。具体来说，在融资环节，网剧生产者通过外源融资和内源融资获取经济资本，其中外源融资包括债权融资、股权融资、财政支持、赞助商和众筹，是把政治资本和社会资本转化为经济资本。在获取创作资源环节，网剧生产者通过自建平台或采购的方式获取以 IP 形式存在的文化资本（小说、漫画或游戏的版权），通过投资和雇佣方式获取以劳动力形式存在的文化资本（导演、编剧和演员），即把社会资本和经济资本转化为文化资本。在网剧创作环节，网剧生产者在获取制作许可证后，调动资金和各种创作资源（版权、导演、编剧和演员）进行网剧创作，最终生产出成品，即把经济资本、政治资本、文化资本和社会资本转换为了以网剧形式存在的文化资本。在宣传发行环节，网剧生产者在获取发行许可证后，投入资金，寻找合适的宣传团队和发行平台，尽可能地减少信息的不对称，以提高网剧的收益，即利用政治资本、经济资本和社会资本来提高把文化资本转换为经济资本的效率，获取更多经济资本。在衍生销售环节，网剧生产者继续投入资金，寻找合适的制作团队，提高网剧衍生的收益，即利用经济资本和社会资本来提高把文化资本转换为经济资本的效率，获取更多经济资本。值得注意的是，数据资本在以上每个环节都发挥支撑决策的作用，提高不同形态资本之间的转换效率。每一部网剧完成所有环节后，都会产生数据资本、经济资本和文化资本，并在参与者间进行分配，分配结果影响下一阶段的竞争地位。

通过以上分析，研究认为在网剧生产过程中，每个环节都有核心目标，融资环节主要是把不同类型的资本都转换为经济资本；获取创作资源和网剧创作环节主要是把不同类型的资本都转换为文化资本；宣传发行和衍生销售环节主要是利用不同类型资本，提高文化资本转换为经济资本的效率，实现资本获取（见图4.1）。以上环节都需要提高资本之间转换效率。分配环节主要是根据当年竞争地位情况把多个类型资本在参与者之间进行分配。在整个过程中，网剧生产者的竞争地位和类型决定了初始资本的数量和质量，资本转换效率和资本分配结果，而资本分配结果影响下一阶段的竞争地位。基于此，本部分关注网剧生产者的竞争地位和类型对市场收益的影响以及市场收益对其下一阶段竞争地位的影响，其中网剧生产者的类型重点关注数字平台。

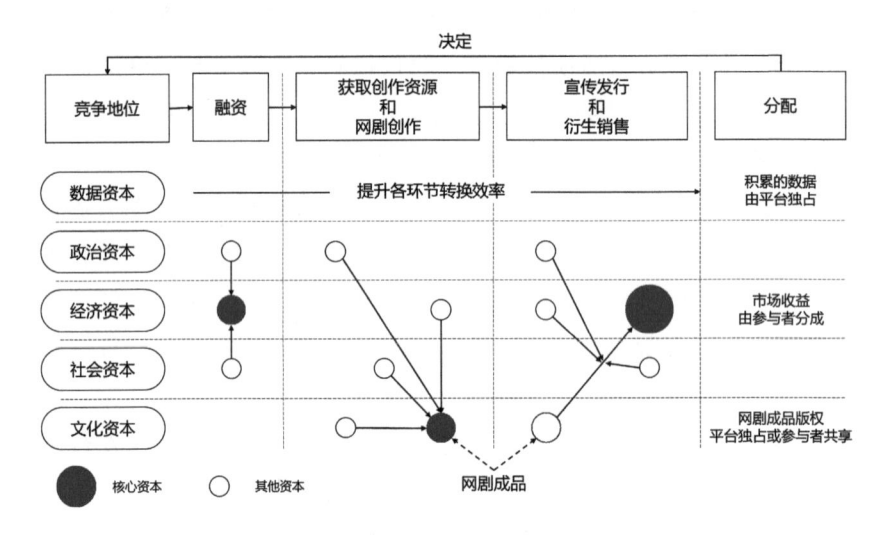

图 4.1　网剧生产中的资本转换和分配

（一）网剧生产竞合格局和生产者市场收益

网剧生产者内部结构间接影响网剧生产者社会实践的结果。网剧生产者在场域结构中的竞争地位不同，它们接近社会资源的机会就不同，利用这种资源优势操控场域中获益权的控制力不同，即网剧生产竞合格局决定了每个网剧生产者当年在网剧生产场域中的竞争地位，进而决定其当年通过网剧生产获取的市场收益。当网剧生产者在网剧生产场域中的竞争地位较高时，意味着它们在当年占据了关键资本，资本占有量较多以及管理能力较强，进而能通过网剧获得更多经济资本。

网剧生产者拥有关键资本可以提升其通过网剧获取的市场收益。关键资本与场域当前的运行规则有关。以成长期为例，3G 和 4G 的快速普及带动了上网用户数量增长，用户行为沉淀下来的庞大数据量与不断发展的云计算和人工智能技术相结合，推动了数据分析在商业场景中的应用。基于此，IP（文化资本）和大数据分析（数据资本）成为这一时期的关键资本。IP 是经过市场检验的高质量文化资本，已经拥有一定数量的受众。在融资环节，IP 可以吸引更多投资者，网剧生产者由此获得更多经济资本；在网剧创作环节，当网剧生产者把 IP 改编为网剧后，IP 网剧作为文化资本，其代表的质量高于同等条件下的其他网剧；在发行环节，网剧生产者把以 IP 网剧形式存在的文化资本转换为经济资本的效率高于同等条件下的其他网剧。数据配合人工智能和云计算等技术可以发挥出更大的作用。当网剧生产者拥有大量可分析的用户数据后，其便能把数据分析结果作为网剧生产过程中每个环节的决策依据，使其每个环节的资本转换效率高于其他没有数据资本或数据资本较少的网剧生产者。因此，拥有关键资本的网剧生产者，其通过网剧获取的市场收益更高。

网剧生产者拥有较多数量资本可以提升其通过网剧获取的市场收益。高资本占有量意味着一个网剧生产者在初始阶段的资本数量较高。具体来说，在融资环节，网剧生产者可能拥有更多的自有资金（经济资本），且能把较多的政治资本和社会资本转换为经济资本；在获取创作资源环节，它们可能拥有较多的文化资本，且能把较多的经济资本和社会资本转换为文化资本；在网剧创作环节，它们能把较多的经济资本、政治资本和社会资本投入到网剧生产中，该网剧作为文化资本，其代表的资本数量高于其他网剧。在宣传发行和衍生销售环节，该网剧作为文化资本，能够转换的经济资本数量也高于其他网剧；与此同时，它们能利用较多政治资本、社会资本和经济资本，大幅提高把文化资本转换为经济资本的效率。因此，高资本占有量的网剧生产者，其通过网剧获取的市场收益更高。

网剧生产者管理能力较强可以提升其通过网剧获取的市场收益。管理能力强意味着一个网剧生产者能高效利用和转换已有资本。具体来说，在融资环节，其他资本转换为经济资本的效率得到提高；在获取创作资源和网剧创作环节，其他资本转换为文化资本的效率得到提高；在宣传发行和衍生销售环节，以网剧形式存在的文化资本转换为经济资本的效率得到提高。因此，管理能力较强的网剧生产者，其通过网剧获取的市场收益更高。

综上所述，网剧生产者在网剧生产场域的竞争地位越高，意味着其占有关键资本的可能性越大，拥有的资本的数量越多，管理能力越强，进而越能通过网剧获取较高的市场收益。基于此，研究提出假设 1：

H1：网剧生产者当年在网剧生产场域中的竞争地位越高，其通过网剧生产获取的收益越高。

已有研究已经证实，在电影的合作生产团队中，团队成员在整个电影生产场域中的位置会对该团队的最终收益产生影响[①]。和电影一样，网剧的生产离不开团队合作，网剧生产团队由多个网剧生产者组成，每个生产者所处的竞争位置，决定了其占有关键资本的可能性，拥有的资本数量和其管理能力。因此，当它们组成生产团队后，团队的竞争地位越高，说明该团队占有关键资本的可能性越大，拥有的资本数量越多，管理能力越强，进而越能通过网剧获取较高的市场收益。基于此，研究提出假设2：

H2：网剧生产团队当年在网剧生产场域中的竞争地位越高，其通过网剧生产获取的收益越高。

(二) 数字平台参与和网剧生产者市场收益

相比其他类型的网剧生产者，数字平台的参与可以增加网剧生产的市场收益。数字平台的网络效应、以数据为核心的基础设施和平台生态可以增加初始资本占有量，提高资本之间转换效率，进而能通过网剧获得更多经济资本。

数字平台的网络视频平台具有双边网络效应，网络视频平台在供给侧以非线性方式提供充足的视频内容，以吸引大量消费者，而需求侧积累的大量消费者又可以吸引更多生产者加入到视频内容生产中，双边网络效应形成了良性循环，积累大量以消费者形式存在的社会资本。与此同时，网络视频平台几乎是网剧发行的唯一渠道，当数字平台参与网剧生产时，其可以为网剧提供宣传和发行环节的支持，如首页推荐和优先推送可以让某部网剧被更多消费者看到。在这个过程中，以网剧形式存在的文化资本转换为经济资本的效率得到大幅提高。

---

① Brian Uzzi and Jarrett Spiro, "Collaboration and Creativity: the Small World Problem", *American Journal of Sociology*, Vol. 111, No. 2, 2005, pp. 447–504.

数字平台以大数据、云计算和人工智能技术为基础，把大量消费者留在平台的信息进行数字化解构，形成数据，即把社会资本转换为数据资本。当数字平台参与网剧生产时，其拥有的数据资本可以作为每个环节的决策依据，提高资本之间的转换效率。具体来说，在生产环节，大数据分析可以帮助网剧生产者快速找到合适的题材以及适配的导演、编剧和演员，减少搜索成本，提高网剧生产效率，即提高把其他资本转换为文化资本（网剧成品）的效率；在发行环节，算法推荐可以帮助某部网剧快速找到对其感兴趣的消费者，即大幅提高把以网剧形式存在的文化资本转换为经济资本的效率。

一些数字平台已经形成了平台生态，不仅拥有网络视频平台，还拥有众筹平台、网络文学平台、社交网络平台和电商平台等，这些平台上积累的文化资本、社会资本和数据资本可以在网剧生产中发挥作用。当数字平台参与网剧生产时，在融资环节，众筹平台可以从更多个体投资者中获取资金（经济资本）；在获取创作资源环节，网络文学平台可以提供以 IP 形式存在的文化资本；在宣传环节，社交网络平台可以利用其网络效应，提高把以网剧形式存在的文化资本转换为经济资本的效率；在衍生销售环节，电商平台可以提高把以网剧形式存在的文化资本转换为经济资本的效率。此外，所有平台上积累的消费者（社会资本）都可以部分地转移到网络视频平台上。

综上所述，数字平台参与网剧生产时，其可以利用网络效应、以数据为核心的基础设施和平台生态，增加初始资本占有量，提高资本之间转换效率，进而越能够在网剧生产中实现资本增值。值得注意的是，数字平台参与，从单个生产者视角来说，是指网剧生产者或其合作者属于数字平台；从生产者团队视角来说，是指网剧生产团队有数字平台。基于此，研究提出假设 3、假设 4 和假设 5：

H3：当网剧生产者属于数字平台时，其通过网剧生产获取的收益更高。

H4：当网剧生产者的合作者（不包括自身）属于数字平台时，其通过网剧生产获取的收益更高。

H5：当网剧生产团队中有数字平台时，其通过网剧生产获取的收益更高。

（三）网剧生产者市场收益和下一年的竞争地位

网剧生产者的市场收益是指当年完成网剧生产后生产者被分配到的经济资本。这些经济资本可以改变下一阶段网剧生产者的资本数量和质量，进而改变其下一阶段的竞争地位。经济资本具有基础性地位，是其他类型资本存在和发展的根源。经济资本可以转换为下一阶段新的政治资本、社会资本和文化资本。

经济资本可以转换为政治资本。网剧生产者在当年获取市场收益较高时，可在场域中传递出一个自身具有较强能力的信号，这些信号能够帮助网剧生产者在下一阶段获得政策上的倾斜。与此同时，网剧生产者也会利用自身优势向政府争取优惠待遇，利用特殊政策维护自身的利益。如网剧生产者积极探索网剧生产，并做出一定成绩，由此推动政府出台《关于支持电视剧繁荣发展若干政策的通知》，其中提到鼓励优秀电视剧制作机构加入网剧生产，提升网剧整体创作水平，网剧这个行业由此获得了强大的背书。经济资本可以转换为社会资本。网剧生产者在当年获取市场收益较高时，不仅能通过直接的资金投入换取以合作关系形式存在的社会资本，还能在网剧生产场域中向其他生产者传递一个自身具有较强能力的信号，这些信号能够帮助网剧生产者吸引优质的合作伙伴。如上海柠萌影视传媒在出品了多个"爆款"影视剧后，在2020年获得腾讯的入股，成为腾讯视频的长期合作伙伴。经济资本可以转换为文化资本。网剧生产者在当年获取市场收益较高时，能通过直接的资金投入换取以版权和劳动力形式存在的文化资本。如网剧生产者购买IP或雇佣优质的导演和编剧。

综上所述，经济资本优势越大的网剧生产者，就越能在下一阶段拥有更多的政治资本、社会资本和文化资本，在下一阶段占据高竞争地位。基于此，研究提出假设6：

H6：当网剧生产者的市场收益越高，其越能在下一阶段获取更高的竞争地位。

如上所述，所有类型网剧生产者都能把经济资本转换为下一阶段新的政治资本、社会资本和文化资本。但网剧经历了融资、生产、发行和变现环节后，数字平台不仅获得和分配到了经济资本，还积累了其他类型资本：(1) 积累以消费者形式存在的社会资本，并在 2014 年以后通过以数据为核心的基础设施，把这些社会资本转换为了数据资本。此外，数字平台即使当年不参与生产环节也能积累新的数据资本。(2) 积累网剧成品形式存在的文化资本，一般是网剧完整版权或网络传播权。这些版权形成数字平台的内容库，通过双边网络效应形成良性循环，吸引更多生产者、消费者和各种参与者，提升把经济资本转换为各种社会资本和文化资本的效率。除了数字平台，还存在平台合作机构，这类机构与平台关系较为紧密，能够通过平台快速地获取到更多资源，如在 2014 年以后获取部分数据资本，提升把经济资本转换为各种社会资本和文化资本的效率。

综上所述，在分配到同等经济资本的情况下，数字平台和平台合作机构可以把其转换为数量更多的社会资本和文化资本，且在 2014 年以后拥有关键的数据资本，进而在下一年占据更高的竞争地位。基于此，研究提出假设 7 和假设 8：

H7：在分配到同等经济资本的情况下，相比非平台，数字平台能在下一阶段获取更高的竞争地位。

H8：在分配到同等经济资本的情况下，相比非平台合作机构，平台合作机构能在下一阶段获取更高的竞争地位。

二 基础数据分析

(一) 描述性统计

1. 网剧生产者视角组

表 4.1 为网剧生产者视角组的描述性统计结果。2007—2020 年，共有 2603 个网剧生产者参与网剧生产，形成了 3518 个样本。网剧生产者的市场收益指数（Perform-Indiv）的数据结果说明不同年份不同网剧生产者间收益

差异较大，少数网剧生产者收益较多；经过对数处理后，该变量接近正态分布。网剧生产者竞争地位（Location-Indiv）的衡量指标都是相对值，除了网络约束度外，其他指标都在0—1之间，说明数据有效；只有网络约束度和竞争地位总指标接近正态分布。数字平台（PLA）是虚拟变量，其平均数为0.025，说明2.5%网剧生产者属于数字平台；其偏度为6.046，峰度为37.554，属于偏态分布。数字平台参与（Platform 1）是虚拟变量，平均数为0.548，说明54.8%的网剧生产者与数字平台合作过（不包括数字平台本身）；其偏度为-0.194，峰度为1.038，接近正态分布。

表4.1　　　　　　　　网剧生产者视角组的描述性统计

变量名		平均数	标准差	最小值	最大值	偏度	峰度
Perform-Indiv	原始	42598.650	209011.464	0	5834948.000	16.247	353.463
	对数	11.433	4.334	0	20.185	-1.005	3.405
Location-Indiv	度数中心度	0.015	0.037	0	1	14.225	311.659
	接近中心度	0.193	0.065	0.100	1	2.178	21.287
	特征向量中心度	0.032	0.083	0	1	6.691	59.977
	中介中心度	0.002	0.014	0	0.252	11.221	146.525
	网络约束度	0.704	0.331	0	1.724	-0.285	2.157
	竞争地位总指标	0.502	0.288	0.001	1	0.002	1.794
PLA		0.025	0.157	0	1	6.046	37.554
Platform 1		0.548	0.498	0	1	-0.194	1.038
Time-Indiv	原始	9.463	14.147	1	72.000	3.426	14.534
	对数	1.703	0.949	0	4.277	0.632	3.572
SOE		0.076	0.265	0	1	3.195	11.209
PER		0.861	0.346	0	1	-2.087	5.356
ABR		0.038	0.190	0	1	4.867	24.690
Video	原始	65054.491	14814.986	16149.000	87214.000	0.037	2.531
	对数	11.055	0.244	9.690	11.376	-0.812	4.884

控制变量方面，网剧生产者成立年限（Time-Indiv）的数据结果说明

网剧生产者的成立年限差距较大,最长的已成立72年,最短的仅有1年;经过对数处理后,该变量接近正态分布。国有机构(SOE)是虚拟变量,其平均数为0.076,说明7.6%的网剧生产者属于国有机构;其偏度为3.195,峰度为11.209,是偏态分布。民营机构(PER)是虚拟变量,其平均数为0.861,说明86.1%的网剧生产者属于民营机构;其偏度为−2.087,峰度为5.356,是偏态分布。境外机构(ABR)是虚拟变量,其平均数为0.038,说明3.8%的网剧生产者属于境外机构;其偏度为4.867,峰度为24.690,是偏态分布。每年网络视频用户数量(Video)单位为万,最大值为2020年的8.72亿人,最小值为2007年的1.61亿人,取对数前后都接近正态分布。

2. 网剧生产团队视角组

表4.2为网剧生产团队视角组的描述性统计结果。为了方便分析,部分数据为取对数前的数据。2007—2020年,共有1491部网剧开播,形成了1491个样本。网剧生产团队的市场收益指数(Perform-Group)的数据结果说明不同网剧的收益差异较大;经过对数处理后,该变量接近正态分布。网剧生产团队的竞争地位(Location-Group)的衡量指标是相对值,除了网络约束度外,其他指标都在0—1之间,说明数据有效;只有网络约束度和竞争地位总指标接近正态分布。数字平台参与(Platform 2)是虚拟变量,平均数为0.592,说明59.2%的网剧都有数字平台的参与;其偏度为−0.372,峰度为1.139,接近正态分布。

表4.2　　　　　网剧生产团队视角组的描述性统计

变量名		平均数	标准差	最小值	最大值	偏度	峰度
Perform-Group	原始	100459.73	256684.354	0	3498263	6.068	54.895
	对数	8.408	3.957	0	15.068	−0.872	2.660
Location-Group	度数中心度	0.045	0.052	0	1	5.346	82.716
	接近中心度	0.203	0.072	0.067	1	1.693	15.503
	特征向量中心度	0.097	0.144	0	1	2.443	11.182
	中介中心度	0.030	0.037	0	0.206	1.265	4.357
	网络约束度	0.567	0.304	0	1.125	−0.115	2.44

续表

变量名		平均数	标准差	最小值	最大值	偏度	峰度
Perform-Group	原始	100459.73	256684.354	0	3498263	6.068	54.895
	对数	8.408	3.957	0	15.068	-0.872	2.660
Location-Group	竞争地位总指标	0.505	0.289	0.016	1	0	1.786
Platform 2		0.592	0.492	0	1	-0.372	1.139
IP		0.341	0.474	0	1	0.669	1.448
Series		0.122	0.327	0	1	2.309	6.331
Episode	原始	24.330	15.448	1	140.000	1.602	8.606
	对数	2.987	0.678	0	4.942	-0.585	3.726
Length	原始	30.097	13.519	5.000	60.000	-0.309	1.807
	对数	3.257	0.608	1.609	4.094	-1.068	3.189
Orga	原始	3.408	2.433	1	23.000	2.315	11.262
	对数	1.030	0.613	0	3.135	0.249	2.863
Time-Group	原始	11.633	9.543	1	71.000	2.257	9.864
	对数	2.178	0.761	0	4.263	-0.257	3.493
Prom	原始	9993.109	36037.774	0	668655	8.928	116.191
	对数	5.293	4.081	0	13.413	-0.290	1.541
Multi		0.166	0.372	0	1	1.799	4.235
Hot		0.494	0.500	0	1	0.023	1.001
Video	原始	63082.906	15703.821	16149	87214	0.111	2.407
	对数	11.019	0.266	9.690	11.376	-0.687	4.154

控制变量方面，IP 改编（IP）是虚拟变量，平均数为 0.341，说明 34.1% 的网剧都基于 IP 改编，该变量接近正态分布。续集（Series）是虚拟变量，平均数为 0.122，说明 12.2% 的网剧属于续作，该变量属于偏态分布。集数（Episode）的数据结果说明不同网剧间集数差距较大；经过对数处理后，该变量接近正态分布。单集长度（Length）的数据结果说明不同网剧间单集长度差距较大；经过对数处理后，该变量接近正态分布。团队成员数量（Orga）的数据结果说明不同网剧生产团队成员数量有明显区别；经过对数处理后，该变量接近正态分布。生产团队平均成立年

限（Time-Group）的数据结果说明不同网剧生产团队间的平均成立年限有一定差距。经过对数处理后，该变量接近正态分布。宣发水平（Prom）的数据结果说明不同网剧宣发水平差距较大，多数网剧宣发水平偏低；经过对数处理后，该变量接近正态分布。多平台（Multi）为虚拟变量，平均数为 0.166，说明 16.6% 的网剧属于多平台播出；其偏度为 1.799，峰度为 4.235，属于偏态分布。播出时间（Hot）是虚拟变量，平均数为 0.494，说明 49.4% 的网剧都在寒假档或暑假档播出，该变量属于正态分布。每年网络视频用户数量（Video）与上一部分保持一致。

3. 加入滞后变量的网剧生产者视角组

表 4.3 为模型（3）的描述性统计结果。由于不是每个网剧生产者都拥有滞后项，因此本部分最终获得 920 个样本，说明连续两年留在网剧生产场域的生产者数量不多。网剧生产者次年的竞争地位（Location-Indiv$_{i(t+1)}$）的数据结果说明次年的竞争地位具有一定差异。网剧生产者的市场收益指数（Perform-Indiv）的数据结果说明不同年份不同网剧生产者间收益差异较大，少数网剧生产者收益较多；经过对数处理后，该变量接近正态分布。

表 4.3 网剧生产者视角组的描述性统计（加入滞后变量）

变量名		平均数	标准差	最小值	最大值	偏度	峰度
Location-Indiv$_{i(t+1)}$ 竞争地位总指标		0.556	0.298	0.003	1	-0.163	1.732
Perform-Indiv	原始	92022.590	287586.090	0	4266896.000	8.447	97.340
	对数	13.382	3.485	0	19.872	-1.435	5.534
Location-Indiv		0.561	0.291	0.003	1	-0.180	1.782
PLA		0.079	0.270	0	1	3.113	10.689
Platform 1		0.742	0.438	0	1	-1.109	2.229
Time-Indiv	原始	11.454	15.755	1	71.000	2.825	10.422
	对数	1.868	1.018	0	4.263	0.395	2.936
SOE		0.092	0.290	0	1	2.815	8.925
PER		0.798	0.402	0	1	-1.483	3.200
ABR		0.030	0.172	0	1	5.467	30.889
Video		10.932	0.208	9.690	11.189	-1.730	7.968

控制变量方面，网剧生产者竞争地位（Location-Indiv）的情况与次年的竞争地位基本一致。数字平台（PLA）是虚拟变量，其平均数为0.079，说明7.9%网剧生产者属于数字平台，该变量属于偏态分布。数字平台参与（Platform 1）是虚拟变量，平均数为0.742，说明74.2%的网剧生产者与数字平台合作过（不包括数字平台本身）；其偏度为-1.109，峰度为2.229，接近正态分布。

网剧生产者成立年限（Time-Indiv）的数据结果说明网剧生产者的成立年限差距较大，经过对数处理后，该变量接近正态分布。国有机构（SOE）是虚拟变量，其平均数为0.092，说明9.2%的网剧生产者属于国有机构；其偏度为2.815，峰度为8.925，是偏态分布。民营机构（PER）是虚拟变量，其平均数为0.798，说明79.8%的网剧生产者属于民营机构；其偏度为-1.483，峰度为3.200，是偏态分布。境外机构（ABR）是虚拟变量，其平均数为0.030，说明3%的网剧生产者属于境外机构；其偏度为5.467，峰度为30.889，是偏态分布。每年网络视频用户数量（Video）与前文保持一致。

（二）相关性分析

1. 网剧生产者视角组

表4.4为网剧生产者视角组的相关性分析结果。研究利用Pearson法和Spearman法来进行相关性分析。在Pearson法下，网剧生产者的市场收益指数（Perform-Indiv）和度数中心度在10%水平上显著为正，和接近中心度、特征向量中心度、中介中心度以及竞争地位总指标在1%水平上显著为正，和网络约束度在1%水平上显著负相关，说明网剧生产者当年的竞争地位越高，其当年获取的收益越多。网剧生产者的市场收益指数（Perform-Indiv）与数字平台（PLA）、数字平台参与（Platform 1）在1%水平上显著正相关，说明网剧生产者或其合作者属于数字平台，其能够获取的收益越多。在Spearman法下，所有变量结果与Pearson法组保持一致。以上结果初步验证了假设1、假设3和假设4。由于相关性分析的局限性，变量之间的准确关系还有赖于多元回归分析的结果。

表 4.4　　　　　　　　网剧生产者视角组的相关性分析

变量名	Perform-Indiv	
	Pearson 法	Spearman 法
度数中心度	0.032 *	0.111 ***
接近中心度	0.344 ***	0.463 ***
特征向量中心度	0.196 ***	0.530 ***
中介中心度	0.186 ***	0.347 ***
网络约束度	-0.072 ***	-0.060 ***
竞争地位总指标	0.165 ***	0.146 ***
PLA	0.125 ***	0.142 ***
Platform 1	0.514 ***	0.549 ***
Time-Indiv	0.142 ***	0.171 ***
SOE	0.002	0.006
PER	-0.055 ***	-0.064 ***
ABR	-0.006	-0.009
Video	0.090 ***	0.054 **

2. 网剧生产团队视角组

表 4.5 为网剧生产团队视角组的相关性分析结果。研究利用 Pearson 法和 Spearman 法来进行相关性分析。在 Pearson 法下，网剧生产团队的市场收益指数（Perform-Group）和度数中心度、接近中心度、特征向量中心度、中介中心度以及竞争地位总指标在 1% 水平上显著为正，和网络约束度在 1% 水平上显著为负，说明网剧生产团队当年的竞争地位越高，其当年获取的收益越多。网剧生产团队的市场收益指数（Perform-Group）和数字平台参与（Platform 2）在 1% 水平上显著为正，说明网剧生产团队存在数字平台时，其能够获取的收益越多。

在 Spearman 法下，除了续集（Series）、宣发水平（Prom）、多平台（Multi）和播出时间（Hot）的显著性水平或符号有变化外，其他结果与 Pearson 法组保持一致。以上结果初步验证了假设 2 和假设 5。由于相关性分析的局限性，变量之间的准确关系还有赖于多元回归分析的结果。

表 4.5　　网剧生产团队视角组的相关性分析

变量名	Perform-Group	
	Pearson 法	Spearman 法
度数中心度	0.286 ***	0.500 ***
接近中心度	0.341 ***	0.453 ***
特征向量中心度	0.307 ***	0.558 ***
中介中心度	0.435 ***	0.572 ***
网络约束度	-0.153 ***	-0.211 ***
竞争地位总指标	0.297 ***	0.318 ***
Platform 2	0.533 ***	0.542 ***
IP	0.428 ***	0.473 ***
Series	0.089 ***	0.069 **
Episode	0.435 ***	0.495 ***
Length	0.522 ***	0.566 ***
Orga	0.208 ***	0.192 ***
Time-Group	0.380 ***	0.785 ***
Prom	0.758 ***	-0.032
Multi	-0.051 *	0.048
Hot	0.036	0.190 ***
Video	0.186 ***	0.385 ***

3. 加入滞后变量的网剧生产者视角组

表 4.6 是模型（3）的相关性分析结果。在 Pearson 法下，网剧生产者次年的生产地位（Location-Indiv$_{i(t+1)}$）与当年的市场收益指数（Perform-Indiv）在 1% 水平上显著为正，说明获取较多收益能够提高网剧生产者的竞争地位。控制变量方面，网剧生产者次年的生产地位（Location-Indiv$_{i(t+1)}$）与当年的竞争地位（Location-Indiv）在 1% 的水平上显著正相关，符合现实情况；与数字平台（PLA）在 1% 的水平上显著正相关；与数字平台参与（Platform 1）负相关，但不显著。以上结果初步说明获取的市场收益能显著改善网剧生产者的竞争地位。由于相关性分析的局限性，变量之间的准确关系还有赖于多元回归分析的结果。

表 4.6　　网剧生产者视角组的相关性分析（加入滞后变量）

变量名	Location-Indiv$_{i(t+1)}$	
	（1）	（2）
	Pearson 法	Spearman 法
Perform-Indiv	0.166***	0.148***
Location-Indiv$_{it}$	0.347***	0.352***
PLA	0.256***	0.278***
Platform 1	-0.054	-0.062
Time-Indiv	0.249***	0.251***
SOE	0.125***	0.127***
PER	-0.199***	-0.215***
ABR	-0.148***	-0.147***
Video	0.045	0.030

第二节　回归结果

本节主要分为三大部分，第一部分对网剧生产竞合格局和网剧生产市场收益的回归结果进行分析；第二部分对数字平台参与和网剧生产市场收益的回归结果进行分析；第三部分对网剧生产者市场收益和下一年的竞争地位的回归结果进行分析。

一　网剧生产竞合格局和网剧生产市场收益

（一）网剧生产者视角：竞争地位越高，市场收益越高

表 4.7 为网剧生产者竞争地位和其当年市场收益的回归结果。列（1）—列（6）分别为网剧生产者竞争地位的六个衡量指标和市场收益的回归结果。网剧生产者的市场收益指数（Perform-Indiv）和度数中心度（34.949）、接近中心度（58.408）、特征向量中心度（12.756）、中介中心度（41.525）以及竞争地位总指标（2.191）均在 1% 水平上显著正相关；和网络约束度相关性为负（-0.331），但不显著，网络约束度代表了网剧生产者的经纪性，即占据"排他性通道"获取独有资源，不显著

的原因可能是这些"排他性通道"不能提供关键资本增加网剧生产收益。以上结果说明网剧生产竞合格局变化引起的竞争地位变化，会影响网剧生产者的市场收益。具体表现为当网剧生产者在网剧生产场域占据越重要的中心位置、越重要的桥接位置、有越多强大的合作伙伴时，其越能在网剧生产中获取更多收益，由此验证假设1，即网剧生产者在网剧生产场域的竞争地位越高，意味着其占有关键资本的可能性越大，拥有的资本数量越多，管理能力越强，进而越能通过网剧获取较高的市场收益。

表4.7 网剧生产者的竞争地位和市场收益

变量名	Perform-Indiv					
	(1)	(2)	(3)	(4)	(5)	(6)
	度数中心度	接近中心度	特征向量中心度	中介中心度	网络约束度	竞争地位总指标
Location-Indiv	34.949***	58.408***	12.756***	41.525***	-0.331	2.191***
	(9.43)	(41.33)	(13.76)	(7.12)	(-1.49)	(8.90)
Time-Indiv	0.695***	0.446***	0.653***	0.698***	0.740***	0.718***
	(7.71)	(5.94)	(7.33)	(7.69)	(8.11)	(7.96)
SOE	-2.652***	-3.208***	-3.359***	-2.520***	-4.591***	-4.211***
	(-4.74)	(-7.45)	(-6.48)	(-4.19)	(-8.72)	(-8.10)
PER	-1.272**	-2.216***	-2.038***	-1.297**	-3.289***	-2.763***
	(-2.47)	(-5.75)	(-4.36)	(-2.35)	(-6.91)	(-5.89)
ABR	-1.108*	-2.269***	-1.813***	-1.157*	-3.129***	-2.433***
	(-1.80)	(-4.78)	(-3.16)	(-1.79)	(-5.32)	(-4.19)
Video	28.356***	35.953***	15.395***	7.847***	8.423***	8.592***
	(10.41)	(22.68)	(8.64)	(4.49)	(4.79)	(4.95)
Constant	-311.220***	-406.989***	-162.907***	-77.619***	-82.002***	-85.720***
	(-9.98)	(-22.44)	(-8.03)	(-3.91)	(-4.11)	(-4.34)
Year	控制	控制	控制	控制	控制	控制
Observations	3518.000	3518.000	3518.000	3518.000	3518.000	3518.000
R^2_adj	0.103	0.382	0.127	0.093	0.081	0.100
F-value	22.294	120.061	28.351	19.985	17.054	21.703

控制变量方面,在六个回归模型中,网剧生产者成立年限(Time-Indiv)的系数均在1%水平上显著为正,说明成立年限越大的生产者,积累的政治资本、社会资本、经济资本和文化资本越多,其越能通过网剧生产获取较高的市场收益。国有机构、民营机构和境外机构的系数显著为负,说明这三种类型的网剧生产者并没有获得较好收益。每年网络视频用户数量(Video)的系数均在1%水平上显著为正。以上控制变量符合现实情况,说明回归模型是有效的。

(二)网剧生产团队视角:团队竞争地位越高,网剧市场收益越高

表4.8为网剧生产团队竞争地位和其市场收益的回归结果。列(1)—列(6)分别为网剧生产团队竞争地位的六个衡量指标和市场收益的回归结果。网剧生产团队的市场收益指数(Perform-Group)和度数中心度、接近中心度、特征向量中心度、中介中心度以及竞争地位总指标均在1%水平上显著正相关,和网络约束度在1%水平上显著负相关(-0.612),以上结果说明网剧生产竞合格局变化引起的竞争地位变化,会影响网剧生产团队的市场收益。具体表现为当网剧生产团队在网剧生产场域占据越重要的中心位置、越重要的桥接位置、有越多强大的合作伙伴时,其越能在网剧生产中获取更多收益,由此验证假设2,即网剧生产团队在网剧生产场域的竞争地位越高,意味着其占有关键资本的可能性越大,拥有的资本的数量越多,管理能力越强,进而越能通过网剧获取较高的市场收益。

表4.8　　　　　　　网剧生产团队的竞争地位和市场收益

变量名	Perform-Group					
	(1)	(2)	(3)	(4)	(5)	(6)
	度数中心度	接近中心度	特征向量中心度	中介中心度	网络约束度	竞争地位总指标
Location-Group	12.857***	20.467***	3.325***	14.514***	-0.612***	1.432***
	(8.48)	(13.17)	(7.63)	(8.06)	(-3.08)	(6.75)
IP	0.660***	0.495***	0.695***	0.654***	0.745***	0.679***
	(4.89)	(3.75)	(5.13)	(4.83)	(5.42)	(4.99)

续表

变量名	Perform-Group					
	(1)	(2)	(3)	(4)	(5)	(6)
	度数中心度	接近中心度	特征向量中心度	中介中心度	网络约束度	竞争地位总指标
Series	0.010	0.065	0.033	-0.027	0.040	0.026
	(0.06)	(0.38)	(0.18)	(-0.15)	(0.22)	(0.15)
Episode	0.227**	0.056	0.250**	0.203*	0.200*	0.188*
	(2.18)	(0.56)	(2.39)	(1.94)	(1.88)	(1.79)
Length	1.381***	1.268***	1.373***	1.380***	1.456***	1.419***
	(10.48)	(9.90)	(10.37)	(10.45)	(10.86)	(10.70)
Orga	0.178*	-0.025	0.160	0.297***	0.205**	0.295***
	(1.81)	(-0.26)	(1.61)	(2.93)	(1.97)	(2.88)
Time-Group	0.260***	0.084	0.336***	0.280***	0.436***	0.363***
	(2.99)	(0.98)	(3.91)	(3.22)	(5.07)	(4.23)
Prom	0.582***	0.560***	0.592***	0.583***	0.608***	0.595***
	(32.79)	(32.35)	(33.56)	(32.78)	(34.18)	(33.56)
Multi	-0.058	-0.017	-0.155	-0.036	-0.174	-0.154
	(-0.37)	(-0.11)	(-0.99)	(-0.23)	(-1.10)	(-0.98)
Hot	0.070	0.061	0.078	0.051	0.071	0.079
	(0.62)	(0.56)	(0.69)	(0.45)	(0.61)	(0.69)
Video	9.522***	12.102***	4.016***	1.958	2.028	2.639**
	(6.11)	(8.26)	(3.03)	(1.50)	(1.53)	(2.01)
Constant	-109.101***	-140.284***	-46.470***	-23.057	-23.695	-85.720***
	(-6.17)	(-8.40)	(-3.09)	(-1.56)	(-1.57)	(-4.34)
Year	控制	控制	控制	控制	控制	控制
Observations	1491.000	1491.000	1491.000	1491.000	1491.000	1491.000
R^2_adj	0.707	0.725	0.704	0.705	0.694	0.702
F-value	153.686	168.047	151.763	152.716	144.873	149.971

控制变量方面，在六个回归模型中，IP 改编（IP）的系数均在1%水平上显著为正，说明基于 IP 改编的网剧能获取更高的市场收益。续集（Series）的系数均不显著，说明拍摄续集并不能增加单部网剧的收益。

集数（Episode）的系数均为正，除了第（2）列外，均显著，说明网剧集数越多，其市场收益越大。单集时长（Length）的系数均在1%水平上显著为正，说明单集时长越长的网剧能获取更高的市场收益。团队成员数量（Orga）的系数除了第（2）列和第（3）列外，均显著为正，说明团队成员数量越多，网剧收益越大。网剧生产团队当年平均成立年限（Time-Group）的系数，除了第（2）列外，均显著为正，说明团队成员成立年限越大，积累的政治资本、社会资本、经济资本和文化资本越多，其越能在单部网剧中获取较高的市场收益。宣传水平（Prom）的系数均在1%水平上显著为正，说明宣传水平越高，网剧收益越高。多平台（Multi）和播出时间（Hot）的系数均不显著，说明多平台播放和播出时间并不影响单部网剧的收益。每年网络视频用户数量（Video）的系数均在1%水平上显著为正。以上控制变量符合现实情况，说明回归模型是有效的。

二　数字平台参与和网剧生产市场收益

（一）网剧生产者视角：数字平台或平台合作机构市场收益更高

表4.9为数字平台参与和网剧生产者市场收益的回归结果。列（1）是没有控制变量的回归结果，列（2）在列（1）基础上添加了控制变量。在两个回归模型中，网剧生产者的市场收益指数（Perform-Indiv）和数字平台（PLA）均在1%水平上显著正相关，说明网剧生产者属于数字平台时，其通过网剧生产获取的收益更高，由此验证假设3，即当网剧生产者属于数字平台时，其通过网剧生产获取的收益越高。网剧生产者的市场收益指数（Perform-Indiv）和数字平台参与（Platform 1）均在1%水平上显著正相关，说明网剧生产者和平台合作能够提高通过网剧生产获取的收益，由此验证假设4，即当网剧生产者的合作者属于数字平台时，其通过网剧生产获取的收益越高。

控制变量方面，在两个回归模型中，竞争地位总指标（Location-Indiv）系数均在5%水平上显著为正。网剧生产者成立年限（Time-Indiv）的系数在1%水平上显著为正。国有机构（SOE）的系数在5%水平上显著为负，说明国有机构只能获取较低收益；民营机构（PER）的系数为正,但不显著,说明民营机构获取了一定收益,但并不多。每年网络视频用户数量(Video)的系数在1%水平上显著为正。以上控制变量结果与上一部分保持一致,符合现实情况,说明回归模型是有效的。

表4.9　　　　　　数字平台参与和网剧生产者市场收益

变量名	(1)		(2)	
	系数	T值	系数	T值
PLA	1.983***	(4.90)	1.543***	(3.05)
Platform 1	4.300***	(33.46)	4.253***	(33.26)
Location-Indiv（竞争地位总指标）	0.545**	(2.47)	3.021***	(2.32)
Time-Indiv			0.591***	(7.50)
SOE			−0.864**	(−2.13)
PER			0.172	(0.53)
Video			9.099***	(6.01)
Constant	−5.700**	(−2.22)	−95.554***	(−5.55)
Year	控制		控制	
Observations	3518.000		3518.000	
R_2_adj	0.305		0.317	
F-value	96.238		85.259	

(二) 网剧生产团队视角:数字平台参与,网剧市场收益提高

表4.10为数字平台参与和网剧生产团队市场收益的回归结果。列(1)是没有控制变量的回归结果,列(2)在列(1)基础上添加了控制变量。在两个回归模型中,网剧生产团队的市场收益指数(Perform-Group)和数字平台参与(Platform 2)均在1%水平上显著正相关,说明数字平台参与能够提高单部网剧的收益,由此验证假设5,即当网剧生产团队中有数字平台时,其通过网剧生产获取的收益越高。

控制变量方面,在两个回归模型中,竞争地位总指标(Location-Group)系数均在10%水平上显著为正。IP改编(IP)、单集时长(Length)、宣传水平(Prom)的系数在1%水平上显著为正。每年网络视频用户数量(Video)的系数在5%水平上显著为正。网剧生产团队当年

平均成立年限（Time-Group）的系数在 10% 水平上显著为正。其他变量的系数均不显著。以上控制变量结果与上一部分基本保持一致，符合现实情况，说明回归模型是有效的。

表 4.10　　　　　　　　数字平台参与和网剧生产团队市场收益

变量名	(1)		(2)	
	系数	T值	系数	T值
Platform 2	4.019***	(20.24)	1.414***	(9.08)
Location-Group（竞争地位总指标）	0.784**	(2.33)	0.423*	(1.80)
IP			0.561***	(4.21)
Series			−0.030	(−0.17)
Episode			0.166	(1.62)
Length			1.389***	(10.75)
Orga			0.047	(0.46)
Time-Group			0.154*	(1.77)
Prom			0.562***	(31.89)
Multi			0.053	(0.34)
Hot			0.068	(0.61)
Video			2.795**	(2.19)
Constant	−5.536*	(−1.70)	−32.345**	(−2.23)
Year	控制		控制	
Observations	1491.000		1491.000	
R_2_adj	0.341		0.717	
F-value	50.873		155.126	

三　网剧生产者市场收益和下一年的竞争地位

（一）全样本：下一年竞争地位改善

表 4.11 包含两个回归，第 (1) 列为模型 (3) 没有加入控制变量的结果，第 (2) 列在第 (1) 列基础上加入了控制变量。在所有列中，次年的竞争地位（Location-Indiv$_{i(t+1)}$）与当年网剧生产者的市场收益指数（Perform-Indiv）均显著正相关，由此验证假设 6，即网剧生产者的市场收

益越高，其越能在下一阶段获取更高的竞争地位。

控制变量方面，当年的竞争地位（Location-Indiv$_{it}$）、数字平台（PLA）、网剧生产者成立年限（Time-Indiv）、国有机构（SOE）和民营机构（PER）均在1%水平上显著为正，数字平台参与（Platform 1）和每年网络视频用户数量（Video）不显著，基本符合现实情况，说明回归有效。

表4.11　　　　　　　　网剧生产者收益和下一年的竞争地位

变量名	(1) 系数	(1) T值	(2) 系数	(2) T值
Perform-Indiv	0.014***	(4.73)	0.005*	(1.73)
Location-Indiv			0.262***	(7.85)
PLA			0.341***	(5.16)
Platform 1			-0.024	(-1.01)
Time-Indiv			0.041***	(3.77)
SOE			0.231***	(3.75)
PER			0.185***	(3.43)
Video			0.171	(0.92)
Constant	0.549*	(1.86)	-1.813	(-0.88)
Year	控制		控制	
Observations	920.000		920.000	
R$_2$_adj	0.035		0.204	
F-value	2.522		12.115	

（二）分组回归：数字平台组和非平台合作机构组竞争地位改善

表4.12包含四个回归，第（1）列—第（4）列分别为数字平台组、非数字平台组、平台合作机构组和非平台合作机构组。在所有组中，除了非数字平台组和平台合作机构组，其他组次年的竞争地位（Location-Indiv$_{i(t+1)}$）与当年网剧生产者的市场收益指数（Perform-Indiv）均显著正相关。由此验证假设7，但未能验证假设8，即在分配到同等经济资本的情况下，相比非平台，数字平台能在下一阶段获取更高的竞争地位；在分配到同等经济资本的情况下，相比非平台合作机构，平台合作机构能

在下一阶段获取更低的竞争地位。假设 8 不成立的原因可能是相比非平台合作机构，平台合作机构本身缺少单打独斗的能力，其能够在网剧生产过程中通过平台获取额外资源，但它们只有资源的使用权，没有所有权，并未形成核心竞争力。控制变量方面，虽因样本数量变化引起波动，但基本符合现实情况，说明回归有效。

表 4.12　　　　　　网剧生产者收益和下一年的竞争地位

变量名	(1) 平台	(2) 非平台	(3) 平台合作	(4) 非平台合作
Perform-Indiv	0.047***	0.004	0.005	0.008*
	(4.65)	(1.11)	(1.00)	(1.81)
Location-Indiv	0.048	0.259***	0.276***	0.240***
	(0.37)	(7.44)	(6.64)	(4.21)
PLA				0.384***
				(4.25)
Platform 1		-0.018		
		(-0.72)		
Time-Indiv	0.053	0.040***	0.064***	0.007
	(1.50)	(3.52)	(4.63)	(0.38)
SOE		0.228***	0.243***	0.219**
		(3.61)	(3.02)	(2.22)
PER		0.180***	0.207***	0.192**
		(3.27)	(2.83)	(2.40)
Video	-0.314*	0.289*	0.024	0.166
	(-1.80)	(1.86)	(0.11)	(0.90)
Constant	3.334*	-3.109*	-0.273	-1.653
	(1.78)	(-1.80)	(-0.11)	(-0.81)
Year	控制	控制	控制	控制
Observations	73.000	847.000	611.000	309.000
R_2_adj	0.575	0.141	0.180	0.327
F-value	5.131	7.989	8.129	7.845

第三节　进一步研究：数字平台主导

基于第二章和第三章的分析结果，研究发现网剧生产场域经历了摸索期（2007—2013 年）、成长期（2014—2017 年）和成熟期（2018—2020 年），网剧生产者的竞争地位分布从动荡变化转向集中。在这个过程中，数字平台持续稳定地主导场域规则，占据场域中重要的中心位置和桥接位置，并和强大的伙伴建立稳定的合作关系，逐步成为了网剧生产场域的主导者，并最终成为中心。主要原因是 2014 年之后，在政策、技术和资本的支持下，数字平台开始塑造新的场域规则，进而创造出新的文化资本（IP）和数据资本，并不断通过共识塑造来巩固自身地位。这使得数字平台的网络效应、以数据为核心的基础设施和平台生态的功能得到了充分发挥，具体表现为数字平台购买了大量版权，通过双边网络效应形成良性循环，吸引更多消费者；过去消费者行为沉淀下来的大数据被广泛应用于网剧融资、生产、宣传和发行的各个环节；平台生态孵化了一大批版权，积累了大量消费者数据。基于这些变化，研究进一步提出新的问题，当数字平台成为主导者后，数字平台的收益会发生怎样的变化？平台合作机构的收益会发生怎样的变化（问题 3.4）？当数字平台成为主导者后，网剧生产者的市场收益还能否改善下一年的竞争地位？数字平台、非数字平台、平台合作机构和非平台合作机构有什么差异（问题 3.5）？本节将围绕以上问题进行进一步研究。

一　数字平台主导和网剧生产者收益

针对问题 3.4，构造 DID 模型，在模型（1）基础上建立了模型（4）。

$$\text{Perform-Indiv}_{it} = \alpha_0 + \alpha_1 \text{Treat}_{it} + \alpha_2 \text{After}_{it} + \alpha_3 \text{Treat}_{it} \times \text{After}_{it} + \sum_k \alpha_k \text{Control1}_{it} + \varphi_{it} \quad \text{模型（4）}$$

采用 DID 模型必须设置相应的实验组和控制组。在模型（4）中，Treat 是区分实验组和控制组的变量，根据问题 3.4，网剧生产者属于数字平台和不属于数字平台分别是实验组和控制组，对应变量 PLA。网剧生产者的合作者存在数字平台和不存在数字平台分别是实验组和控制组，对应变量 Platform 1。After 表示 2014 年及 2014 年之后，即数字平台开始成为主导者。研究设置 2014 年及 2014 年之后，变量为 1，2014 年以前变量为 0。Treat × After 回归系数为本部分的观察对象，表示 2014 年前后实验组和控制组市场收益的差距。控制变量 Control 与模型 (1) 保持一致。

（一）描述性统计

表 4.13 为 DID 模型的描述性统计结果，只列示新加入变量的情况。在模型 (4) 中，After、PLA × After、Platform 1 × After 都是虚拟变量，其平均数分别为 0.953、0.018 和 0.506，说明 95.3% 的网剧生产者在 2014 年及 2014 年之后开始参与生产，1.8% 的网剧生产者在 2014 年及 2014 年之后属于平台，50.6% 的网剧生产者在 2014 年及 2014 年之后和数字平台有过合作，除 Platform 1 × After 接近正态分布，其他变量属于偏态分布。

表 4.13　　　　　　　　模型 (4) 的描述性统计

变量名	平均值	标准差	最小值	最大值	偏度	峰度
After	0.953	0.211	0	1	-4.286	19.370
PLA × After	0.018	0.135	0	1	7.151	52.142
Platform 1 × After	0.506	0.499	0	1	-0.097	1.009

（二）平行趋势检验：数字平台和平台合作机构通过检验

平行趋势是指处理组和控制组在外生冲击事件发生之前必须具有相同的发展趋势。如果不满足这一条件，那么两次差分得出的效应就不完全是真实的效应，其中有一部分是由实验组和控制组本身的差异所带来的。为了检验处理组和控制组是否存在平行趋势，研究采用了事件研究法，把年份虚拟变量 Year 与处理组虚拟变量 PLA 和 Platform 1 的交互项，加入到模型中进行回归，观察交互项的符号和显著性的变化，回归结果如表 4.14 所示。数字平台组，2014 年之前，交互项不显著，2014 年及 2014 年之后交互项在 1% 水平上显著，满足平行趋势条件。平台合作机构组，2014 年之前，交互项不显著，2014 年及 2014 年之后交互项在 1% 水平上显著,满足平行趋势条件。以上结果说明,数字平台主导后,数字平台、平台合作机构的市场收益发生了明显变化。产生以上现象的原因可能是:(1)数字平台主导网剧生产场域后,它自身是直接受益者,与平台合作的机构是间接受益者;(2)其他机构以中小企业为主,依附于平台和网剧行业生存。基于此,研究进一步针对数字平台和平台合作机构进行回归。

表 4.14　　　　　　　　模型 (4) 的平行趋势检验

变量名	(1) 平台		(2) 与平台合作	
	系数	T 值	系数	T 值
2011 年及之前	1.291	(0.98)	0.494	(0.31)
2012 年	−0.819	(−0.50)	2.282	(1.16)
2013 年	1.445	(1.07)	1.783	(1.63)
2014 年	2.658 **	(2.35)	2.460 ***	(3.47)
2015 年	5.727 ***	(5.43)	1.525 ***	(2.62)
2016 年及之后	3.227 ***	(4.02)	2.099 ***	(9.05)
Constant	−4.880 **	(−2.00)	−4.131	(−1.64)
Year	控制		控制	
Observations	3518.000		3518.000	
R^2_within	0.106		0.205	
Wald chi2	218.71		12.263	

(三) 相关性分析:结果通过

表 4.15 为通过平行趋势检验的 DID 模型的相关性分析结果,只列示新加入变量的情况。在 Pearson 法下,网剧生产者的市场收益指数 (Perform-Indiv) 和 After、PLA × After、和 Platform 1 × After 在 1% 水平上显著正相关。Spearman 法与 Pearson 法结果保持一致。以上结果初步说明,数字平台主导后,数字平台和平台合作机构的收益得到了进一步提升。由于相关性分析的局限性,变量之间的准确关系还有赖于多元回归分析的结果。

表4.15　　　　　　　　　　模型（4）的相关性分析

变量名	Perform-Indiv	
	Pearson 法	Spearman 法
After	0.073***	0.083***
PLA × After	0.143***	0.160***
Platform 1 × After	0.510***	0.547***

（四）回归结果：数字平台和与平台合作的机构收益更多

表4.16为模型（4）的回归结果。列（1）—列（2）是数字平台组和平台合作机构组的回归结果。在数字平台组，网剧生产者的市场收益指数（Perform-Indiv）与平台主导（After）和观察对象（PLA × After）均在5%水平上显著正相关，与数字平台（PLA）负相关，但不显著。以上结果说明数字平台主导后，数字平台占有了更多关键资本，拥有了更多资本数量和更强的管理能力，进而通过网剧获取了更高的市场收益。在平台合作机构组，网剧生产者的市场收益指数（Perform-Indiv）与平台主导（After）、数字平台参与（Platform 1）和观察对象（Platform 1 × After）均在1%水平上显著正相关，说明数字平台主导后，与数字平台合作的网剧生产者借助数字平台的力量，其初始资本占有量和关键资本占有量更大，资本之间转换效率更高，通过网剧生产获得的收益高于那些没有与数字平台合作的生产者，即数字平台主导后，为其相关合作者带来了更多收益。

表4.16　　　　　　数字平台主导和不同类型网剧生产者收益

变量名	(1)	(2)
	平台	平台合作
PLA	-0.177	1.797***
	(-0.21)	(3.49)
PER	0.198	0.227
	(0.61)	(0.70)
Platform 1	4.261***	2.778***
	(33.33)	(4.75)

续表

变量名	(1) 平台	(2) 平台合作
After	11.097***	10.509***
	(3.62)	(3.39)
PLA/Platform 1 × After	2.312**	1.541***
	(2.51)	(2.58)
Location-Indiv（竞争地位总指标）	0.496**	0.503**
	(2.25)	(2.28)
Time-Indiv	0.584***	0.574***
	(7.41)	(7.26)
SOE	-0.827**	-0.773*
	(-2.04)	(-1.90)
Video	1.991*	2.016*
	(1.92)	(1.94)
Constant	-25.808**	-25.546**
	(-2.48)	(-2.46)
Year	控制	控制
Observations	3518.000	3518.000
$R_{2\_}$adj	0.318	0.318
F-value	81.435	81.462

控制变量方面，在两个回归模型中，竞争地位总指标（Location-Indiv）系数均在5%水平上显著为正。网剧生产者成立年限（Time-Indiv）的系数在1%水平上显著为正。国有机构的系数均显著为负。每年网络视频用户数量（Video）的系数在10%水平上显著为正。以上控制变量结果与前文基本保持一致，符合现实情况，说明回归模型是有效的。

二 数字平台主导、网剧生产者收益和下一年的竞争地位

针对问题3.5，在模型（3）的基础上加入After和Perform-Indiv×After两个变量，得到模型（5）。

$$\text{Location-Indiv}_{i(t+1)} = \alpha_0 + \alpha_1 \text{Perform-Indiv}_{it} + \alpha_2 \text{Location-Indiv}_{it} + \alpha_3 \text{After}$$
$$+ \alpha_4 \text{Perform-Indiv}_{it} \times \text{After} + \sum_k \alpha_k \text{Control}_{it} + \varphi_{it}$$

模型（5）

表 4.17 为模型（5）的回归结果。第（1）列为所有样本的回归结果，第（2）列—第（5）列分别为数字平台组、非数字平台组、平台合作机构组和非平台合作机构组。在所有组中，数字平台组次年的竞争地位（Location-Indiv$_{i(t+1)}$）与交乘项（Perform-Indiv × After）在5%水平上显著正相关，其他组次年的竞争地位（Location-Indiv$_{i(t+1)}$）与交乘项（Perform-Indiv × After）均为负相关，但不显著。控制变量方面，虽因样本数量变化引起波动，但基本符合现实情况，说明回归有效。以上结果说明数字平台主导后，网剧生产者市场收益的增加并不能改善网剧生产者下一年的竞争地位，这种改善仅存在于数字平台。

表4.17　数字平台主导、网剧生产者收益和下一年的竞争地位

变量名	(1) 全样本	(2) 平台	(3) 非平台	(4) 平台合作	(5) 非平台合作
Perform-Indiv	0.009 (0.92)	-0.011 (-0.45)	0.013 (1.23)	0.010 (0.35)	0.009 (0.90)
After	-0.163 (-0.45)	-0.699 (-0.95)	0.068 (0.23)	-0.357 (-0.98)	-0.335 (-0.65)
Perform-Indiv × After	-0.004 (-0.37)	0.068** (2.51)	-0.010 (-0.93)	-0.005 (-0.19)	-0.002 (-0.18)
Location-Indiv	0.262*** (7.84)	-0.032 (-0.25)	0.258*** (7.41)	0.276*** (6.64)	0.240*** (4.19)
PLA	0.336*** (5.02)		0 (.)	0 (.)	0.380*** (4.07)
Platform 1	-0.024 (-1.00)		-0.016 (-0.67)	0 (.)	0 (.)
Time-Indiv	0.042*** (3.78)	0.056 (1.66)	0.042*** (3.61)	0.064*** (4.63)	0.008 (0.41)

续表

变量名	(1) 全样本	(2) 平台	(3) 非平台	(4) 平台合作	(5) 非平台合作
SOE	0.227***		0.218***	0.243***	0.214**
	(3.62)		(3.40)	(3.02)	(2.08)
PER	0.182***		0.173***	0.207***	0.189**
	(3.34)		(3.12)	(2.83)	(2.29)
Video	0.282*	0.042	0.277	0.304	0.392
	(1.65)	(0.08)	(1.56)	(1.49)	(1.25)
Constant	-2.887*	-0.064	-3.023*	-3.058	-3.844
	(-1.72)	(-0.01)	(-1.70)	(-1.50)	(-1.26)
Year	控制	控制	控制	控制	控制
Observations	920.000	73.000	847.000	611.000	309.000
R_2_adj	0.204	0.618	0.142	0.180	0.328
F-value	11.505	5.652	7.592	7.641	7.409

本章小结

　　本章内容结合了深度访谈，深度访谈对象见附录。回归结果说明网剧生产者竞争地位的变化影响它们市场收益的变化，市场收益的变化影响下一年的竞争地位。数字平台不仅能在网剧生产中获取较高收益，还能为其合作者和合作团队带来收益，但这种收益对下一年竞争地位的正向影响仅存在于数字平台。进一步探究数字平台成为网剧生产场域的主导者后带来的影响，数字平台和平台合作机构的市场收益在2014年之后进一步提高了，但这种收益对下一年竞争地位的正向影响仅存在于数字平台。以上结果反映了数字平台为其他生产者带来了收益提升，但其本质却是攫取和利用了受众和其他生产者的剩余价值。

　　在网剧生产场域建立初期，数字平台没有成为主导者，但它积累了大量以消费者形式存在的社会资本。具体来说，数字平台通过版权采购的方式从其他生产者手中购买了大量影视剧版权，并以先台后网的形式播放；数字平台通过自制网剧的方式积累了独家内容。与此同时，数字平台以会员制培养用户的观看习惯和付费习惯。在这一时期，由于大数据、云计算和人工智能等技术尚未成熟，消费者是不可控的、可以任意流动的社会资本。数字平台只是一个依靠弱网络效应聚集受众的渠道，并不足以掌控其他生产者。

随着数据相关技术的成熟，以消费者形式存在的社会资本都能转换成数据资本，且这些数据资本根据消费者行为同步更新，即消费者任何行为都处于监视之下，且转换为可以被搜寻、储存、分析和售卖的精确数据。这些数据不仅能出售给广告主，还能被影视剧生产者使用，当作生产的决策依据。结合访谈结果，研究认为数字平台就是通过无偿占有数据来不断提高自身竞争地位的。具体来说，一部剧播出完成后，不仅能产生经济收益，还产生了数据和版权，但在收益分配过程中，各方只是按照最初投资比例或合同约定来进行经济收益的分配和版权的切割，并不分配数据。即使数字平台把数据分享给其他生产者，该数据也并不是即时更新的"活数据"，它们无法发挥出数据的最大价值。

> 我们不管是在采购模式还是自制模式下，数据都不会分配给合作者的，这是我们的核心竞争力，合作方能看到的数据就是像猫眼或是我们平台上的公开数据（受访者1）。

由受众和所有生产者共同生产出的数据被数字平台独占了，而数字平台并没有向受众或合作机构支付相应的报酬。不仅如此，在下一次网剧生产中，数字平台会继续利用这些数据来进行生产。随着一次又一次的版权采购和网剧生产，数字平台积累了更多资本，其竞争地位越来越高，数字平台开始主导网剧生产场域。值得注意的是，在数字平台积累以消费者形式存在的社会资本并转换为数据资本的过程，需要经济资本的长期支持，而这些原始经济资本积累又都是平台背后的企业利用其他平台通过相同的方式攫取的。可以看到，整个剥削的实现过程是隐匿而又无可逃遁的。具体如受访者9所说，技术的发展和资本的支持使得受众和传统传媒机构都必须接纳网络视频平台这一新兴渠道，对于受众而言,当自己想看一部剧,却无法准时观看时,不得不选择网络视频平台;对于传统传媒机构而言,当其想发行一部剧来实现收益最大化时,不得不选择网络视频平台。

> 我作为编剧,平常工作一部分就是研究其他剧,看视频肯定就用视频平台,内容全,也比较方便;工作室产出作品肯定要和平台合作的,大平台也就那么几个,没得选(受访者9)。

在数字平台的主导地位实现后,部分处于弱势地位的生产者进一步成为了被剥削对象。正如受访者6所说,在收益分配过程中,除了不能共享数据外,只能获得一次性固定经济收益,不参与分成;完整版权完全归平台所有,不参与分割。在这个过程中,弱势的生产者若不能在其他资本方面取得优势,就会逐渐丧失自主权,沦为整个网剧生产流程中的"螺丝钉"。

> 我们自己工作室还好,老板能够搞定资金问题,我们创作不太受限制。我朋友在的工作室,都是接平台外包项目,做完一部接着做下一部,没办法,没钱,得先活下去,再说原创自主(受访者6)。

本章利用档案研究法,以2007—2020年数据为基础,分析了网剧生产竞合格局的变化和生产者市场收益的关系,回答问题3"网剧生产竞合格局的变化对网剧生产者的市场收益产生怎样的影响"。该问题可细分为三大部分,当前竞合格局和网剧生产者在同一年的市场收益有何关系(问题3.1)?数字平台的参与对网剧生产的市场收益有何影响(问题3.2)?网剧生产者当年的市场收益能否改善其下一年的竞争地位?数字平台、非数字平台、平台合作机构和非平台合作机构有什么差别(问题3.3)?结合第二章和第三章的分析结果,本章进一步提出新问题,当数字平台成为主导者后,数字平台的收益会发生怎样的变化?平台合作机构的收益会发生怎样的变化(问题3.4)?当数字平台成为主导者后,网剧生产者收益还能否改善下一年的竞争地位?数字平台、非数字平台、平台合作机构和非平台合作机构有什么差异（问题3.5）？

针对问题3.1，本章利用多元回归分析模型，分析当前竞合格局和单个网剧生产者或网剧生产团队在同一年的市场收益的关系。从网剧生产者视角，网剧生产者的市场收益指数和度数中心度、接近中心度、特征向量中心度、中介中心度以及竞争地位总指标均显著正相关；和网络约束度相关性为负，但不显著。以上结果验证假设1，即网剧生产者在网剧生产场域的竞争地位越高，意味着其占有关键资本的可能性越大，拥有的资本的数量越多，管理能力越强，进而越能通过网剧获取较高的市场收益。从网剧生产团队视角，网剧生产团队的市场收益指数和度数中心度、接近中心度、特征向量中心度、中介中心度以及竞争地位总指标均在1%水平上显著正相关；和网络约束度在1%水平上显著负相关，以上结果验证假设2，即网剧生产团队在网剧生产场域的竞争地位越高，意味着其占有关键资本的可能性越大，拥有的资本的数量越多，管理能力越强，进而越能通过网剧获取较高的市场收益。

针对问题3.2，本章利用多元回归模型，分析数字平台参与，与网剧生产者或网剧生产团队的市场收益的关系。从网剧生产者视角，网剧生产者的市场收益指数和数字平台（PLA）显著正相关，由此验证假设3，即当网剧生产者属于数字平台时，其通过网剧生产获取的收益越高。网剧生产者的市场收益指数和数字平台参与（Platform 1）显著正相关，由此验证假设4，即当网剧生产者的合作者属于数字平台时，其通过网剧生产获取的收益越高。从网剧生产团队视角，网剧生产团队的市场收益指数和数字平台参与显著正相关，由此验证假设5，即当网剧生产团队中有数字平台时，其通过网剧生产获取的收益越高。

针对问题3.3，本章利用多元回归模型，分析网剧生产者当年的市场收益和其下一年的竞争地位的关系。从全样本视角来看，次年的竞争地位与当年网剧生产者的市场收益指数均显著正相关，由此验证假设6，即网剧生产者的市场收益越高，其越能在下一阶段获取更高的竞争地位。从分组视角来看，数字平台组和非平台合作机构组次年的竞争地位与当年网剧生产者的市场收益指数均显著正相关，由此验证假设7，但未能验证假设8，即在分配到同等经济资本的情况下，相比非平台，数字平台能在下一阶段获取更高的竞争地位；在分配到同等经济资本的情况下，相比非平台合作机构，平台合作机构能在下一阶段获取更低的竞争地位。

针对问题3.4，本章利用DID模型分析数字平台主导前后，平台和平台合作机构的市场收益变化。在平行趋势检验中，数字平台主导后，数字平台、平台合作机构的市场收益发生了明显变化。具体到回归结果，网剧生产者的市场收益指数与平台主导（After）和观察对象（PLA × After）均在5%水平上显著正相关；与平台主导（After）、数字平台参与（Platform 1）和观察对象（Platform 1 × After）均在1%水平上显著正相关。以上结果说明数字平台主导后，所有生产者收益都获得了提高，数字平台比非平台获取了更多收益，也为其合作者带来了更多收益。

针对问题3.5，本章利用多元回归模型分析数字平台主导后，网剧生产者收益和下一年竞争地位的关系，从全样本视角来看，次年的竞争地位与交乘项（Perform-Indiv × After）为负相关，且不显著。从分组视角来看，数字平台组次年的竞争地位与交乘项（Perform-Indiv × After）在5%水平上显著正相关，其他组次年的竞争地位与交乘项（Perform-Indiv × After）均为负相关，且不显著。以上结果说明数字平台主导后，网剧生产者市场收益的增加并不能改善网剧生产者下一年的竞争地位，这种改善仅存在于数字平台。

针对分析结果，本章进行了反思与讨论。尽管数字平台为其他生产者带来了收益提升，但其本质却是利用了受众和其他生产者的剩余价值。早期，由于大数据、云计算和人工智能等技术尚未成熟，数字平台只是一个依靠弱网络效应聚集受众的渠道，并不足以掌控其他生产者。随着数据相关技术的成熟，以消费者形式存在的社会资本都能转换成数据资本，数字平台通过无偿占有数据来不断提高自身竞争地位，整个过程是隐匿而又无可逃遁的。而在数字平台的主导地位实现后，部分处于弱势地位生产者若不能在其他资本方面取得优势，就会逐渐丧失自主权，沦为整个网剧生产流程中的"螺丝钉"。

第五章　网剧生产竞合格局变化与生产内容多样性

第二章和第三章研究了网剧生产竞合格局的演进以及演进的动因，那这种变化对生产内容多样性的影响是什么？为此，本章利用内容分析法研究网剧生产竞合格局的演进对生产内容多样性的影响，回答问题4"网剧生产竞合格局的变化对网剧生产内容的多样性产生怎样的影响"。本章分为两大部分，第一节分为三个部分，对应前述部分的摸索期（2007—2013年）、成长期（2014—2017年）和成熟期（2018—2020年），阐释每个阶段网剧生产内容的变化，并进行批判性的探讨。第二节以2020年为例，对比网剧内容与以先台后网形式播出的电视剧内容，并进行批判性的探讨。

第一节　网剧生产内容多样性变化的三个阶段

本节主要分为三大部分，对应第二章的摸索期（2007—2013年）、成长期（2014—2017年）和成熟期（2018—2020年），主要关注每一阶段网剧生产竞合格局变化对生产内容的影响。

一　摸索期（2007—2013年）

（一）场域内网剧生产规则：监管力度小

随着《信息网络传播权保护条例》（2006年5月）、《关于加强互联网视听节目内容管理的通知》（2009年3月）和《广播影视知识产权战略实施意见》（2010年11月）的发布，配合2011年起广播电影电视总局开展的专项行动，依靠UGC模式聚集大量盗版影视内容的网络视频平台不得不开始转向版权采购模式。然而，版权采购受制于内容供应商，平台之间针对版权的竞价也日益激烈。在此背景下，网络视频平台开始寻求自制，网剧生产场域生成。

在政策环境方面，从《互联网视听节目服务管理规定》（2007年12月）到《互联网视听节目服务业务分类目录（试行）》（2010年3月）文件的发布，网剧获得了承认。值得注意的是，在《关于进一步加强网络剧、微电影等网络视听节目管理的通知》（2012年7月）中提到网剧、微电影等网络视听节目的审核只需要由其自行组建的审核队伍完成。在技术环境方面，2009年1月，3G牌照发放，同年10月，搭载iOS系统和Android系统的智能3G手机发布，揭开了移动互联网时代的序幕。互联网普及率快速增加，从2007年12月31日的16%增加到2013年12月31日的45%。但3G网络尚无法支撑网络长视频的播放，这体现在2013年12月31日网络视频普及率仅有31.73%。在资本环境方面，在2007—2013年期间，风险投资机构投向文化传媒领域资金逐年增加，从2007年的25.22亿元到2013年的98.23亿元。与此同时，乐视网、优酷和土豆相继上市。风险投资机构的投资和公开上市为民营传媒机构和网络视频平台带来资金的同时，也增加了它们必须快速盈利的压力。

面对有限需求和盈利压力，只有陷入生存危机的网络视频平台和寻求出路的小微民营传媒机构愿意积极参与网剧制作，其中平台以酷6、乐视网、搜狐视频、土豆、新浪视频、优酷和中国艺人网为代表，小微民营传媒机构则以北京开心麻花娱乐文化传媒、北京万合天宜影视文化、芭乐互动（北京）文化传媒、大鹏工作室、Fish film studio、河北优映文化传播和青春光影工作室为代表。

基于以上背景，该阶段网剧生产场域的规则主要由外部场域决定，内部网剧生产者还没有制定规则的能力。国家场域认可了网剧的形式，且不对网剧内容进行强制审核，即网剧生产内容的选择具有较大弹性；而面对有限需求和盈利压力，所有类型的网剧生产者不得不把实现经济效益放在第一位。

(二) 网剧生产内容特点：多样性较低，商业化倾向明显

1. 网剧内容分析结果

时间维度方面，2007—2010 年只有当代；在 2011 年和 2013 年出现了古代；2012 年和 2013 出现了多时代；该时期没有出现近现代。空间维度方面，2007—2008 年主要聚焦城市空间，从 2009 年起，当代的职业空间和校园空间相继出现。随着古代的出现，古代的宫廷空间和职业空间开始出现。

事件维度方面，2007 年仅有一部，其事件主线是禁毒；2008—2009 年，网剧的事件主线都是描绘普通生活；2010 年起，随着时间维度增加，网剧的事件主线开始增加，包括冒险、探案和找人/找真相等，但普通生活还是主线，占比一直维持在 90% 左右。在情感维度方面，在 2010 年之前，以爱情为主线的网剧数量不断增加，在 2010 年达到 11 部，随后开始减少，在 2012 年下降到 1 部，又在 2013 年增加到 11 部。

人物维度方面，从人物数量来看，群像网剧数量稳步增加，从 2007 年的 1 部增加到 2013 年的 16 部。相比之下，非群像网剧则处于波动状态，除了 2010 年和 2013 年分别有 16 部和 17 部，其余年份只有 2—5 部左右。从具体类别来看，非群像网剧多以一男一女为主角，占比在 50% 以上，少数是单主角。从人物阶层来看，不管是男主、女主还是群像，网剧聚焦的都是中层群体，占比均超过 80%，少数网剧关注到了下层，占比不超过 16%。

幻想维度方面，拥有幻想元素的网剧数量一直不多，到 2013 年也仅有 7 部，从具体幻想元素来看，超能现象占比最多，超能力次之，其中超能现象均是穿越。在 IP 维度方面，基于 IP 改编的网剧数量不多，除了 2010 年和 2013 年为 4 部外，其余年份均不超过 3 部。从平台是否参与维度来看，平台对于 IP 并没有明显偏好。

2. 网剧内容特点

摸索期网剧内容特点如表 5.1 所示。随着网剧数量增加，每个维度种类略微增加，但多样性较低，且分布不均衡。网剧内容以当代的城市空间和职业空间为背景，聚焦普通生活中的中层群体，但基本不含幻想元

素，不基于 IP 改编，平台偏好并不明显。

表 5.1　　摸索期网剧内容各维度的特点

维度				2007	2008	2009	2010	2011	2012	2013
时间		种类		1	1	1	1	2	2	3
		特点		种类不多，分布不均衡；以当代为主						
空间	古代	种类		0	0	0	0	1	0	1
	近现代	种类		0	0	0	0	0	0	0
	当代	种类		1	1	2	4	3	4	4
	多时代	种类		0	0	0	0	0	1	1
	总计	种类		1	1	2	4	4	5	6
		特点		种类不多，分布不均衡；以当代的城市和职业空间为主						
事件		种类		1	1	1	2	2	3	4
		特点		种类不多，分布不均衡；聚焦普通生活						
情感		特点		爱情不是重要主线						
人物	数量	特点		群像为主；非群像中男女主为标准配置						
	阶层	特点		聚焦中层						
幻想		特点		数量少；超能力和超能现象（穿越）为主						
IP		特点		基于 IP 网剧数量少，平台没有偏好						

　　整体来看，摸索期的网剧内容商业化倾向明显，体现在三个方面，一是内容的生产迎合该阶段具有消费能力的网络用户，如《嘻哈四重奏》《咖啡间疯云》《疯狂办公室》《报告老板》描述的都是城市中的职场白领，与该时期的中国上网用户的画像吻合。二是内容的生产受限于资本的供给。网剧以小成本为主，没有足够资金支持去制作需要"特效"的内容和购买可以改编的"IP"。此外，一些网剧本身就是以广告为主体，剧情只是附加品，如《乐动青春》《肌缘巧合》《谁是你的菜2013》。三是部分网剧内容为了获取更多点击率，刻意寻求暴力、软色情和畸恋等大尺度元素，如《赵赶驴电梯奇遇记》《全优7笑果》《我怀了你的孩子》，其他网剧生产者也复制和仿效，由此出现了大量含有低俗、软色情和暴力血腥内容的网剧。

二 成长期（2014—2017 年）

（一）场域内网剧生产规则：监管力度逐渐加大，商业数据是决策依据

在政策环境方面，《关于进一步加强网络原创视听节目规划建设和管理的通知》（2016 年 11 月）、《关于支持电视剧繁荣发展若干政策的通知》（2017 年 6 月）和《关于进一步健全网络视听节目服务机构总编辑内容负责制有关事宜的通知》（2017 年 9 月）相继发布意味着网剧开始受到重视，但其内容不受监管的阶段已经结束。在技术环境方面，随着 4G 商用进程推进，2014—2017 年期间，互联网普及率从 45.8% 增加到 55.8%，移动互联网普及率从 37.06% 增加到 54.40%，网络视频普及率从 32.10% 增加到 41.84%。大量的用户行为沉淀下来的庞大数据量与不断发展的云计算和人工智能技术相结合，推动了数据分析和算法在商业场景中的应用。用户需求增长吸引了资本涌入，2014—2017 年，风险投资机构在文化传媒领域投资金额分别达到 198.76 亿元、304.68 亿元、647.33 亿元和 626.08 亿元。与此同时，作为互联网三巨头的百度、阿里巴巴和腾讯也开始增加在文化传媒领域的投资。

尽管监管趋严，但需求增长和资本涌入推动民营网络视频平台继续参与网剧制作，国有网络视频平台、大型国有传媒机构和中型民营传媒机构也参与进来。民营网络视频平台以爱奇艺、哔哩哔哩、乐视网、搜狐视频、腾讯视频和优酷为代表，国有网络视频平台以芒果 TV 为代表，大型国有传媒机构以公安部金盾影视文化中心、四川广播电视台和深圳广播电影电视为代表，中型民营传媒机构以北京捷成世纪科技、大晟时代文化投资和浙江华策影视为代表。

基于以上背景，该阶段网剧生产场域的规则主要是由外部场域和网剧生产者共同决定。国家支持网剧生产，但监管力度逐步加大，网剧内容开始受到一定限制，但由于政策有一定的滞后性，其受到的具体限制还未在该阶段显现；技术进步和资本涌入使得具有数据优势和资本优势的爱奇艺、腾讯视频和优酷逐步成为头部网络视频平台，且是网剧生产场域的主导者。它们共同制定了新的场域规则——网剧生产内容以数据为导向：一是经过市场数据检验的"IP"成为影视剧产业乃至整个文化

娱乐产业的核心；二是大数据分析成为影视剧产业的普遍现象。

（二）网剧生产内容特点：多样性增加，关注经济效益

1. 网剧内容分析结果

时间维度方面，以古代为背景的网剧数量开始增加，从 2014 年的 7 部增长到 2017 年的 40 部；以近现代为背景的网剧也有所增加，但增量不大，从 2014 年的 3 部增加到 2017 年的 10 部；以当代为背景的网剧一直是最多的，并保持快速增长，从 2014 年的 78 部增加到 2017 年的 125 部。空间维度方面，在古代背景下，空间种类开始增加，2014—2017 年有府邸、宫廷、江湖、神魔妖境、书院、职业和其他。宫廷空间占比一直比较高，且逐年增加；职业空间次之，处于波动中；从 2015 年起神魔妖境空间占比一直维持在第三左右，但逐年下降；职业空间中，以官府作为主要场景的数量最多。在近现代背景下，空间种类不多，2014—2017 年有城市、神魔妖境、战争和其他，但各个空间的占比波动较大。在当代背景下，空间种类开始增加，2014—2017 年有城市、乡村、校园、野外、异世界、职业和其他，其中城市空间占比一直是最高的，职业空间次之，从 2015 年起校园空间一直维持在第三左右；职业空间中，公检法领域是最受关注的行业。

事件维度方面，网剧事件主线种类不断增加，2014—2017 年，有谍战、恐怖、励志、冒险、普通生活、权谋、扫黑除恶、商战、探案、战争以及找人/找真相。普通生活占比一直是最高的，但逐年下降；冒险次之，且逐年上升；探案排名第三，且逐年上升；励志排名第四，且逐年上升。情感维度方面，以爱情为主线的网剧数量不断增加，从 2014 年的 24 部增加到 2017 年的 72 部。但是在以爱情为主线的网剧中，同时涵盖非普通生活的事件主线的网剧占比不断增加，从 2014 年的 4% 增加到 2017 年的 37.5%。

人物维度方面，从人物数量来看，群像网剧数量呈现先增加后减少的趋势，从 2014 年的 48 部增加到 2015 年的 84 部，又回落到 2017 年的 58 部。相比之下，非群像网剧呈现逐年增长的趋势，从 2014 年的 44 部增加到 2017 年的 119 部。从具体类别来看，非群像网剧多以一男一女为主角，且占比逐年增加；少数是单主角。从人物阶层来看，不管是男主、

女主还是群像，网剧聚焦的都是中层群体，占比均超过80%，少数网剧关注到了上层和下层，占比不超过15%，其中聚焦上层的只出现在以古代和近现代为背景的网剧中。

幻想维度方面，拥有幻想元素的网剧数量先迅速增加然后放缓，从2014年的20部增加到2016年的77部，在2017年回落到71部。从具体幻想元素来看，超能力占比最多，稳定在50%左右；超能现象次之，但比例逐渐缩小；超能物种排名第三，且比例基本保持不变。超能力形式多样，武侠世界中的武功和神魔妖境中的法术是最常见的超能力；超能现象以穿越为主。IP维度方面，没有IP的网剧数量更多，但基于IP改编的网剧数量逐年增加，从2014年的16部增加到2017年的68部。从平台是否参与维度来看，平台对于IP有明显偏好，占比持续增加，从2014年的62.5%增加到2017年的79.41%。

2. 网剧内容特点：虚假多样化

成长期网剧内容各个维度的特点如表5.2所示。随着网剧数量增加，每个维度种类快速增加，多样性较高，但分布不均衡。2014—2017年，网剧内容所属的时间和空间多样性开始增加，古代的空间从4种增加到6种，近现代的空间从1种增加到3种，当代的空间从4种增加到7种；其中古代以宫廷空间和职业空间为主，当代以城市空间和职业空间为主。事件主线从5种增加到9种，聚焦普通生活，兼顾冒险、探案和励志，且以爱情作为唯一主线的网剧比例也越来越少。在人物维度方面，群像网剧数量越来越少，人物阶层仍是以中层群体为主。在幻想维度，幻想类型从3种增加到5种，但拥有该元素的网剧数量不多。在IP维度，基于IP改编的作品越来越多，由平台参与的基于IP改编的比例更大，平台偏好逐渐显现。

整体来看，成长期的网剧生产内容具有虚假多样化的特点，即以数字平台为首的资本用表面的多样化掩饰其内在单一化倾向。以2014—2017年的典型作品为例，《匆匆那年》《校花的贴身高手》《最好的我们》《春风十里，不如你》《你好，旧时光》《致我们单纯的小美好》以当代校园空间为背景，事件主线为普通生活；《逆袭之星途璀璨》《遇见王沥川》以当代城市空间为背景，事件主线为普通生活；《他来了，请闭眼》

《余罪》《如果蜗牛有爱情》《心理罪》《法医秦明》《无证之罪》以当代职业空间为背景，事件主线为探案；《盗墓笔记》《鬼吹灯系列》以当代野外空间为背景，事件主线为冒险且含有幻想元素。以上作品在时间、空间和事件维度是多样的，但在人物维度方面，聚焦的人物都是中层群体；在IP维度方面，它们都是基于IP改编的作品。因此，尽管资本涌入使得内容外在表现形式越来越丰富，但其内容迎合的受众仍是该阶段具有消费能力的网络用户，目标人群单一。

表 5.2　　　　　　　　　成长期网剧内容各维度特点

维度			2014	2015	2016	2017
时间维度	种类		4	4	4	4
	特点		种类数量固定，分布不均衡；以当代为主			
空间维度	古代	种类	4	6	6	6
	近现代	种类	1	2	4	3
	当代	种类	4	7	6	7
	多时代	种类	1	1	1	1
	总计	种类	10	16	17	17
		特点	种类增加，分布不均衡；古代以宫廷为主，当代以城市和职业为主			
事件	种类		5	8	10	9
	特点		种类增加，分布不均衡；关注普通生活；兼顾冒险、探案和励志			
情感	特点		爱情作为唯一主线比例减少			
人物	数量	特点	非群像为主，非群像中男女主为标准配置			
	阶层	特点	聚焦中层			
幻想	特点		数量不多；东方特色的超能力为主			
IP	特点		基于IP网剧数量不多，平台有偏好			

三　成熟期（2018—2020年）

（一）场域内网剧生产规则：监管收紧，延续已有规则

在政策环境方面，《关于进一步规范网络视听节目传播秩序的通知》（2018年3月）、《关于进一步加强广播电视和网络视听文艺节目管理的通知》（2018年10月）、《关于推动广播电视和网络视听产业高质量发展

的意见》（2019年8月）的发布使得网剧和电视剧管理标准已经完全一致，网剧内容创作受到的监管力度进一步加强。在技术环境方面，随着5G商用进程开启，2018—2020年，互联网普及率从55.8%增加到70.4%，移动互联网普及率从54.41%增加到70.18%，网络视频用户数量从41.81%增加到62.06%，增速明显放缓。在资本环境方面，税务和疫情等因素使得资本不再激进投资，2018—2020年，风险投资机构在文化传媒领域投资数量从642家缩减为187家，投资金额从1161.47亿元缩减为244.48亿元。

面对监管收紧，需求增长放缓和资本寒冬，大量资源集中于头部生产者，参与网剧生产的主力是头部网络视频平台，大型国有传媒机构和中型民营传媒机构。头部网络视频平台以爱奇艺、芒果TV、腾讯视频和优酷为代表，大型国有传媒机构以北京广播电视台、北京文化投资发展、公安部金盾影视文化中心、上海文化广播影视集团和中央电视台为代表，中型民营传媒机构以北京捷成世纪科技、万达影视传媒、完美世界和浙江华策影视为代表。

基于以上背景，该阶段网剧生产场域的规则主要是由外部场域和网剧生产者共同决定。国家对网剧和电视剧实行统一监管标准，网剧内容受到严格审查。监管收紧、需求增长放缓和资本寒冬使得资源集中于头部，直接助推了具有数据优势和资本优势的网络视频平台在网剧生产场域成为中心。平台继续巩固已有的场域规则，即巩固"IP"和"以数据为基础的技术"作为核心资源的地位，强调自身作为"平台"的合法性和巨大优势。

（二）网剧生产内容特点：多样性稳定，经济效益为主

1. 网剧内容分析结果

时间维度方面，以古代为背景的网剧数量开始增加，从2018年的54部增长到2020年的77部；以近现代为背景的网剧开始增加，从2018年16部增加到2020年的21部；以当代为背景的网剧一直是最多的，并保持快速增长，从2018年的178部增加到2020年的212部。空间维度方面，在古代背景下，空间种类多样，2018—2020年有府邸、宫廷、江湖、神魔妖境、书院、战争、职业和其他；宫廷空间占比基本维持在第一，

但呈下降趋势；神魔妖境、江湖和职业三个空间在第二到第四之间波动；职业空间中，以官府作为主要场景的数量最多。在近现代背景下，空间种类开始变得丰富，2018—2020年有城市、大宅、江湖、神魔妖境、野外、战争、职业和其他；除了城市和职业空间占比维持在较高水平外，其他空间占比较小；职业空间中，探警行业最受关注。在当代背景下，空间种类多样，2018—2020年有城市、乡村、校园、野外、异世界、战争、职业和其他，其中城市空间占比一直是最高的，职业空间次之，校园空间第三；职业空间中，公检法领域是最受关注的行业。

事件维度方面，网剧事件主线种类保持稳定，2018—2020年，有谍战、革命、恐怖、励志、冒险、普通生活、权谋、扫黑除恶、商战、探案、战争、找人/找真相和其他。普通生活占比一直是最高的，且比例维持在30%—40%；冒险和励志排名在第二和第三之间波动；探案排名第四，且逐年上升；其余类型均不超过10%。情感维度方面，以爱情为主线的网剧数量继续增加，从2018年的106部增加到2020年的169部。但是在以爱情为主线的网剧中，同时涵盖普通生活之外的事件主线的网剧占比继续增加，从2018年的39.62%增加到2020年的42.6%。

人物维度方面，从人物数量来看，群像网剧数量继续增加，从2018年的82部增加到2020年的106部。非群像网剧数量也逐年增长，从2018年的170部增加到2020年的206部。从具体类别来看，非群像网剧多以一男一女为主角，且占比逐年增加；少数是单主角，且多是男性单人主角。从人物阶层来看，不管是男主、女主还是群像，网剧聚焦的都是中层群体，占比均超过80%；部分网剧关注到了上层，占比不超过17%，且只出现在以古代和近现代为背景的网剧中；少数网剧关注下层，占比不超过5%。

幻想维度方面，拥有幻想元素的网剧从2018年的88部（为当年网剧总数的34.92%）增加到2020年的90部（为当年网剧总数的28.85%）。从具体幻想元素来看，超能力占比最多，稳定在50%左右；超能现象次之；超能物种排名第三。超能力形式多样，武侠世界中的武功和神魔妖境中的法术是最常见的超能力。IP维度方面，没有IP的网剧数量更多，但基于IP改编的网剧数量逐年增加，从2018年的97部增加到2020年的137部。从平台是否参与维度来看，平台对于IP有明显偏好,平台参与的 IP 网剧比例持续增加,从 2018 年的 74.23% 增加到 2020 年的 82.48%。

2. 内容生产的特点:多样性逐步稳定

成熟期网剧内容各个维度的特点如表 5.3 所示。随着网剧数量增加,每个维度种类逐步稳定,但分布不均衡。2018—2020 年,网剧内容所属的时间和空间类型逐步稳定,古代的空间维持在 5—8 种之间,近现代的空间维持在 4—8 种之间,当代的空间维持在 7—8 种之间,其中古代以宫廷空间为主,近现代和当代均以城市空间和职业空间为主。事件主线维持在 11—13 种之间,仍聚焦普通生活,但兼顾冒险、探案和励志,以爱情作为唯一主线的网剧比例在 45%—61% 波动。在人物维度方面,群像网剧数量略有增加,但人物阶层仍是以中层为主。在幻想维度,幻想类型维持在 5 种左右。在 IP 维度方面,基于 IP 改编的作品越来越多,平台偏好 IP 趋势十分明显。

表 5.3　　　　　　　成熟期网剧内容各维度特点

维度			2018	2019	2020
时间维度	种类		4	4	4
	特点		种类数量固定,分布不均衡;以当代为主		
空间维度	古代	种类	8	5	7
	近现代	种类	8	4	6
	当代	种类	7	7	8
	多时代	种类	1	1	1
	总计	种类	24	17	22
		特点	种类数量固定,分布不均衡;古代以宫廷为主,近现代和当代以城市为主		
事件	种类		11	13	12
	特点		种类数量固定,分布不均衡;关注普通生活;兼顾冒险、探案和励志		
情感	特点		爱情作为唯一主线的比例不大		
人物	数量	特点	非群像为主,男女主为标准配置		
	阶层	特点	聚焦中层		

续表

维度		2018	2019	2020
幻想	特点	数量不多，东方特色的超能力为主		
IP	特点	基于IP数量稳定增加，平台偏好明显		

整体来看，成熟期的网剧生产内容延续了上一阶段的特点——虚假的多样化，且这种多样化逐步趋于稳定。以2018—2020年的典型作品为例，《黄金瞳》《龙岭迷窟》《沙海》《天坑鹰猎》《重启之极海听雷》《终极笔记》以当代野外空间为背景，事件主线为冒险；《致我们暖暖的小时光》《风犬少年的天空》《棋魂》以当代校园空间为背景，事件主线为普通生活；《隐秘的角落》《镇魂》《摩天大楼》《沉默的真相》《阳光之下》以当代职业空间为背景，事件主线为探案；《我是余欢水》《怪你过分美丽》以当代城市空间为背景，事件主线为普通生活。以上作品在时间、空间和事件维度是多样的，但聚焦的人物都是中层群体，都是基于IP改编的作品。因此，监管严格和资本集中使得内容呈现出一种稳定的多样性，其内容迎合的受众仍是该阶段具有消费能力的网络用户，目标人群单一。

第二节　网剧生产内容和电视剧生产内容的对比

为了进一步排除网剧内容受非平台因素，尤其是监管因素的影响。本节以2020年的电视剧生产内容作为参照，对比同一年网剧生产内容，说明数字平台主导对网剧生产内容的影响。选择2020年的原因是，该年的网剧和电视剧已经基本实现趋同化管理。

一　场域内网剧和电视剧生产规则

在政策环境方面，随着《关于进一步规范网络视听节目传播秩序的通知》（2018年3月）、《关于进一步加强广播电视和网络视听文艺节目管理的通知》(2018年10月)、《关于推动广播电视和网络视听产业高质量发展的意见》(2019年8月)的发布,2020年网剧和电视剧管理标准已经完全一致。但是《国有影视企业社会效益评价考核试行办法》(2019年12月)的发布,使得以国有影视企业作为主体的电视剧内容受到更多限制,具体表现为内容创作要充分考虑社会效益。在技术环境方面,随着5G商用进程开启,2020年,互联网普及率达到70.4%,移动互联网普及率达到70.18%,网络视频普及率达到62.06%。在广播电视领域,国家新闻出版广电总局支持互联网相关技术研发,涉及智慧广电、4K高清、人工智能、5G媒体平台和云平台,等等。在资本环境方面,疫情因素使得资本不再激进投资,2020年,风险投资机构在文化传媒领域投资数量仅有187家,投资金额为244.48亿元。疫情防控期间,影视剧行业大约有60个剧组停拍、100个项目延迟,播出机构各项收入大幅下滑,仅广告收入平均跌幅就超过了30%。

　　面对监管收紧、需求增长放缓和资本寒冬,大量资源集中于头部生产者,参与电视剧生产的主力是大型国有传媒机构和头部网络视频平台;参与网剧生产的主力是头部网络视频平台,大型国有传媒机构和中型民营传媒机构。头部网络视频平台在两个场域均以爱奇艺、芒果TV、腾讯视频和优酷为代表;大型国有传媒机构在电视剧生产场域以北京广播电视台、广东广播电视台、上海文化广播影视集团、中央电视台和深圳广播电影电视为代表,在网剧生产场域以北京广播电视台、北京文化投资发展、公安部金盾影视文化中心、上海文化广播影视集团和中央电视台为代表;中型民营传媒机构以北京捷成世纪科技、万达影视传媒、完美世界和浙江华策影视为代表。

　　基于以上背景,该阶段两个生产场域的规则主要是由外部场域和生产者共同决定。国家对网剧和电视剧施行统一标准,两者生产内容受到相同限制。监管收紧、需求增长放缓和资本寒冬使得资源集中于头部,直接助推了具有数据优势和资本优势的网络视频平台在两个生产领域成为主导者。在网剧生产场域,平台巩固"IP"和"以数据为基础的技术"作为核心资源的地位,强调自身作为"平台"的合法性和巨大优势,关注网剧的经济效益。在电视剧生产场域,尽管网络视频平台是主导者,但国家场域具有更强的掌控力,且需要承担社会责任的国有传媒机构是该场域内的重要主体,因此,电视剧生产场域关注社会效益而不是经济效益。

二 网剧和电视剧内容生产特点

(一)网剧和电视剧内容分析结果:网剧多样,电视剧均衡

时间维度方面,以古代和近现代为背景的电视剧受到了严格限制,分别为 4 部 (5.13%) 和 9 部 (11.54%),以当代为背景的电视剧较多,达到 65 部 (83.33%)。相比之下,以当代为背景的网剧数量较多 (67.95%),但以古代为背景的网剧也有一定规模 (24.68%)。

空间维度方面,以古代为背景的电视剧数量很少,但也兼顾到了空间多样性,有宫廷、江湖、职业和其他;网剧有府邸、宫廷、江湖、神魔妖境、书院、职业和其他;以近现代为背景的电视剧数量不多,电视剧的空间多样性较低,有城市、职业和其他;网剧多样性较高,有城市、江湖、神魔妖境、野外、战争和其他。以当代为背景的电视剧和网剧的数量较多,两者均具有一定的多样性。电视剧有城市、乡村、校园、战争、职业和其他,城市占比最高 (38.46%),职业次之 (32.31%),乡村第三 (23.08%);网剧有城市、乡村、校园、野外、异世界、战争、职业和其他,城市占比最高 (47.46%),职业次之 (25.94%),校园第三 (16.51%)。

事件维度方面,电视剧和网剧多样性差距不大。电视剧有谍战、革命、励志、冒险、普通生活、权谋、扫黑除恶、探案、战争、找人/找真相和其他,网剧在此基础上还有恐怖和商战。从具体比例上来看,电视剧最关注励志 (51.00%) 和普通生活 (23.75%),其中励志中有大量作品涉及抗疫、脱贫和改革开放背景。网剧关注普通生活 (42.90%)、冒险 (15.81%) 和探案 (15.81%)。情感维度方面,电视剧以爱情为主线的仅有 20 部,不到总数的三分之一,而网剧达到 169 部,超过总数的一半,说明电视剧对爱情关注不高。与此同时,网剧也不再只关注单一爱情,42.6% 以爱情为主线的网剧都涉及了其他主线。

人物维度方面,从人物数量来看,电视剧群像的数量为 52 部,占比

达到 66.67%，网剧群像的数量为 106 部，占比达到 33.98%。从具体类别来看，非群像网剧中，电视剧和网剧都把一男一女作为主角标准配置。从人物阶层来看，针对男主和女主，电视剧和网剧都是聚焦中层，占比超过 80%。针对群像，电视剧既关注中层群体（90.39%），也关注下层群体（40.39%）；网剧聚焦中层群体，占比达到 92.45%；部分网剧关注到了上层，占比不超过 17%，且只出现在以古代和近现代为背景的网剧中；少数网剧关注下层，占比不超过 5%。

幻想维度方面，拥有幻想元素的电视剧仅有 3 部，而网剧达到 90 部。从具体幻想元素来看，电视剧均是以超能力为主，且都是出现在武功的作品中。网剧的超能力占比最多，稳定在 50% 左右；超能现象次之（35.56%）。IP 维度方面，没有 IP 的电视剧和网剧数量更多，分别为 58 部和 175 部，但电视剧比例（74.36%）大于网剧（56.09%）。从平台是否参与维度来看，不管是电视剧还是网剧，平台对于 IP 都有明显偏好，占比高于 70%。

（二）内容生产的特点：网剧是虚假的多样化，电视剧是实质的多样化

2020 年网剧和电视剧内容各个维度的特点如表 5.4 所示。网剧各维度种类更多，电视剧各维度更均衡。在网剧方面，时间、空间、事件、情感和幻想五个维度的多样性较高。古代的空间为 7 种，近现代的空间为 6 种，当代的空间为 8 种；事件主线为 12 种，以爱情作为唯一主线网剧占 31.08%；幻想类型为 4 种。在人物维度方面，群像网剧占 33.97%，人物阶层以中层为主，不管是男主、女主还是群像，中层比例均是 80% 以上。在 IP 维度上，基于 IP 改编的作品越来越多，而由平台参与的基于 IP 改编的网剧比例维持在 80% 左右。电视剧方面，时间、空间、事件、情感和幻想五个维度的多样性一般。古代的空间为 4 种，近现代的空间为 3 种，当代的空间为 6 种；事件主线为 11 种，以爱情作为唯一主线占 17.95%；幻想类型为 1 种。在人物维度方面，群像占 66.67%，人物阶层以中层（90.39%）和下层（40.39%）为主。在 IP 维度上，基于 IP 改编的作品有 20 部（25.64%），且仅有 6 部来自非平台参与。

两者对比来看，网剧内容所属的时间和空间类型多于电视剧，但均衡性不如电视剧。电视剧关注的是重要现实中的具体事件，不看重爱情，但

网剧关注的是日常普通生活和带有虚幻色彩的现实，体现在冒险和探案比例较高，以爱情为主线作品超过一半。电视剧以群像为主，聚焦中下层，网剧以非群像为主，聚焦中层。电视剧几乎不存在过度超脱现实的幻想元素，而网剧则有较为丰富多样的幻想元素。网剧比电视剧更偏好 IP，而平台偏好 IP 的趋势在两者中都十分明显。以上结果说明，网剧生产场域关注经济效益，利用资本实现了多样化，但本质是为"愿意消费的阶层"服务。相比之下，国家权力场域在电视剧场域发挥了更大作用，电视剧关注社会效益，内容贴近现实且均衡，是为广大人民群众服务的。

表 5.4　　　　　　　　2020 年网剧和电视剧内容各维度特点

维度			电视剧	网剧
时间维度	种类		4	4
	特点		种类稳定，当代为主	种类稳定，当代为主
空间维度	古代	种类	4	7
	近现代	种类	3	6
	当代	种类	6	8
	多时代	种类	0	1
	总计	种类	13	22
		特点	种类较少，均衡	种类多，不均衡
事件	种类		11	12
	特点		聚焦现实	聚焦普通生活
情感	特点		爱情不是重要主线	爱情作为唯一主线的比例不大
人物	数量	特点	群像为主	非群像为主
	阶层	特点	聚焦中下层	聚焦中层
幻想	特点		数量少	有一定数量
IP	特点		基于 IP 改编数量少，平台偏好	基于 IP 改编有一定数量，平台偏好

本章小结

本章内容结合了深度访谈，深度访谈对象见附录。内容分析结果说明网剧生产竞合格局的变化会影响网剧内容。网剧生产竞合格局不仅体现了场域内部生产者之间的关系,也反映了外部场域的变化。随着政策对网剧的监管力度加大,在资本的支持下,网剧的内容从无序商业化向有序商业化过渡。但值得注意的是,这种有序商业化集中体现为内容的虚假多样化,目标人群比较单一。相比之下,电视剧内容具有实质的多样化,目标人群多样。以上结果说明,数字平台使得网剧内容更加多样了,但本质是一种更加隐蔽的"文化工业"。

结合数据分析结果和访谈结果,从时间、空间、事件、情感和幻想五个维度来看,网剧是越来越多样化的,但如果从人物维度和IP维度来看,这些网剧具有标准化、模式化、保守和虚幻等特征,是极具操纵性的消费品。具体来说,一方面,不管网剧在其他维度的设计如何丰富,在人物维度聚焦的都是中层群体,而下层群体都被忽略了,这种内容设计使得消费者认为具有体面的工作、消费能力和闲暇时间是理所当然,而不是需要争取的。这些文化商品向人们灌输着某种虚假意识,操纵着人们的思想,让大众无法看清其欺骗性[1]。另一方面,基于IP改编看似丰富了网剧内容,但IP一般是由其他平台数据筛选出来的作品,其本身服务的还是具有消费能力的受众。此外,随着平台及其背后的资本把IP所代表的"数据"奉为圭臬,创作过程的权力正在从创作者手中转移到控制技术的经理阶层。换句话说,创作者的自主性随着数字技术对劳动者的控制而消失。

> 你说的这个虚幻的问题,我们业界称为"悬浮",比如典型偶像剧就是"悬浮"的,这其实在业界不是什么好词,是创作能力不扎实的体现,无法创作出生活化的东西(受访者4)。
>
> 投资方不太懂创作,它们喜欢某个题材,喜欢大IP,可以说是认同一些可以商业化的公式,他们就觉得这样可以赚钱(受访者5)。

相比之下,电视剧内容比较贴近现实。从时间、空间、事件、情感

---

[1] Herbert Marcuse, *One dimensional man*, London: Sphere, 1968, p. 26.

和幻想五个维度来看，电视剧多样化程度不高，但每个类别分布较为均衡。最重要的是，电视剧在人物维度既关注到了中层，又关注到了下层群体，在满足大众文化消费需求和追求霍克海默所描述的"本真"文化间作出了平衡。"本真"文化取代宗教发挥了乌托邦的功能，激励人们冲出当下的藩篱，将自己从资本主义文化工业生产的群氓文化中解救出来，去追求一个更好的世界①。在IP维度，电视剧并不迷信"IP"，它们选择IP的标准不是其历史数据大小，而是其内容能否和现实接轨，如2020年的《大江大河2》《冰糖炖雪梨》和《安家》都是这类作品。

> 说到电视剧这个问题，不知道你有没有看过《爱我就别想太多》这部上星电视剧，其实从审美角度而言，它很土，但是场景还原非常真实，很符合生活直觉，比如总裁开会一般都是一些欧式家具，但这部剧里全是中式家具，就很接地气。最后播出效果特别好（受访者4）。

本章分析了网剧生产竞合格局变化对网剧生产内容多样性的影响，回答"网剧生产竞合格局的变化对网剧生产内容的多样性产生怎样的影响（问题4）"。基于第二章的分析结果，该问题可分为两大部分，三个阶段的竞合格局对生产内容产生怎样的影响（问题4.1）？为了进一步排除网剧内容受非平台因素，尤其是监管因素的影响，以当前的电视剧生产场域（2020年）作为对比，网剧生产场域下的内容有什么特点（问题4.2）？

本章主要利用内容分析法开展研究。首先，从外部场域和场域内部竞合格局变化两个角度分析当前场域的生产规则的形成；其次，从时间、空间、事件、情感、人物、幻想和IP七个维度分析网剧和电视剧内容；最后，结合场域的生产规则和内容的分析结果，总结某个阶段或时点网剧和电视剧内容生产的特点。

---

① Max Horkheimer, "Art and Mass Culture", *Zeitschrift für Sozialforschung*, Vol. 9, No. 2, 1941, pp. 290 – 304.

针对问题 4.1，本章以 2007—2020 年的网剧内容为基础，基于第二章和第三章的分析结果，研究摸索期（2007—2013 年）、成长期（2014—2017 年）和成熟期（2018—2020 年）每一阶段网剧生产场域的规则和内容生产的特点。

摸索期的监管力度较小，资本供给不足，网剧生产者十分看重经济效益，其内容有明显的商业化倾向，集中体现为含有大量低俗内容。成长期的监管力度逐渐加大，资本涌入和技术进步促使网剧生产者在提升网剧质量的同时，把数据作为重要决策依据，其内容呈现出虚假多样化的特点，即以数字平台为首的资本用表面的多样化掩饰其内在单一化倾向。成熟期的监管收紧，资本寒冬促使网剧生产者延续上一阶段的策略，其内容继续呈现出相同特点。

针对问题 4.2，本章以 2020 年的网剧和电视剧的内容为基础，基于第二章和第三章的分析结果，研究 2020 年电视剧和网剧在生产场域规则和内容生产特点上的差别。2020 年，网剧和电视剧的监管标准已经基本相同，而需求增长放缓和资本寒冬使得资源集中于头部。在网剧生产场域，平台巩固"IP"和"以数据为基础的技术"作为核心资源的地位，关注网剧的经济效益。在电视剧生产场域，作为重要主体的国有传媒机构选择承担社会责任，关注社会效益。因此，两者在内容上呈现出明显差别，网剧内容偏好虚构，呈现出虚假的多样化，而电视剧内容则贴近现实，具有实质的多样化。

针对分析结果，本章进行了反思与讨论。数字平台使得网剧内容更加多样了，但本质是一种更加隐蔽的"文化工业"。一方面，网剧通过标准化、模式化、保守和虚幻的文化消费品向人们灌输着某种虚假意识，操纵着人们的思想，让大众无法看清其欺骗性；另一方面，随着平台及其背后的资本把 IP 背后的"数据"奉为圭臬，创作者的自主性随着数字技术对劳动者的控制而消失。相比之下，电视剧内容则具有实质的多样化，在满足大众文化消费需求和追求霍克海默所描述的"本真"文化间作出了平衡。

结　　语

第一节　结论

本研究从"平台带来了什么"的背景出发，提出以下问题：平台的出现是否为文化传媒行业的不同生产者提供了一个新的开放系统？随着平台参与到这个新的开放系统中，生产者之间的竞合格局发生了怎样的变化？格局的变化与政策环境和平台策略有什么关系？格局变化产生怎样的市场效果？基于此，本研究从网剧行业切入，回答四个具体的问题："平台视域下，网剧生产竞合格局发生了怎样的变化？（问题1）""网剧生产竞合格局的变化过程中，外部环境和平台策略发挥了怎样的作用？（问题2）""网剧生产竞合格局的变化对网剧生产的市场收益产生怎样的影响？（问题3）""网剧生产竞合格局的变化对网剧生产内容的多样性产生怎样的影响？（问题4）"。

本研究把 Bourdieu 的经典场域理论和 Fligstein 和 McAdam 的战略行动场域理论进行结合，作为研究理论框架的基础，并把社会网络理论、平台经济学理论和传播政治经济学理论整合进来，用于分析平台视域下网剧生产竞合格局变化以及变化带来的影响。

一　网剧生产竞合格局的演进

第二章基于结合的场域理论和社会网络理论，利用社会网络研究法，从平台视角研究网剧生产竞合格局演进，回答问题1"平台视域下网剧生产竞合格局发生了怎样的变化"。该问题可分为两大部分，场域中网剧生产竞合格局发生了怎样的变化？数字平台在网剧生产场域中的地位是怎么变化的（问题1.1）？当前以网络视频平台作为播放渠道的影视剧生产场域内生产者的竞合格局是怎样的？数字平台处于什么地位？（问题1.2）

针对问题1.1，研究以2007—2020年所有网剧数据作为基础，基于平台视域下网剧生产发展情况划分演进区间：摸索期（2007—2013年）、成长期（2014—2017年）和成熟期（2018—2020年）。从摸索期到成熟期，网剧生产者的竞争地位分布从动荡变化转向集中趋势；数字平台逐步获取高竞争地位。具体到数字平台内部，网络视频平台从百花齐放到三足鼎立，爱奇艺、优酷和腾讯视频成为数字平台的领导者。

针对问题1.2，为了更加明确当前平台在竞合格局中的地位，研究在2020年数据基础上，加入了以先台后网形式播放的影视剧，构建了以网络视频平台作为播放渠道的影视剧生产场域。2020年，数字平台拥有较高的竞争地位。具体到数字平台内部，爱奇艺、优酷和腾讯视频是所有数字平台的领导者。

二 网剧生产竞合格局演进的动因：外部环境和平台策略

第三章基于结合的场域理论和平台经济学理论，利用历史研究法，分析了外部环境变化和数字平台策略是如何改变网剧生产竞合格局的，回答问题2"网剧生产竞合格局的变化过程中，外部环境和平台策略发挥了怎样的作用"。该问题可细分为两大部分，在网剧出现之前，网络视频平台的诞生初期，外部环境和数字平台的策略是怎样的？这个过程中数字平台积累了哪些资本（问题2.1）？在网剧出现之后，网剧生产竞合格局经历了摸索期、成长期和成熟期，数字平台从创造网剧生产场域，到成为网剧生产场域主导者，再到成为网剧生产场域的中心，在这个过程中外部环境和平台策略发挥了怎样的作用（问题2.2）？

针对问题2.1，研究以1996—2006年的各种数据资料为基础，发现网剧出现之前，外部环境为以UGC作为主要内容的网络视频平台发展奠定了基础，其中民营平台积累了比国有平台更多的经济资本、以消费者形式存在的社会资本以及特别的文化资本（盗版影视内容）。这些资本积累为网剧生产场域的形成奠定了基础。

针对问题 2.2，研究基于第二章数据结果分析摸索期（2007—2013年）、成长期（2014—2017 年）和成熟期（2018—2020 年）每一阶段网剧生产竞合格局演进背后的动因。从摸索期到成熟期，政策、技术和资本环境创造了良好的条件，而数字平台充分利用这些条件创造了网剧这个新的生产场域，并制定了与以往影视剧创作完全不同的场域规则——网剧生产以数据为导向，这直接助推数字平台成为了网剧生产场域中的中心。

三 网剧生产竞合格局变化与生产者的市场收益

第四章基于结合的场域理论、平台经济学理论和传播政治经济学理论，利用多元回归分析法分析网剧生产竞合格局的演进对生产者市场收益的影响，回答问题 3 "网剧生产竞合格局的变化对网剧生产者的市场收益产生怎样的影响"。问题 3 可细分为三大部分，竞合格局和网剧生产者在同一年的市场收益有何关系（问题 3.1）？数字平台的参与对网剧生产的市场收益有何影响（问题 3.2）？网剧生产者当年的市场收益能否改善其下一年的竞争地位？数字平台、非数字平台、平台合作机构和非平台合作机构有什么差别（问题 3.3）？结合第二章和第三章的分析结果，本章进一步提出以下问题，当数字平台成为主导者后，数字平台的收益会发生怎样的变化？平台合作机构的收益会发生怎样的变化（问题 3.4）？当数字平台成为主导者后，网剧生产者收益还能否改善下一年的竞争地位？数字平台、非数字平台、平台合作机构和非平台合作机构有什么差异（问题 3.5）？

回归结果说明网剧生产者竞争地位和它们的市场收益呈显著正相关，而市场收益和下一年的竞争地位也呈显著正相关。数字平台不仅能在网剧生产中获取较高收益，还能为其合作者和合作团队带来收益，但这种收益对下一年竞争地位的正向影响仅存在于数字平台。进一步探究数字平台成为网剧生产场域的主导者后带来的影响，数字平台和平台合作机构的市场收益在 2014 年之后进一步提高了，但这种收益对下一年竞争地位的正向影响仅存在于数字平台。

针对分析结果，本研究进行了反思与讨论。尽管数字平台为其他生产者带来了收益提升,但其本质却是利用了受众和其他生产者的剩余价值。早期,数字平台只是一个依靠弱网络效应聚集受众的渠道,并不足以掌控其他生产者。随着数据相关技术的成熟,以消费者形式存在的社会资本都能转换成数据资本,数字平台通过无偿占有数据来不断提高自身竞争地位,整个剥削的实现过程是隐匿而又无可逃遁的。而在数字平台的主导地位实现后,部分处于弱势地位生产者被迫沦为整个网剧生产流程中的"螺丝钉"。

四 网剧生产竞合格局变化与生产内容多样性

第五章基于结合的场域理论和传播政治经济学理论,利用内容分析法研究网剧生产竞合格局的演进对生产内容多样性的影响,回答"网剧生产竞合格局的变化对网剧生产内容的多样性产生怎样的影响(问题4)?"。问题4可细分为两大部分,不同阶段的竞合格局对生产内容的多样性产生怎样的影响(问题4.1)?为了进一步排除网剧内容受非平台因素,尤其是监管因素的影响,以当前的电视剧生产场域(2020年)作为对比,网剧生产场域下的内容的多样性有什么特点(问题4.2)?

针对问题4.1,本研究以2007—2020年的网剧内容为基础,研究摸索期(2007—2013年)、成长期(2014—2017年)和成熟期(2018—2020年)每一阶段网剧生产场域的规则和内容生产的特点。摸索期,网剧生产者十分看重经济效益,其内容有明显的商业化倾向,集中体现为有大量低俗内容。成长期,网剧生产者在提升网剧质量的同时,把数据作为重要决策依据,其内容呈现出虚假的多样化的特点,集中体现为以数字平台为首的资本用表面的多样化掩饰其内在单一化倾向。成熟期,网剧生产者延续上一阶段的策略,其内容继续呈现出相同的特点。

针对问题4.2,为了进一步排除网剧内容受非平台因素,尤其是监管因素的影响,本研究以2020年的网剧和电视剧的内容为基础,研究两者在网剧内容上的差别。2020年,网剧和电视剧的监管方式已经基本趋同。在网剧生产场域,平台巩固"IP"和"以数据为基础的技术"作为核心资源的地位,关注网剧的经济效益。在电视剧生产场域,作为重要主体的国有传媒机构选择承担社会责任,关注社会效益。因此,两者在内容上呈现出明显差别，网剧内容具有虚假多样化，而电视剧则有实质多样化。

针对分析结果，本研究进行了反思与讨论。数字平台使得网剧内容更加多样了，但本质是一种更加隐蔽的"文化工业"。一方面，网剧通过标准化、模式化、保守和虚幻的文化消费品向人们灌输着某种虚假意识；另一方面，随着平台及其背后的资本把 IP 背后的"数据"奉为圭臬，创作者的自主性随着数字技术对劳动者的控制而消失。相比之下，电视剧内容则具有实质的多样化，在满足大众文化消费需求和追求霍克海默所描述的"本真"文化间作出了平衡。

第二节　讨论与建议

一　讨论

从整个竞合格局来看，数字平台通过积累关键的文化资本（IP）和数据资本，作为一个整体牢牢占据了网剧生产场域的中心位置，并且符合"二八定律"，数量不超过 20% 的数字平台控制着场域中大部分的资源。从数字平台内部来看，尽管所有数字平台都能够利用网络效应来积累数据，但是维持网络效应，建设以数据为核心的基础设施以及形成平台生态都离不开经济资本的支持。因此，并非所有数字平台都具有相同的竞争地位。经济资本占有量不足的中小型数字平台，无法与邻近场域建立连接，不具备积累各种资本的能力，进而影响其在场域中的位置。典型代表便是乐视网和搜狐视频，两者由于后期缺少足够的经济资本支持，从曾经的行业前两名成为了行业末流。

从竞合格局的影响来看，一方面，竞合格局存在着"赢者通吃"的现象。数字平台不仅能在网剧生产中获取较高收益，还能为其合作者和合作团队带来收益，但这种收益对下一年竞争地位的正向影响仅存在于数字平台。而在数字平台成为网剧生产场域的主导者后，只有数字平台和平台合作机构的市场收益进一步提高了，而市场收益对下一年竞争地位的正向影响仅存在于数字平台。以上现象的主要原因是数字平台无偿占有了受众和其他生产者共同生产的数据。另一方面，数字平台主导后的内容呈现了"虚假的多样化"，集中体现为以数字平台为首的资本用表面的多样化掩饰其内在单一化倾向。相比之下，电视剧内容则具有实质多样化。

综上所述，研究结论说明，当前网剧行业的生产端并没有走向学者描绘的以平台为基础的乌托邦图景，反而形成了以平台为中心的生产系统，推动了网剧生产的集中化，这一现象对非平台生产者的经济收益和内容的多样性带来了较为负面的影响。基于此，研究提出相应的对策和建议。

二　对策和建议

（一）网剧相关政策的历史发展

在提出对策和建议之前，结合研究问题，对摸索期（2007—2013年）、成长期（2014—2017年）和成熟期（2018—2022年）每个阶段针对网剧的相关政策进行梳理，其中成熟期加入了2021年和2022年2月前最新颁布的文件。

1. 摸索期（2007—2013年）：政策体系未成型

网剧在这一时期发展尚不成熟，相关规定并不多，监管力度偏小。《互联网视听节目服务管理规定》（2007年12月）进一步明确了网剧的市场准入管理制度，要求网络视频平台必须取得《信息网络传播视听节目许可证》，大力鼓励影视生产基地生产适合网络传播的影视剧。2008年，网络视听节目管理司成立，标志着对网络视听节目管理的进一步规范化。随后，《关于进一步加强网络剧、微电影等网络视听节目管理的通知》（2012年7月）发布，它对网剧内容的审核、监管和退出机制进行进一步规范。可以看到，由于这一时期网剧生产场域还在生成中，监督和管理方式也是浅尝辄止，尚未成型。

2. 成长期（2014—2017年）：政策体系逐步完善

在《关于积极推进"互联网+"行动的指导意见》（2015年7月）和《关于进一步加快广播电视媒体与新兴媒体融合发展的意见》（2016年7月）的推动下，网剧行业开始蓬勃发展。《关于进一步加强网络原创视听节目规划建设和管理的通知》（2016 年 11 月）进一步加强对网络原创视听节目监管，要求其弘扬主旋律、传播社会主义先进文化，属于重点网络原创视听节目要通过"网络视听节目信息备案系统"进行备案，等等。2017 年 6 月 30 日，中国网络视听节目服务协会发布《网络视听节目内容审核通则》，明确内容审核对象和审核原则。同年 9 月 4 日，《关于支持电视剧繁荣发展若干政策的通知》发布，文件中提到要对电视剧和网剧实行同一标准进行管理；鼓励优秀电视剧制作机构加入网剧生产，提升网剧整体创作水平。可以看到，随着网剧生产场域的成型，政策体系也逐步完善。

3. 成熟期（2018—2022 年）：政策体系基本成型

《关于推动广播电视和网络视听产业高质量发展的意见》（2019 年 8 月）针对新兴产业体系建设、市场体系建设、产业布局优化和政策保障支持四个方面提出建议，为网剧的成熟发展奠定了基础。《网络音视频信息服务管理规定》（2018 年 11 月）、《国有影视企业社会效益评价考核试行办法》（2019 年 12 月）、《关于文化企业坚持正确导向履行社会责任的指导意见》（2020 年 11 月）、《关于开展文娱领域综合治理工作的通知》（2021 年 9 月）的发布进一步加大对网剧乃至整个文化传媒行业的治理力度，促进行业良性发展，主要包括限制不合理片酬，限制内容和价值导向，限制数据造假和恶性竞争行为等。此外，自 2021 年起，针对平台垄断治理和数据开发利用的政策也开始颁布，平台垄断治理的代表性文件有《关于平台经济领域的反垄断指南》（2021 年 2 月）和《关于推动平台经济规范健康持续发展的若干意见》（2021 年 12 月）；数据开发利用的代表性文件有《中华人民共和国数据安全法》（2021 年 6 月）和《中华人民共和国个人信息保护法》（2021 年 8 月）。

至此，随着网剧生产场域的成熟，政策体系已经基本成型。政策执行主体方面，不再是由单个主体进行"统治"式执行，而是"多元主体协商"，即多个利益相关方针对问题共同协商、决策和执行应对措施。这种方式的应对措施会更加合理合法，执行也会更加有效。当前的主体主要包括政府主管部门、网络视频平台及背后企业、网剧产业链各环节机构、中国网络视听节目服务协会以及用户。具体手段对应于不同主体，但主要由政府和企业执行。究其原因，尽管中国网络视听节目服务协会是一个独立于政府和企业的第三方组织，但其是在政府主管部门引导下成立的，并受到政府部门严格管理，即使其成员有大量企业，但其仍是政府意志的体现；尽管普通用户可以通过举报、抵制或诉讼等方式维护自己利益，但面对企业，不论是话语权还是制约手段都非常有限。

政策执行具体手段按照使用范围可分为互联网领域、文化传媒行业领域以及影视剧（网剧）行业领域，其中互联网领域主要聚焦平台垄断治理和数据开发利用，文化传媒行业领域和影视剧（网剧）行业领域主要聚焦提质增效和内容监管；按照王建提出的规制类型①，当前主要有经济规制、社会规制和行政规制三类，实现了多元综合规制。

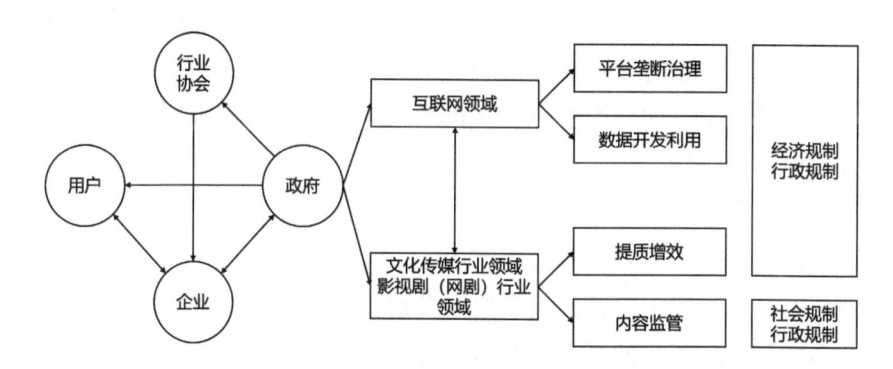

结语图 1　针对网剧行业的政策体系

（二）存在的问题

通过对政策法规的回顾，结合研究结论，发现当前针对网剧行业的政策体系已经比较完备，但仍有改善空间，主要体现在以下方面。

第一，网剧行业出现了平台在生产端的集中趋势，具体来说，2021年底，市场上仍有 10 个左右网络视频平台存在，但是爱奇艺、腾讯视频和优酷已经在网剧行业乃至影视剧行业中占据了举足轻重的地位。网络视频平台作为一个整体，在渠道中占据了绝对统治地位，任何一家影视剧生产机构，要想实现利益最大化，必然会把其影视剧出售给它们。尽

---

① 王健：《中国政府规制理论与政策》，经济科学出版社 2008 年版，第 7 页。

管从经济效益上来说，网络视频平台没有明显优势，但像背靠腾讯和阿里巴巴的腾讯视频和优酷有足够的经济资本作为支撑，在整个行业中具有较大话语权，这可能损害整个行业的良性发展。回顾当前政策，它们仅从宏观层面给出了指导意见，缺乏针对细分行业的详细政策。

第二，经济资本的缺失使得大部分非平台处于弱势地位，即使是拥有数据资本的数字平台也并不是都拥有较高竞争地位。具体来说，部分处于弱势地位的非平台缺少经济资本，没有与平台议价的能力，也没有向平台争取创作主导权的能力；数字平台缺少经济资本，就无法进行版权采购和自制，原本积累的数据资本也会随着时间流逝而流失。而在实践中，文化传媒机构具有沉没成本高和收益波动大的特点，融资效率普遍偏低，这进一步加剧了它们的困境。回顾当前政策，自2014年《关于深入推进文化金融合作的意见》公布以后，相关政策不再颁布，政府也只在完整政策某一部分中提及了文化金融建立问题，而文化金融本身尚存在未解决的问题。

第三，数字平台通过无偿占有数据资本获取了高竞争地位。具体来说，一部剧播出完成后，不仅能产生经济收益，还产生了数据和版权，但在收益分配过程中，各方只是按照最初投资比例或合同约定来进行经济收益的分配和版权的切割，并不分配数据。即使数字平台把数据分享给其他生产者，该数据也并不是即时更新的"活数据"，它们无法发挥出数据的最大价值。由受众和所有生产者共同生产出的数据被数字平台独占了，而数字平台并没有向受众或合作机构支付相应的报酬。回顾当前政策，它们侧重于数据确权和保护，缺乏对数据共享和流通的具体指导。

第四，由于数字平台及其背后资本的逐利性，当前网剧内容存在"虚假多样化"的问题，具体来说，网剧的内容形态是越来越多样的，但其本质迎合的是那些具有消费能力的人群，集中体现在网剧中的人物形象以中层为主。基于IP改编看似丰富了网剧内容，但IP一般是由其他平台数据筛选出来的作品，其本身服务的还是具有消费能力的人群。以上问题可能导致网剧只满足了社会部分人群的精神需求，与广大人民群众脱节，进一步来讲，部分脱离现实的网剧在社会范围内传播，可能引导错误的价值观，尤其是危害青少年的心理健康。回顾当前政策，虽有一系列关于网剧内容的政策法规，但它们的标题多含有"意见""通知"等词语，说明当前规制内容的政策法规没有形成明确、稳定和统一的标准。

（三）具体改善方法

1. 政府层面

（1）影视行业平台经济规范体系构建。影视行业所属的文化传媒行业不同于其他行业，其行业内标准不同，应针对影视剧（网剧）行业的情况设定平台经济规范标准。在标准确立后，针对每种情况设计相应的公示制度，增强网络视频平台经营的透明度，强化信用约束和社会监督；设计相应的监管制度，推动协同治理，对网络视频平台形成有效的外部监督。

（2）文化金融体系完善。以2014年3月发布的《关于深入推进文化金融合作的意见》为基础，研究认为当前文化金融体系还应该有所补充。第一，构建科学完善的无形资产评估标准。影视行业内的主要资产仍是"无形资产"，应针对无形资产，尤其是影视剧版权，制定评估标准。在标准确立后，才能落实以"无形资产"为核心的质押融资以及其他围绕"无形资产"的金融创新产品。第二，构建科学完善的投资评价体系。当前，不管是中央政府还是地方政府都主动牵头成立了针对文化传媒行业的基金或是推动建立了文化金融合作试验区。但它们多聚焦于完成投资任务，未能妥善评估具体投资效果。通过建立投资评价体系，可以帮助实施文化传媒行业投资的主体提高投资质量和效率，进而使得高质量的影视剧机构生产更多优秀的作品，实现可持续发展。

（3）数据开发利用体系构建。数据开发利用分为数据资源化、数据资产化、数据资本化三个阶段，数据资源化的过程使无序、混乱的原始数据成为有序、有使用价值的数据资源，数据资产化是数据通过市场流通交易给使用者或所有者带来经济利益的过程，数据资本化主要是指数据信贷融资与数据证券化。中国的数据开发利用还处于数据资源化阶段，本研究认为应出台政策，推动数据开发利用尽快进入第二和第三阶段。只有进入后两个阶段，不同网络视频平台之间、平台和平台的参与者（生产者、消费者和其他主体）之间，平台内的参与者之间才能进行数据的聚合、共享和流通，使数据能够惠及影视行业的每一个参与者，而不是成为平台的私有资产。

(4) 影视机构社会责任评估体系完善。本研究认为在《关于文化企业坚持正确导向履行社会责任的指导意见》《国有影视企业社会效益评价考核试行办法》基础上，还应该针对影视行业内的民营机构建立社会责任评估体系。影视机构所承担的社会责任除了经济、环境和法律外，还有公益责任和文化责任。公益责任是指支持、参与和传播公益活动的责任，文化责任是指价值观引导、文化传承和维护国家文化安全的责任。评估内容主要包括政治方向、舆论导向和价值取向，作品创作生产，受众反应和社会影响，内部制度和队伍建设等方面。根据评估结果，配合公示、监管和税收优惠制度等，对优秀影视剧和影视机构予以奖励。通过社会责任评估体系的完善，影视机构在生产影视剧时，就拥有了更加明确、稳定和统一的标准。

2. 机构层面

在战略层面，影视机构应当自主搭建社会责任履行路径，主要包括七个步骤：第一，评估机构在当前环境中的目标。一方面，对机构的组织系统、内部规制和价值进行剖析；另一方面，识别出重要的利益相关者和他们的关键诉求。在这个过程中，机构不仅要关注利益相关者诉求的收益和成本（经济效益），还要关注与文化本身密切相关的信息线索，比如对社会价值观的引导、对民族传统文化的保护和传承以及对国家文化安全的保护（社会效益）。结合以上情况，找到当前机构需要完成的目标。第二，建立关于社会责任的愿景和工作范围。第三，重设社会责任在机构中的战略地位。一方面，审查机构关于社会责任的规定、标准和实践活动；另一方面，分析竞争机构的社会责任规定、标准和实践活动。结合两方面的情况，评估当前社会责任在机构内部的战略地位，重新设定优先级。第四，建立社会责任战略体系，把社会责任纳入到组织战略体系中。第五，实施社会责任战略。第六，评估社会责任的战略实施情况，包括社会效益和经济效益。第七，把社会责任逐步融入机构内部组织系统、组织文化和组织价值中。

在具体执行层面，影视机构需重新思考网剧创作的原则，不能只以消费者的喜欢和认可作为网剧质量的判断标准。平台还要肩负起"把关人"角色，即使已经有国家对网剧内容进行了审核，平台也要以身作则，对内容进行进一步管理和引导，如注重价值观引导、社会环境塑造和青少年身心健康等。在此基础上，还应该关注如何实现文化传承和国家软实力提升。值得注意的是，社会效益和经济效益并不是二元对立的关系，社会效益必须建立在经济效益之上，一个网剧如果内容的价值观非常正确，却无人观看，那它也不会有任何社会效益。2022年，一部由东阳正午阳光影视公司出品的网剧《开端》是一个典型的例子，它以"时间循环"作为幻想维度设定，以阻止公交车爆炸的冒险为主线，从男女主角的视角勾勒了一幅人间百态。在经济效益上，截至2022年1月27日，该剧仅有15集，但播放量已经超过15亿；在社会效益上，该剧不仅展现了不同阶层和不同年龄人群的生活样貌，还涉及公检法、游戏和女性安全等领域的社会问题，并对"网络暴力"现象进行了深刻反思。未来，影视剧机构应该去寻找经济效益和社会效益之间的最佳平衡点，创作出更多能够实现两者统一的作品。

第三节 未来研究展望

本书研究以网剧生产作为一个切入点，利用定量和定性相结合的方法，考察随着平台在内容生产中角色的变化，文化传媒生产者之间竞合格局的变化以及带来的影响。然而，研究过程受到客观条件限制，存在一定的局限性，有待在未来研究中继续探索和改进。

首先，研究利用Python爬取了视频网站和豆瓣的数据，通过海报和片尾字幕获取生产者数据，并利用天眼查获取生产者的股权关系；利用豆瓣和百度等网站手工收集能够代表网剧热度的各类数据。以上数据存在一定的局限性。在生产者数据部分，股权关系是根据企业在政府相关部门登记的信息进行判断的，但是存在一些隐蔽的关系：(1)一对夫妻或两个多年好友分别持有企业A的股份，持有股份总和大于50%，根据会计准则，两人属于一致行动人，是企业A的控股股东；(2)一对夫妻或两个多年好友分别注册了两个名字完全不相似的企业A和企业B，并同时开展相关业务，根据会计准则，两个企业属于一致行动企业；（3）一个人持有企业 A 的股份没有超过 50%，但该企业所有员工都只听他的指挥，根据会计准则，此人应是实际控制人。以上三种情况普遍存在，但都无法通过已有公开资料进行判断。未来随着企业信息的完善，有必要对股权关系进行更加深入且准确的分析。在网剧热度数据部分，网剧热度主要是利用豆瓣和百度指数进行计算的，但是该数据抛弃了只显示近六个月情况的微博指数和微信指数，可能存在偏差。未来的研究可以进行跟踪式收集，即每六个月对影视剧的微博指数和微信指数进行统计，确保获得更准确有效的数据结果。

其次，研究中的网剧是指网络剧集，其生产者是以组织形式存在的出品方和制作方，其播放平台以网络视频平台为主，包括只在网络播放和以先网后台形式播放的单元剧和连续剧。然而，在数字化影响下，网剧的类别和产品形态变得多样，如单集长度小于 5 分钟的"短剧"和消费者可以互动的"互动剧"。研究考虑到短剧和互动剧等形式与传统影视剧存在明显不同，且处在发展初期，其生产者还未呈现出明确的竞合格局，并未将它们纳入研究范围。但自 2020 年底，短剧开始蓬勃发展，除了长视频平台，以抖音和快手为首的短视频平台也加入其中。未来随着两种形式的成熟，可以将它们作为重点研究对象。

最后，研究关注的是网剧生产竞合格局的演进以及市场效果，重点聚焦的是中观视角下的网剧生产。尽管在研究中利用历史研究法和深度访谈法纳入了一些宏观和微观因素，但整体对微观的考察不够细致。具体来说，在生产者收益部分，只关注了不同类型的机构和组织之间的差别，但每个网剧生产者都有其特殊性，未来有必要通过"民族志"的方式考察生产者内部的细节。在生产者内容部分，只关注了网剧的几个内容维度，但每部网剧内容是复杂的，未来有必要进行更加深入的内容分析。此外，未来还有必要深入考察生产者创作内容的过程以及内容对消费者意识形态的塑造作用。

附　　录

附录1　第四章和第五章的半结构访谈提纲

1. 您的职位？贵公司的规模（员工人数）？

2. 平台和影视机构合作方式有哪些？选择合作伙伴考虑的因素有哪些？

3. 不同合作方式有什么差别？

4. 合作过程中？关键决策一般由谁做出？

5. 相比非平台，平台作为出品方/制作方，生产一部网剧时，会有什么特点？
   （相比平台，非平台作为出品方/制作方，生产一部网剧时，会有什么特点？）

6. 数据决策在生产中的应用方式？

7. 平台的数据会共享吗？（能获得平台的数据吗？）

8. 一般选择原创还是 IP 改编？为什么？

9. 您会不会觉得现有影视剧题材比较单一？

10. 对研究结果的看法？

附录2 访谈对象基础信息（匿名）

附表1　　访谈对象基本信息

序号	公司名/公司规模	职位类型	访谈时长
1	芒果TV	制片人	42分钟
2	爱奇艺	影视运营	63分钟
3	腾讯视频	用户研究	69分钟
4	优酷	用户研究	72分钟
5	万达影视传媒	影视项目管理	48分钟
6	匿名（10人左右）	编剧	36分钟
7	匿名（50人左右）	影视发行	56分钟
8	匿名（120人左右）	市场研究	47分钟
9	匿名（30人左右）	编剧	32分钟
10	匿名（80人左右）	影视项目管理	73分钟

附录3 第五章内容分析法的数据结果

附表2　　摸索期的时间和空间维度

时间	空间	2007	2008	2009	2010	2011	2012	2013
古代	总计					1		2
	宫廷							100.00%
	职业					100.00%		
近现代	总计	0	0	0	0	0	0	0
当代	总计	1	2	7	26	13	17	28
	城市	100.00%	100.00%	71.43%	53.85%	53.85%	29.41%	50.00%
	校园				3.85%		17.65%	3.57%
	职业			28.57%	30.77%	23.08%	47.06%	28.57%
	其他				11.54%	23.08%	5.88%	17.86%

续表

时间	空间	2007	2008	2009	2010	2011	2012	2013
多时代	总计						1	2
	其他						100.00%	100.00%
总计		1	2	7	26	14	18	32

附表3　　摸索期的事件维度

	维度	2007	2008	2009	2010	2011	2012	2013
事件维度	冒险				3.85%	7.14%	5.56%	
	普通生活		100.00%	100.00%	96.15%	92.86%	88.89%	90.63%
	探案							3.13%
	找人/找真相							3.13%
	其他	100.00%					5.56%	3.13%
情感维度	爱情		2	4	11	6	1	11
	非爱情	1		3	15	8	17	21
	总计	1	2	7	26	14	18	32

附表4　　摸索期的人物数量维度

	维度	2007	2008	2009	2010	2011	2012	2013
	群像	1	0	3	11	10	14	16
非群像	总计		2	4	16	4	5	17
	只有男主				12.5%		20.00%	17.65%
	只有女主				18.75%	25.00%	20.00%	29.41%
	男女主皆有		100.00%	100.00%	68.75%	75.00%	60.00%	52.94%
总计		1	2	7	26	14	18	32

附表5　　摸索期的人物阶层维度

	维度	2007	2008	2009	2010	2011	2012	2013
男主	中层		2	4	13	3	4	12
女主	总计		2	4	14	4	3	12
	中层		100.00%	100.00%	85.71%	100.00%	100.00%	100.00%
	下层				14.29%			

续表

维度		2007	2008	2009	2010	2011	2012	2013
群像	总计	1		3	10	10	13	15
	中层	100.00%		100.00%	100.00%	100.00%	84.62%	100.00%
	中层和下层						7.69%	
	下层						7.69%	

附表6　　　　　　　　　　摸索期的幻想维度

幻想		2007	2008	2009	2010	2011	2012	2013
	没有幻想	1	1	6	24	12	15	25
幻想	总计		1	1	2	2	3	7
	超能力				50.00%	50.00%	33.33%	28.57%
	超能现象		100.00%	100.00%	50.00%		66.66%	28.57%
	多个					50.00%		42.86%
	总计	1	2	7	26	14	18	32

附表7　　　　　　　　　　摸索期的IP维度

IP		2007	2008	2009	2010	2011	2012	2013
没有IP	总计	1		5	22	13	18	28
	平台未参与			20.00%	40.91%	61.54%	61.11%	32.14%
	平台参与	100.00%		80.00%	59.09%	38.46%	38.89%	67.86%
基于IP	总计		2	2	4	1		4
	平台未参与		50.00%	100.00%	50.00%			25.00%
	平台参与		50.00%		50.00%	100.00%		75.00%
	总计	1	2	7	26	14	18	32

附表8　　　　　　　　　　成长期的时间和空间维度

时间	空间	2014	2015	2016	2017
古代	总计	7	16	29	40
	府邸	14.29%	6.25%	3.45%	
	宫廷	42.86%	12.50%	24.14%	40.00%

续表

时间	空间	2014	2015	2016	2017
古代	江湖		12.50%	20.69%	15.00%
	神魔妖境		25.00%	20.69%	17.50%
	书院	14.29%			2.50%
	职业	28.57%	25.00%	27.59%	17.50%
	其他	0.00%	18.75%	3.45%	7.50%
	总计	3	2	8	10
近现代	城市		50.00%	25.00%	30.00%
	神魔妖境		50.00%	12.50%	40.00%
	战争			25.00%	
	职业	100.00%		37.50%	30.00%
	总计	78	135	137	125
当代	城市	56.41%	51.85%	57.66%	45.60%
	乡村		2.22%	0.73%	2.40%
	校园	10.26%	12.59%	14.60%	18.40%
	野外		0.74%	1.46%	2.40%
	异世界		0.74%		2.40%
	职业	21.79%	22.22%	21.90%	25.60%
	其他	11.54%	9.63%	3.65%	3.20%
多时代	总计	4	7	2	1
	其他	100.00%	100.00%	100.00%	100.00%
总计		92	160	176	176

附表9 成长期的事件和情感维度

	维度	2014	2015	2016	2017
事件	谍战			0.57%	0.57%
	恐怖		1.25%	1.14%	
	励志	1.09%	3.75%	8.52%	10.80%
	冒险	8.70%	16.88%	25.00%	23.86%
	普通生活	82.61%	68.13%	48.30%	41.48%
	权谋	1.09%	0.63%	1.70%	7.39%

续表

维度		2014	2015	2016	2017
事件	扫黑除恶		0.63%	0.57%	1.14%
	商战				1.14%
	探案	6.52%	7.50%	9.09%	11.93%
	战争			0.57%	
	找人/找真相		1.25%	4.55%	1.70%
情感	爱情 总计	24	34	63	72
	其他主线	4.00%	24.24%	44.26%	37.50%
	无其他主线	96.00%	75.76%	55.74%	62.50%
	非爱情	68	126	113	104
总计		92	160	176	176

附表10　　成长期的人物数量维度

维度		2014	2015	2016	2017
群像		48	84	75	58
非群像	总计	44	76	101	119
	只有男主	36.36%	39.47%	28.71%	21.85%
	只有女主	18.18%	10.53%	1.98%	5.04%
	男女主皆有	45.45%	51.32%	69.31%	73.11%
总计		92	160	176	176

附表11　　成长期的人物阶层维度

维度		2014	2015	2016	2017
男主	总计	36	68	99	113
	上层	2.78%	2.94%	6.06%	12.39%
	中层	97.22%	95.59%	90.91%	87.61%
	下层	0.00%	1.47%	3.03%	0.00%
女主	总计	28	47	72	93
	上层	3.57%	4.26%	2.78%	11.83%
	中层	96.43%	95.74%	97.22%	88.17%

续表

维度		2014	2015	2016	2017
群像	总计	48	84	75	57
	上层	0.00%	1.19%	1.33%	3.51%
	上层和中层	4.17%	2.38%	1.33%	3.51%
	上层、中层和下层	2.08%			
	中层	89.58%	95.24%	94.67%	89.47%
	中层和下层	2.08%			
	下层	2.08%	1.19%	2.67%	3.51%

附表12　　成长期的幻想维度

幻想		2014	2015	2016	2017
没有幻想		72	107	99	105
幻想	总计	20	53	77	71
	超能力	40.00%	50.94%	46.75%	53.52%
	超能物品		7.55%	5.19%	2.82%
	超能物种	10.00%	7.55%	10.39%	9.86%
	超能现象	25.00%	24.53%	24.67%	15.50%
	多个	25.00%	9.44%	12.98%	18.31%
总计		92	160	176	176

附表13　　成长期的IP维度

IP		2014	2015	2016	2017
没有IP	总计	76	123	120	108
	平台未参与	31.58%	56.10%	44.17%	45.37%
	平台参与	68.42%	43.90%	55.83%	54.63%
基于IP	总计	16	37	56	68
	平台未参与	37.50%	24.32%	19.64%	20.59%
	平台参与	62.50%	75.68%	80.36%	79.41%
总计		92	160	176	176

附表14　　　　　　　　　成熟期的时间和空间维度

时间	空间	2018	2019	2020
古代	总计	54	39	77
	府邸	1.85%		9.09%
	宫廷	40.74%	30.77%	35.06%
	江湖	12.96%	33.33%	16.88%
	神魔妖境	22.22%	15.38%	15.58%
	书院	1.85%		2.60%
	战争	1.85%		
	职业	11.11%	12.82%	15.58%
	其他	7.41%	7.69%	5.19%
近现代	总计	16	14	21
	城市	18.75%	14.29%	33.33%
	大宅	12.50%		
	江湖	6.25%		4.76%
	神魔妖境	12.50%		9.52%
	野外	12.50%		4.76%
	战争	6.25%	7.14%	
	职业	25.00%	71.43%	42.86%
	其他	6.25%	7.14%	4.76%
当代	总计	178	168	212
	城市	44.38%	38.69%	47.64%
	乡村	1.69%	1.19%	1.42%
	校园	14.61%	20.83%	16.51%
	野外	2.25%	1.19%	2.36%
	异世界	1.12%	0.60%	0.94%
	战争			0.47%
	职业	30.34%	33.93%	25.94%
	其他	5.62%	3.57%	4.72%
多时代	总计	4	2	2
	其他	1	1	1
总计		252	223	312

附表15　　　　　　　　成熟期的事件和情感维度

	维度		2018	2019	2020
事件	谍战		0.79%	0.45%	0.64%
	革命			0.45%	0.96%
	恐怖			0.90%	0.64%
	励志		13.89%	20.18%	10.26%
	冒险		19.84%	18.39%	15.71%
	普通生活		40.87%	33.63%	42.63%
	权谋		7.14%	4.48%	7.05%
	扫黑除恶		2.38%	5.38%	2.88%
	商战		1.19%	0.90%	1.60%
	探案		10.32%	12.11%	15.71%
	战争		0.40%	0.45%	0.32%
	找人/找真相		2.78%	2.24%	1.60%
	其他		0.40%	0.45%	0.00%
情感	爱情	总计	106	111	169
		其他主线	39.62%	52.25%	42.60%
		无其他主线	60.38%	47.75%	57.40%
	非爱情		146	112	143
	总计		252	223	312

附表16　　　　　　　　成熟期的人物数量维度

人物数量		2018	2019	2020
群像		82	77	106
非群像	总计	170	146	206
	只有男主	17.65%	15.07%	8.74%
	只有女主	8.82%	7.53%	6.31%
	男女主皆有	73.53%	77.40%	84.95%
总计		252	223	312

附表17　　　　　　　　成熟期的人物阶层维度

	维度	2018	2019	2020
男主	总计	155	135	193
	上层	11.61%	7.41%	16.58%
	中层	86.45%	91.85%	83.42%
	下层	1.94%	0.74%	
女主	总计	28	47	72
	上层	7.86%	7.26%	8.51%
	中层	92.14%	91.94%	91.49%
	下层	0.00%	0.81%	
群像	总计	82	77	106
	猫	1.22%	1.30%	0.94%
	上层	1.22%	1.30%	0.94%
	中层	92.68%	93.51%	92.45%
	中层和下层	2.44%	1.30%	0.94%
	下层	2.44%	2.60%	

附表18　　　　　　　　成熟期的幻想维度

	幻想	2018	2019	2020
	没有幻想	164	152	222
幻想	总计	88	71	90
	超能力	47.73%	46.48%	50.00%
	超能物品	4.55%	4.23%	
	超能物种	12.50%	14.08%	13.33%
	超能现象	35.23%	21.12%	35.56%
	多个		14.09%	1.11%
总计		252	223	312

附表19　　　　　　　　成熟期的IP维度

IP		2018	2019	2020
没有IP	总计	155	138	175

续表

	IP	2018	2019	2020
没有 IP	平台未参与	63.87%	50.72%	56.57%
	平台参与	36.13%	49.28%	43.43%
基于 IP	总计	97	85	137
	平台未参与	25.77%	15.29%	17.52%
	平台参与	74.23%	84.71%	82.48%
	总计	252	223	312

附表 20　2020 年网剧和电视剧的时间和空间维度

时间	空间	电视剧	网剧
古代	总计	4	77
	府邸	0.00%	9.09%
	宫廷	25.00%	35.06%
	江湖	25.00%	16.88%
	神魔妖境		5.19%
	书院		15.58%
	职业	25.00%	2.60%
	其他	25.00%	15.58%
近现代	总计	9	21
	城市	55.56%	33.33%
	江湖		4.76%
	神魔妖境		4.76%
	野外		9.52%
	战争		4.76%
	职业	33.33%	
	其他	11.11%	42.86%
当代	总计	65	212
	城市	38.46%	47.64%
	乡村	23.08%	1.42%
	校园	3.08%	16.51%
	野外		2.36%

续表

时间	空间	电视剧	网剧
当代	异世界		0.94%
	战争	1.54%	0.47%
	职业	32.31%	25.94%
	其他	1.54%	4.72%
多时代		0	2
总计		78	312

附表21 2020年网剧和电视剧的事件和情感维度

维度			电视剧	网剧
事件	谍战		5.00%	0.32%
	革命		2.50%	0.97%
	恐怖			0.65%
	励志		51.00%	10.32%
	冒险		1.25%	15.81%
	普通生活		23.75%	42.90%
	权谋		1.25%	6.77%
	扫黑除恶		3.75%	2.90%
	商战			1.61%
	探案		3.75%	15.81%
	战争		5.00%	0.32%
	找人/找真相		1.25%	1.61%
	其他		2.50%	
情感	爱情	总计	20	169
		其他主线	30.00%	42.60%
		无其他主线	70.00%	57.40%
	非爱情		58	143
总计			78	312

附表22　　　　　2020年网剧和电视剧的人物数量维度

人物数量		电视剧	网剧
群像		52	106
非群像	总计	26	206
	只有男主	11.54%	8.74%
	只有女主	7.69%	6.31%
	男女主皆有	80.77%	84.95%
总计		78	312

附表23　　　　　2020年网剧和电视剧的人物阶层维度

人物阶层		电视剧	网剧
男主	总计	24	193
	上层		16.58%
	中层	100%	83.42%
女主	总计	23	188
	上层		8.51%
	中层	100%	91.49%
群像	总计	82	77
	猫		0.94%
	上层		0.94%
	上层、中层和下层	5.77%	
	上层和中层	3.85%	0.94%
	中层	55.77%	92.45%
	中层和下层	25.00%	0.94%
	下层	9.62%	3.77%

附表24　　　　　2020年网剧和电视剧的幻想维度

维度		电视剧	网剧
没有幻想		75	222
幻想	总计	3	90
	超能力	100.00%	50.00%
	超能物品		

续表

维度		电视剧	网剧
幻想	超能物种		13.33%
	超能现象		35.56%
	多个		1.11%
	总计	78	312

附表25　　2020年网剧和电视剧的IP维度

IP		电视剧	网剧
没有IP	总计	58	175
	平台未参与	56.90%	56.57%
	平台参与	43.10%	43.43%
基于IP	总计	20	137
	平台未参与	30.00%	17.52%
	平台参与	70.00%	82.48%
总计		78	312

参考文献

中文著作

曹书乐：《云端影像：中国网络视频的产制结构与文化嬗变》，华东师范大学出版社 2021 年版。

储卉娟：《说书人与梦工厂：技术、法律与网络文学生产》，社会科学文献出版社 2019 年版。

陆学艺主编：《当代中国社会阶层研究报告》，社会科学文献出版社 2002 年版。

王健：《中国政府规制理论与政策》，经济科学出版社 2008 年版。

徐晋：《平台经济学——平台竞争的理论与实践》，上海交通大学出版社 2013 年版。

赵月枝：《传播与社会：政治经济与文化分析》，中国传媒大学出版社 2011 年版。

［德］卡尔·马克思：《资本论》第一卷，人民出版社 2004 年版。

［法］皮埃尔·布迪厄、［美］华康德：《实践与反思——反思社会学导引》，李猛、李康译，中央编译出版社 1998 年版。

［加］尼克·斯尔尼塞克：《平台资本主义》，程水英译，广东人民出版社 2018 年版。

［加］文森特·莫斯可：《传播政治经济学》，胡春阳等译，上海译文出版社 2013 年版。

［美］拜瑞·J. 内勒巴夫、［美］亚当·M. 布兰登勃格：《合作竞争》，王煜昆、王煜全译，安徽人民出版社 2000 年版。

［美］罗伯特·麦基：《故事：材质·结构·风格和银幕剧作的原理》，周

铁东译，天津人民出版社 2014 年版。

［美］尼尔·波斯曼：《技术垄断：文化向技术投降》，何道宽译，北京大学出版社 2007 年版。

中文论文

蔡雯、汪惠怡：《主流媒体平台建设的优势与短板——从三大央媒的平台实践看深化媒体融合》，《编辑之友》2021 年第 5 期。

曾洁：《网络综艺多元主体的合作式生产——以"这！就是"系列综艺节目为例》，《出版广角》2019 年第 10 期。

常江、田浩：《作为文化的美剧：主流类型、工业、意识形态》，《深圳大学学报（人文社会科学版）》2020 年第 2 期。

常江、文家宝：《"微"语境下的"深"传播：微电影传播模式探析》，《新闻界》2013 年第 9 期。

陈可唯：《网络文艺生态的良性建构》，《重庆社会科学》2017 年第 8 期。

陈信凌、邓年生：《新媒体垄断竞争的溢出效应与规制路径》，《现代传播（中国传媒大学学报）》2019 年第 6 期。

陈亦水：《来自赛博空间的挑战：当代流媒体平台的全球发展与现状》，《当代电影》2020 年第 5 期。

崔松：《依托新媒体实现全媒体全球传播——BON 蓝海电视的海外落地实践探索》，《中国广播电视学刊》2016 年第 2 期。

段莉：《从竞争合作到协同发展：粤港澳大湾区传媒发展进路探析》，《暨南学报（哲学社会科学版）》2018 年第 9 期。

范志忠、于汐：《中国电影产业集群化发展的区域根植与跨地融合》，《当代电影》2021 年第 6 期。

方雪琴：《创意时代新媒体内容生产的变革与创新》，《河南社会科学》2011 年第 3 期。

甘慧娟：《人工智能时代网络剧内容生产的变革与反思》，《中国编辑》2019 年第 12 期。

高宏存、马亚敏：《移动短视频生产的"众神狂欢"与秩序治理》，《深圳大学学报（人文社会科学版）》2018 年第 6 期。

郭嘉、王莹璐：《"互联网+"背景下传统纸媒生产创新实践探索》，《传媒》2016年第13期。

杭敏、罗伯特·皮卡特：《传媒经济学研究的历史、方法与范例》，《现代传播》2005年第4期。

郝雨、郭峥：《传播新科技的隐性异化与魔力控制——"文化工业理论"新媒体生产再批判》，《社会科学》2019年第5期。

黄小雄、张雯宜、刘婧婷：《新媒体运用与新生产格局：广电传媒的机遇与挑战》，《新闻大学》2012年第6期。

黄晓军、强月新：《传媒联动的竞合价值与趋向探析》，《南昌大学学报（人文社会科学版）》2010年第2期。

黄晓军、孙希标：《IP出版的生态化构建策略》，《编辑之友》2017年第3期。

黄永林：《数字文化产业发展的多维关系与时代特征》，《人民论坛·学术前沿》2020年第17期。

姜照君、吴志斌、孙吴优：《网络口碑对国产与进口动画电影票房的影响：以2009—2018年为例》，《国际新闻界》2020年第8期。

蒋淑媛：《粉丝·舆论·流量——资本驱动下的电视剧生产逻辑研究》，《北京联合大学学报（人文社会科学版）》2018年第4期。

金兼斌、李晨晖：《社会化媒体时代的"公民编辑"：概念与形态》，《编辑之友》2018年第1期。

孔朝蓬：《数字时代流媒体影视文化生态的悖论与弥合》，《现代传播（中国传媒大学学报）》2021年第1期。

雷莉：《网络自制剧的模式创新》，《传媒》2017年第1期。

李彪、陈璐瑶：《从专业逻辑到资本逻辑：中国电影生产主体的社会网络分析——基于2004—2014年电影制片人和导演的合作关系》，《国际新闻界》2015年第7期。

李丹舟、赵梦笛：《网络剧的文化治理：审美价值、生产机制与优化路径》，《云南社会科学》2021年第1期。

李凤萍：《价值共创与协同创新：基于智媒时代价值平台网络的商业模式创新研究》，《新闻大学》2020年第3期。

李海东、许志强：《"数据价值+人工智能"双轮驱动下媒体智能化变革路径探析》，《中国出版》2019年第20期。

李晓方：《激励设计与知识共享——百度内容开放平台知识共享制度研究》，《科学学研究》2015年第2期。

李炎、胡洪斌：《集成创新：文化产业与科技融合本质》，《深圳大学学报（人文社会科学版）》2015年第6期。

李游：《SNS的传播学特征及价值解析》，《当代传播》2009年第3期。

廖声武、谈海亮：《走向计算主义：数据化与网络文学业态的裂变》，《湖北大学学报（哲学社会科学版）》2020年第4期。

刘丽霞、史安斌：《传统媒体与社交媒体的共生与竞合——以伦敦奥运会为例》，《新闻界》2013年第6期。

刘志杰、智慧：《技术赋能or技术附庸：智媒时代文化产业的技术垄断与规制》，《出版广角》2020年第6期。

卢毅刚、夏迪鑫：《论数字出版内容生产的媒介叙事转型》，《现代出版》2021年第1期。

陆小华：《移动互联时代传媒变革的新趋势》，《传媒》2014年第8期。

罗峰：《在不确定中生产满足——网络时代下中国青年数字劳动研究述评（2010—2020）》，《中国青年研究》2021年第4期。

吕尚彬、熊敏：《模块化：传媒组织重构的动因与路径》，《编辑之友》2017年第5期。

毛毅：《论融合文化视角下新闻生产模式的重构》，《传媒》2014年第19期。

尼罗拜尔·艾尔提、郑亮：《新媒体时代短视频内容生产的特点、趋势与困境》，《中国编辑》2021年第3期。

农海燕：《基于大数据的电视剧配制化生产》，《电视研究》2016年第5期。

欧阳友权、邓祯：《网络文学产业链的竞合与优化》，《福建论坛（人文社会科学版）》2018年第2期。

彭华新：《社交媒体中的自发式"记者联盟"：身份、环境、伦理》，《国际新闻界》2017年第7期。

彭兰:《未来传媒生态:消失的边界与重构的版图》,《现代传播(中国传媒大学学报)》2017年第1期。

彭兰:《新媒体传播:新图景与新机理》,《新闻与写作》2018年第7期。

皮圣雷、张显峰:《技术突变下在位企业如何用合作制衡替代进入者——漫友文化有限公司的嵌套式案例研究》,《南开管理评论》2021年第1期。

漆亚林、黄绿蓝:《全媒体环境下电视剧的创作转向与内容迭代》,《中国电视》2018年第10期。

秦志希、芦何秋:《论群体性事件中的传媒竞合》,《华中师范大学学报(人文社会科学版)》2010年第4期。

邱章红:《电影IP资源的价值评估》,《当代电影》2017年第9期。

全燕:《算法驱策下平台文化生产的资本逻辑与价值危机》,《现代传播(中国传媒大学学报)》2021年第3期。

冉明仙:《"竞合螺旋":媒体分阶段发展趋势——与单纯"分化论"和"融合论"商榷》,《新闻记者》2010年第9期。

任义忠:《竞合视角下我国区域报业资源整合模式研究——以青岛报业市场为例》,《当代传播》2014年第4期。

苏衡、严三九:《数字化背景下新闻媒体与消费者价值共创研究》,《新闻大学》2019年第7期。

孙利军、孙文瑾:《内生·并购·联合:三大出版传媒集团数字化转型路径研究》,《新闻爱好者》2021年第5期。

孙萍、邱林川、于海青:《平台作为方法:劳动、技术与传播》,《新闻与传播研究》2021年增刊第1期。

孙烨、高红岩:《互联网时代影视演艺生态的变局与突围》,《当代电影》2021年第7期。

田秋生、黄贺铂:《"新闻众筹"及其对新闻生产和社会公共生活的影响》,《广州大学学报(社会科学版)》2015年第1期。

王百娣、赵凌河:《新媒介文学生产传播机制的建构、困境与突围》,《辽宁大学学报(哲学社会科学版)》2019年第2期。

王斌、张雪:《新闻场域调适:网络数据分析平台的关系型影响》,《编辑之友》2021 年第 1 期。

王菲：《中国电视台媒介融合中的内容生产体系构建》，《国际新闻界》2017 年第 12 期。

王欢妮：《短视频生产的文化逻辑与文化伦理》，《中国电视》2019 年第 4 期。

王慧：《传媒生态变迁视角下的新闻业转型》，《中州学刊》2019 年第 9 期。

王佳航：《自媒体进化：互联网内容生产的新物种与新逻辑》，《新闻与写作》2018 年第 10 期。

王锦慧、白敬璇：《基于 IP 视角下的网络剧价值评估影响因素研究》，《中国海洋大学学报（社会科学版）》2016 年第 5 期。

王梦瑶：《"中心—边缘"：自媒体与媒体权力结构的再生产》，《华南农业大学学报（社会科学版）》2018 年第 4 期。

王润珏：《"互联网+时代"的传媒产业：转型指向与技术陷阱》，《现代传播（中国传媒大学学报）》2016 年第 12 期。

王太星：《论融合发展时代的新媒体内容生产》，《出版发行研究》2019 年第 12 期。

王真真、王相飞、李进：《我国网络体育直播平台的发展现状及趋势》，《体育文化导刊》2017 年第 6 期。

文海良：《微制作：传媒时代音乐生产的新方式》，《湖南科技大学学报（社会科学版）》2015 年第 5 期。

武来银：《省级媒体在竞合时代的生存之道》，《电视研究》2008 年第 11 期。

向勇、白晓晴：《互联网文化生态的产业逻辑与平台运营研究 以腾讯互娱事业群为例》，《北京电影学院学报》2017 年第 1 期。

肖玉琴、官欣：《国产网络剧的资本结构与流量表现：基于 SNA 的实证》，《编辑之友》2020 年第 6 期。

谢富胜、吴越、王生升：《平台经济全球化的政治经济学分析》，《中国社会科学》2019 年第 12 期。

辛晓睿、曾刚：《基于网络结构的中国电影制片业研究》，《经济地理》

2019年第5期。

熊正贤、吴黎围：《西部文化产业发展的区域竞合问题研究——博弈论视角》，《经济体制改革》2013年第6期。

徐晨霞：《影视剧、粉丝、社交媒体共生关系研究》，《出版广角》2018年第21期。

徐晋、张祥建：《平台经济学初探》，《中国工业经济》2006年第5期。

许可、梁刚建：《"四全媒体"视域下县级融媒体中心的创新路径》，《传媒》2020年第17期。

杨保达：《第一财经"全媒体战略"的10年问题考察（2003—2013）》，《新闻大学》2013年第2期。

杨旦修、向启芬：《创意产业的进路：文化与科技融合发展的战略取向》，《西南民族大学学报（人文社会科学版）》2015年第7期。

叶芳：《论电视传媒与网络传媒竞合运营机制的建立》，《当代电视》2015年第6期。

于烜：《算法分发下的短视频文化工业》，《传媒》2021年第3期。

余晓曼：《广电传媒跨区域合作的探索与实践》，《西南民族大学学报（人文社会科学版）》2010年第10期。

喻国明、焦建、张鑫：《"平台型媒体"的缘起、理论与操作关键》，《中国人民大学学报》2015年第6期。

喻国明、李慧娟：《大数据时代传媒业的转型进路——试析定制内容、众包生产与跨界融合的实践模式》，《现代传播（中国传媒大学学报）》2014年第12期。

张慧喆：《虚假的参与：论短视频文化"神话"的幻灭》，《现代传播（中国传媒大学学报）》2019年第9期。

张晓锋、卞冬磊：《重大新闻事件报道中媒体合作模式初探——以雅典奥运会"中国晚报奥运采访团"为例》，《新闻界》2004年第6期。

张志安、龙雅丽：《平台媒体驱动下的视觉生产与技术调适——2019年中国新闻业年度观察报告》，《新闻界》2020年第1期。

张志安、吴涛：《互联网与中国新闻业的重构——以结构、生产、公共性为维度的研究》，《现代传播（中国传媒大学学报）》2016年第1期。

赵昆、彭聪：《"禾点点"新闻客户端：地市广电媒体融合的创新示范之道》，《传媒》2019 年第 18 期。

赵如涵、吴心悦：《短视频文化内容生产：虚拟社群的传播特质与平台策略》，《电视研究》2017 年第 12 期。

赵曦、王廷轩：《网络自制纪录片的产制与运营研究：基于 Netflix 的经验》，《现代传播（中国传媒大学学报）》2018 年第 8 期。

钟琦、杨雪帆、吴志樵：《平台生态系统价值共创的研究述评》，《系统工程理论与实践》2021 年第 2 期。

周杰、张卫国、韩炜：《国外关于企业间竞合关系研究的述评及展望》，《研究与发展管理》2017 年第 6 期。

朱春阳、黄筱：《新媒体环境下我国传媒发展若干核心问题的思考》，《新闻界》2012 年第 24 期。

朱春阳、邹凯欣：《媒介融合背景下广电媒体的竞争优势探析——以中央广播电视总台央视为例》，《电视研究》2020 年第 8 期。

外文文献

Admire Mare, "New Media, Pirate Radio and the Creative Appropriation of Technology in Zimbabwe: Case of Radio Voice of the People", *Journal of African Cultural Studies*, Vol. 23, No. 1, 2013, pp. 30 – 41.

Aidan Power, "Awakening from the European Dream: Eurimages and the Funding of Dystopia", *Film Studies*, Vol. 13, No. 1, 2015, pp. 58 – 72.

Alfred Hermida, "Reconfiguring Journalism Research About Twitter, One Tweet at a Time", *Digital Journalism*, Vol. 1, No. 3, 2013, pp. 295 – 313.

Andrea Esser, "Form, Platform and the Formation of Transnational Audiences: a Case Study of How Danish Tv Drama Series Captured Television Viewers in the United Kingdom", *Critical Studies in Television*, Vol. 12, No. 4, 2017, pp. 411 – 429.

Anja Bechmann, "Towards Cross-platform Value Creation: Four Patterns of Circulation and Control", *Information, Communication & Society*, Vol. 15, No. 6, 2012, pp. 888 – 908.

Anna Potter, "Funding Contemporary Children's Television: How Digital Convergence Encourages Retro Reboots", *International Journal on Media Management*, Vol. 19, No. 2, 2017, pp. 108 – 122.

Anthony Y. H. Fung, "Fandomization of Online Video or Television in China", *Media Culture & Society*, Vol. 41, No. 7, 2019, pp. 995 – 1010.

Antonio Loriguillo-López, "Crowdfunding Japanese Commercial Animation: Collective Financing Experiences in Anime", *International Journal on Media Management*, Vol. 19, No. 2, 2017, pp. 182 – 195.

Arturo Arriagada and Francisco Ibáñez, "You Need at Least One Picture Daily, If Not, You're Dead: Content Creators and Platform Evolution in the Social Media Ecology", *Social Media + Society*, Vol. 6, No. 3, 2020, p. 2056305120944624.

Aynne Kokas, "Predicting Volatility Between China and Hollywood: Using Network Management to Understand Sino-us Film Collaboration", *Global Media and Communication*, Vol. 14, No. 3, 2018, pp. 233 – 248.

BaláZs Bodó, "Selling News to Audiences—a Qualitative Inquiry Into the Emerging Logics of Algorithmic News Personalization in European Quality News Media", *Digital Kournalism*, Vol. 7, No. 8, 2019, pp. 1054 – 1075.

Barry Wellman and Stephen D. Berkowitz, eds., *Social Structures: a Network Approach*, Vol. 15. Cup Archive, 1988, pp. 15 – 19.

Berta GarcíA-orosa, Xosé López-garcía and Jorge Vázquez-herrero, "Journalism in Digital Native Media: Beyond Technological Determinism", *Media and Communication*, Vol. 8, No. 2, 2020, pp. 5 – 15.

Bourdaa M., "'Following the Pattern': the Creation of an Encyclopedic Universe with Transmedia Storytelling", *Adaptation*, Vol. 6, No. 2, 2013, pp. 202 – 214.

Brett Hutchins and David Rowe, "From Broadcast Scarcity to Digital Plenitude: the Changing Dynamics of the Media Sport Content Economy", *Television & New Media*, Vol. 10, No. 4, 2009, pp. 354 – 370.

Brian Uzzi and Jarrett Spiro, "Collaboration and Creativity: the Small World Problem", *American Journal of Sociology*, Vol. 111, No. 2, 2005, pp. 447 – 504.

Brian Yecies, Michael Keane and Terry Flew, "East Asian Audio-visual Collaboration and the Global Expansion of Chinese Media", *Media International Australia*, Vol. 159, No. 1, 2016, pp. 7 – 12.

Caitlin Petre, Brooke Erin Duffy and Emily Hund, "Gaming the System: Platform Paternalism and the Politics of Algorithmic Visibility", *Social Media + Society*, Vol. 5, No. 4, 2019, p. 2056305119879995.

Carol Yeh-Yun Lin and Jing Zhang, "Changing Structures of Sme Networks: Lessons from the Publishing Industry in Taiwan", *Long Range Planning*, Vol. 38, No. 2, 2005, pp. 145 – 162.

Christopher Kelty and Seth Erickson, "Two Modes of Participation: a Conceptual Analysis of 102 Cases of Internet and Social Media Participation from 2005 – 2015", *The Information Society*, Vol. 34, No. 2, 2018, pp. 71 – 87.

Claudia Romanelli, "French and Italian Co-productions and the Limits of Transnational Cinema", *Journal of Italian Cinema & Media Studies*, Vol. 4, No. 1, 2016, pp. 25 – 50.

D. Bondy Valdovinos Kaye, Xu Chen and Jing Zeng, "The Co-evolution of Two Chinese Mobile Short Video Apps: Parallel Platformization of Douyin and Tiktok", *Mobile Media & Xommunication*, Vol. 9, No. 2, 2021, pp. 229 – 253.

Damien Chaney, "The Music Industry in the Digital Age: Consumer Participation in Value Creation", *International Journal of Arts Management*, Vol. 15, No. 1, 2012, p. 12.

David B. Nieborg and Thomas Poell, "The Platformization of Cultural Production: theorizing the Contingent Cultural Commodity", *New Media & Society*, Vol. 20, No. 11, 2018, pp. 4275 – 4292.

Dina Iordanova, "Feature Filmmaking Within the New Europe: Moving Funds and Images Across the East-West Divide", *Media, Culture & Society*, Vol. 24, No. 4, 2002, pp. 517 – 536.

Doris Baltruschat, "The New Media Geography of Global and Local Production Networks", *Media International Australia*, Vol. 124, No. 1, 2007, pp. 134 – 144.

Edson C. Tandoc Jr. and Julian Maitra, "News Organizations' Use of Native Videos on Facebook: Tweaking the Journalistic Field One Algorithm Change at a Time", *New Media & Society*, Vol. 20, No. 5, 2018, pp. 1679 – 1696.

Efrat Nechushtai, "Could Digital Platforms Capture the Media Through Infrastructure?", *Journalism*, Vol. 19, No. 8, 2018, pp. 1043 – 1058.

Erik Loyer, "Stories as Instruments", *Television & New Nedia*, Vol. 11, No. 3, 2010, pp. 180 – 196.

Eva Novrup Redvall, "Midsomer Murders in Copenhagen: the Transnational Production of Nordic Noir-influenced Uk Television Drama", *New Review of Film and Television Studies*, Vol. 14, No. 3, 2016, pp. 345 – 363.

Farrel Corcoran, "Towards Digital Television in Europe", *Javnost-the Public*, Vol. 5, No. 3, 1999, pp. 67 – 85.

Francisco Romero-González and María Luisa Palma-Martos, "Audio-visual Production as a Path of Cooperation in Europe", *Scientific Annals of Economics and Business*, Vol. 66, No. Si, 2019, pp. 113 – 139.

Gillian Doyle, "Multi-platform Media and the Miracle of the Loaves and Fishes", *Journal of Media Business Studies*, Vol. 12, No. 1, 2015, pp. 49 – 65.

Gunn Sara Enli, "Gate-keeping in the New Media Age: a Case Study of the Selection of Text-messages in a Current Affairs Programme", *Javnost-the Public*, Vol. 14, No. 2, 2007, pp. 47 – 61.

Herbert Marcuse, *One Dimensional Man*, London: Sphere, 1968, p. 26.

Ib Bondebjerg, "Transnational Europe: TV-drama, Co-production Networks and Mediated Cultural Encounters", *Palgrave Communications*, Vol. 2, No. 1, 2016, pp. 1 – 13.

Jane B. Singer, "Stepping Back from the Gate: Online Newspaper Editors and the Co-production of Content in Campaign 2004", *Journalism & Mass Communication Quarterly*, Vol. 83, No. 2, pp. 265 – 280.

Jennifer M. Kang, "Just Another Platform for Television? the Emerging Web Dramas as Digital Culture in South Korea", *Media, Culture & Society*,

Vol. 39, No. 5, 2017, pp. 762–772.

Ji Hoon Park, Jeehyun Lee and Yongsuk Lee, "Do Webtoon-based Tv Dramas Represent Transmedia Storytelling? Industrial Factors Leading to Webtoon-based Tv Dramas", *International Journal of Communication*, Vol. 13, 2019, pp. 2179–2198.

Jian Lin and Jeroen de Kloet, "Platformization of the Unlikely Creative Class: Kuaishou and Chinese Digital Cultural Production", *Social Media + Society*, Vol. 5, No. 4, 2019, pp. 1–12.

Ji-hyeon Kim and Jun Yu, "Platformizing Webtoons: the Impact on Creative and Digital Labor in South Korea", *Social Media + Society*, Vol. 5, No. 4, 2019, p. 2056305119880174.

Jimmyn Parc, "Between State-led and Corporation-led Co-productions: How Has Film Co-production Been Exploited By States in Europe", *Innovation: the European Journal of Social Science Research*, Vol. 33, No. 4, 2020, pp. 442–458.

Jing Meng, "Discursive Contestations of Algorithms: a Case Study of Recommendation Platforms in China", *Chinese Journal of Communication*, Vol. 14, No. 3, 2021, pp. 1–17.

John Mcmurria, "Moby Dick, Cultural Policy and the Geographies and Geopolitics of Cultural Labor", *International Journal of Cultural Studies*, Vol. 12, No. 3, 2009, pp. 237–256.

John-paul Kelly, "Television By the Numbers: the Challenges of Audience Measurement in the Age of Big Data", *Convergence*, Vol. 25, No. 1, 2019, pp. 113–132.

Jonathon Hutchinson, "Public Service Media and Social Tv: Bridging or Expanding Gaps in Participation?", *Media International Australia Incorporating Culture & Policy*, Vol. 154, No. 1, 2015, pp. 89–100.

Joo-young Jung and Mikko Villi, "Newspapers and Cross-level Communications on Social Media: a Comparative Study of Japan, Korea, and Finland", *Digital Journalism*, Vol. 6, No. 1, 2018, pp. 58–75.

José Andrés Santiago Iglesias, "The Anime Connection. Early Euro-japanese Co-productions and the Animesque: Form, Rhythm, Design", *Arts*, Vol. 7, No. 4, 2018, p. 59.

José Luis Rojas-torrijos, Francisco Javier Caro-gonzáLez and José Antonio GonzáLez-alba, "The Emergence of Native Podcasts in Journalism: Editorial Strategies and Business Opportunities in Latin America", *Media and Communication*, Vol. 8, No. 2, 2020, pp. 159 – 170.

José Van Dijck, "Users Like You? Theorizing Agency in User-generated Content", *Media, Culture & Society*, Vol. 31, No. 1, 2009, pp. 41 – 58.

Joseph M. Chan, Francis L. F. Lee and Zhongdang Pan, "Online News Meets Established Journalism: How China's Journalists Evaluate the Credibility of News Websites", *New Media & Society*, Vol. 8, No. 6, 2006, pp. 925 – 947.

Juan Piñón, "Reglocalization and the Rise of the Network Cities Media System in Producing Telenovelas for Hemispheric Audiences", *International Journal of Cultural Studies*, Vol. 17, No. 6, 2014, pp. 655 – 671.

Juana Suárez, "Dislocations of the National: Colombian Cinema and Intercultural Spaces", *Journal of Latin American Cultural Studies*, Vol. 28, No. 4, 2019, pp. 541 – 563.

Kai Soh and Brian Yecies, "Korean-chinese Film Remakes in a New Age of Cultural Globalisation: Miss Granny (2014) and 20 Once Again (2015) Along the Digital Road", *Global Media and China*, Vol. 2, No. 1, 2017, pp. 74 – 89.

Katrin Verclas and Patricia Mechael, "A Mobile Voice: the Use of Mobile Phones in Citizen Media", *Mobile Active. Org*, *Pact*, *Usaid*, 2008.

Kjerstin Thorson, et al., "Youtube, Twitter and the Occupy Movement: Connecting Content and Circulation Practices", *Information, Communication & Society*, Vol. 16, No. 3, 2013, pp. 421 – 451.

Koichi Iwabuchi, Globalization, "East Asian Media Cultures and Their Publics", *Asian Journal of Communication*, Vol. 20, No. 2, 2010, pp. 197 – 212.

Larrondo Ainara, et al., "A Comparative Study on European Public Service

Broadcasting Organisations", *Journalism Studies*, Vol. 17, No. 3, 2016, pp. 277 – 300.

Lydia Cheng and Edson C. Tandoc, "Doing Digital But Prioritising Print: Functional Differentiation in Women's Magazines in Singapore", *Journalism Studies*, Vol. 22, No. 5, 2021, pp. 595 – 613.

Lydia Papadimitriou, "Greek Cinema as European Cinema: Co-productions, Eurimages and the Europeanisation of Greek Cinema", *Studies in European Cinema*, Vol. 14, No. 2 – 3, 2018, pp. 215 – 234.

Marc Steinberg, "Line as Super App: Platformization in East Asia", *Social Media + Society*, Vol. 6, No. 2, 2020, p. 2056305120933285.

Margitta Rouse, " 'My Country Has (Never) Suffered Defeat': Adapting Defoe's Robinson Crusoe for Postwar European Television", *Adaptation*, Vol. 5, No. 2, 2012, pp. 185 – 202.

Mari Pajala, "A Forgotten Spirit of Commercial Television? Co-productions Between Finnish Commercial Television Company Mainos Tv and Socialist Television", *Historical Journal of Film, Radio and Television*, Vol. 39, No. 2, 2019, pp. 366 – 383.

Martin Kenney and John Zysman, "The Rise of the Platform Economy", *Issues in Science and Technology*, Vol. 32, No. 3, 2016, p. 61.

Matt Carlson, "Fake News as an Informational Moral Panic: the Symbolic Deviancy of Social Media During the 2016 U. S. Presidential Election", *Information, Communication & Society*, Vol. 23, No. 3, 2020, pp. 374 – 388.

Maura Edmond, "All Platforms Considered: Contemporary Radio and Transmedia Engagement", *New Media & Society*, Vol. 17, No. 9, 2015, pp. 1566 – 1582.

Max Horkheimer, "Art and Mass Culture", *Zeitschrift Für Sozialforschung*, Vol. 9, No. 2, 1941, pp. 290 – 304.

Maxwell Foxman, "United We Stand: Platforms, Tools and Innovation with the Unity Game Engine", *Social Media + Society*, Vol. 5, No. 4, 2019, p. 2056305119880177.

Melanie Ramdarshan Bold, "Why Diverse Zines Matter: a Case Study of the People of Color Zines Project", *Publishing Research Quarterly*, Vol. 33, No. 3, 2017, pp. 215 – 228.

Michael Keane, "Going Global or Going Nowhere? Chinese Media in a Time of Flux", *Media International Australia*, Vol. 159, No. 1, 2016, pp. 13 – 21.

Michael S. Daubs and Vincent R. Manzerolle, "App-centric Mobile Media and Commoditization: Implications for the Future of the Open Web", *Mobile Media & Communication*, Vol. 4, No. 1, 2016, pp. 52 – 68.

Mimi Sheller, "News Now: Interface, Ambience, Flow, and the Disruptive Spatio-temporalities of Mobile News Media", *Journalism Studies*, Vol. 16, No. 1, 2015, pp. 12 – 26.

Minjung Shon, Daeho Lee and Jang Hyun Kim, "Are Global Over-the-top Platforms the Destroyers of Ecosystems or the Catalysts of Innovation?", *Telematics and Informatics*, Vol. 60, 2021, p. 101581.

Mirana M. Szeto and Yun-Chung Chen, "Mainlandization or Sinophone Translocality? Challenges for Hong Kong Sar New Wave Cinema", *Journal of Chinese Cinemas*, Vol. 6, No. 2, 2012, pp. 115 – 134.

Mizuko Ito, "Machinima in a Fanvid Ecology", *Journal of Visual Culture*, Vol. 10, No. 1, 2011, pp. 51 – 54.

Nando Malmelin and Mikko Villi, "Co-creation of what? Modes of Audience Community Collaboration in Media Work", *Convergence*, Vol. 23, No. 2, 2017, pp. 182 – 196.

Natàlia Ferrer-Roca, "Multi-platform Funding Strategies for Bottom-tier Films in Small Domestic Media Markets: Boy (2010) as a New Zealand Case Study", *Journal of Media Business Studies*, Vol. 12, No. 4, 2015, pp. 224 – 237.

Neil Fligstein and Doug McAdam, *A Theory of Fields*, Oxford: Oxford University Press, 2012.

Nico Carpentier, "Contextualising Author-audience Convergences: 'New' Technologies' Claims to Increased Participation, Novelty and Uniqueness", *Cultural Studies*, Vol. 25, No. 4 – 5, 2011, pp. 517 – 533.

Oren Golan and Michele Martini, "Sacred Sites for Global Publics: New Media Strategies for the Re-enchantment of the Holy Land", *International Journal of Communication*, Vol. 14, 2020, p. 24.

Patrycja Klimas and Wojciech Czakon, "Organizational Innovativeness and Coopetition: a Study of Video Game Developers", *Review of Managerial Science*, Vol. 12, No. 2, 2018, pp. 469 – 497.

Patryk Galuszka and Blanka Brzozowska, "Early Career Artists and the Exchange of Gifts on a Crowdfunding Platform", *Continuum*, Vol. 30, No. 6, 2016, pp. 744 – 753.

Paul Chambers, "Producing the Self: Digitisation, Music-making and Subjectivity", *Journal of Sociology*, Vol. 58, No. 4, 2022, pp. 554 – 569.

Paul J. Dimaggio and Walter W. Powell, "The Iron Cage Revisited: Institutional Isomorphism and Collective Rationality in Organizational Fields", *American Sociological Review*, Vol. 48, No. 2, 1983, pp. 147 – 160.

Pavel Skopal, "The Pragmatic Alliance of Defa and Barrandov: Cultural Transfer, Popular Cinema and Czechoslovak-rast German Co-productions, 1957 – 85", *Historical Journal of Film, Radio and Television*, Vol. 38, No. 1, 2018, pp. 133 – 146.

Petar Mitric, "Empowering the Minority Co-producer Through European Financial Co-productions: the Case of Dfi International", *Journal of Scandinavian Cinema*, Vol. 10, No. 2, pp. 151 – 167.

Peter Bro, Kenneth Reinecke Hansen and Ralf Andersson, "Improving Productivity in the Newsroom? Deskilling, Reskilling and Multiskilling in the News Media", *Journalism Practice*, Vol. 10, No. 8, 2016, pp. 1005 – 1018.

Philip Schlesinger and Gillian Doyle, "From Organizational Crisis to Multi-platform Salvation? Creative Destruction and the Recomposition of News Media", *Journalism*, Vol. 16, No. 3, 2015, pp. 305 – 323.

Pierre Bourdieu P. et al., "A Reasoned Utopia and Economic Fatalism", *New Left Review*, No. 227, 1998, pp. 125 – 130.

Pierre Bourdieu, "The Forms of Capital (1986)", *Cultural Theory: an An-*

thology, Vol. 1, No. 81 –93, 2011, p. 949.

Qiang Long and Lingwei Shao, "Beyond Propaganda: the Changing Journalistic Practices of China's Party Press in the Digital Era", *Journalism Practice*, Vol. 17, No. 4, 2021, pp. 1 –15.

R. Scott Hiller and Jason M. Walter, "The Rise of Streaming Music and Implications for Music Production", *Review of Network Economics*, Vol. 16, No. 4, 2017, pp. 351 –385.

Rachel Suet Kay Chan, "Game of Translations: Virtual Community Doing English Translations of Chinese Online Fiction", *Journal of Science and Technology of the Arts*, Vol. 9, No. 1, 2017, pp. 39 –55.

Ranit Grossaug, "Technological Developments and Transitions in Israel's Preschool Television Industry", *Television & New Media*, Vol. 22, No. 6, 2020, pp. 654 –670.

Robyn Caplan and Tarleton Gillespie, "Tiered Governance and Demonetization: the Shifting Terms of Labor and Compensation in the Platform Economy", *Social Media + Society*, Vol. 6, No. 2, 2020, p. 2056305120936636.

Roei Davidson and Nathaniel Poor, "Location, Location, Location: How Digital Platforms Reinforce the Importance of Spatial Proximity", *Information, Communication & Society*, Vol. 22, No. 10, 2019, pp. 1464 –1478.

Rosa Franquet and Maria Isabel Villa Montoya, "Cross-media Production in Spain's Public Broadcast Rtve: Innovation, Promotion and Audience Loyalty Strategies", *International Journal of Communication*, No. 8, 2014, pp. 2301 –2322.

Sarah Wagner and Mireia Fernandez-Ardevol, "Local Content Production and the Political Economy of the Mobile App Industries in Argentina and Bolivia", *New Media & Society*, Vol. 18, No. 8, 2016, pp. 1768 –1786.

Sarah Wright and Lidia Merás, "The Transitivity of Costume in That Lady (Terence Young, 1955)", *Film, Fashion & Consumption*, Vol. 8, No. 2, 2019, pp. 129 –145.

Shawn Shimpach, "The Immortal Cosmopolitan: the International Co-production and Global Circulation of Highlander: the Series", *Cultural Studies*, Vol. 19, No. 3, 2005, pp. 338 – 371.

Smith Mehta and D. Bondy Valdovinos Kaye, "Pushing the Next Level: Investigating Digital Content Creation in India", *Television & New Media*, Vol. 22, No. 4, 2021, pp. 360 – 378.

Sofia Rios and Alexa Scarlata, "Locating Svod in Australia and Mexico: Stan and Blim Contend with Netflix", *Critical Studies in Television*, Vol. 13, No. 4, 2018, pp. 475 – 490.

Sophie De Vinck, "Europudding or Europaradise? A Performance Evaluation of the Eurimages Co-production Film Fund, Twenty Years After Its Inception", *Communications*, Vol. 34, No. 3, 2009, pp. 257 – 285.

Sylvia J. Martin, "The Death Narratives of Revitalization: Colonial Governance, China, and the Reconfiguration of the Hong Kong Film Industry", *Critical Studies in Media Communication*, Vol. 32, No. 5, 2015, pp. 318 – 332.

Taeyoung Kim, "Critical Interpretations of Global-local Co-productions in Subscription Video-on-demand Platforms: a Case Study of Netflix's YG Future Strategy Office", *Television & New Media*, Vol. 23, No. 4, 2021, pp. 405 – 421.

Tatiana Hidalgo, "Netflix as an Audiovisual Producer: a Snapshot of the Serial Fictions Co-productions", *Obra Digital-revista De Comunicacion*, No. 19, 2020, pp. 117 – 132.

Trisha Dunleavy, "Transnational Co-production, Multiplatform Television and My Brilliant Friend", *Critical Studies in Television*, Vol. 15, No. 4, 2020, pp. 336 – 356.

ValéRie Gorin, "Innovation (S) in Photojournalism: Assessing Visual Content and the Place of Citizen Photojournalism in Time's Lightbox Photoblog", *Digital Journalism*, Vol. 3, No. 4, 2015, pp. 533 – 551.

Víctor García-perdomo, "Technical Frames, Flexibility, and Online Pressures in Tv Newsrooms", *Information, Communication & Society*, Vol. 24, No. 4, 2021, pp. 541 – 556.

Victor Wiard and Mathieu Simonson, "'The City is Ours, So Let's Talk About It': Constructing a Citizen Media Initiative in Brussels", *Journalism*, Vol. 20, No, 4, 2019, pp. 617 – 631.

Wahl-jorgensen Karin, "An Emotional Turn in Journalism Studies?", *Digital Kournalism*, Vol. 8, No. 2, 2020, pp. 175 – 194.

Weiai Wayne Xu et al., "Networked Cultural Diffusion and Creation on Youtube: an Analysis of Youtube Memes", *Journal of Broadcasting & Electronic Media*, Vol. 60, NO. 1, 2016, pp. 104 – 122.

Weiying Peng and Michael Keane, "China's Soft Power Conundrum, Film Coproduction, and Visions of Shared Prosperity", *International Journal of Cultural Policy*, Vol. 25, No. 7, 2019, pp. 904 – 916.

Xiaoli Tian and Michael Adorjan, "Fandom and Coercive Empowerment: the Commissioned Production of Chinese Online Literature", *Media, Culture & Society*, Vol. 38, No. 6, 2016, pp. 881 – 900.

Xiaoqun Zhang, "Business, Soft Power, and Whitewashing: Three Themes in the Us Media Coverage of 'The Great Wall' Film", *Global Media and China*, Vol. 2, No. 3 – 4, 2017, pp. 317 – 332.

Yoon-Jin Choi and Hee-Woong Kim, "Exploring the Issues for the Success of Multichannel Network Businesses in Korea", *Journal of Global Information Management*, Vol. 28, No. 2, 2020, pp. 90 – 110.

Yuwei Lin Y., "Open Data and Co-production of Public Value of Bbc Backstage", *International Journal of Digital Television*, Vol. 6, No. 2, 2015, pp. 145 – 162.

Zachary Kaiser and Aviva Meridian Kaiser, "Proliferating Platforms, The Logical Layer, and the Normative Language Gap: Contemporary Conflicts in Creativity and Intellectual Property", *Design and Culture*, 2014, Vol. 6, No. 3, pp. 303 – 314.

后　　记

　　说起这份研究，不得不说到我博士选择换专业的原因。我的成长历程几乎与中国互联网发展历程同步，出生之年便是互联网进入中国之年。伴随着互联网的普及，我能够有机会接触到来自不同时空的文化作品。小说、漫画、动画、影视剧、电影以及游戏都是我的美好回忆，它们不仅让我体会到了多姿多彩的世界，最重要的是多次在我沮丧之际拉了我一把。文化作品的存在让我想到了这样一个图景，在现实世界里，人总会面临着各种各样的困境，但文化作品本身能够创造多样的世界，给予人理解共鸣和重新站起来的力量。如果能够让生产文化作品的商业模式以更良性的方式运转起来，那么世界上会有更多内心充满力量的人。而实现这样的目标，依靠在一方办公桌上给企业计算账目是无法实现的。所以，博士期间我来到了中国传媒大学，选择了传媒经济学专业。

　　在博士期间，我观察到互联网催生了网络文学、网络漫画和网络剧这样的新形态，平台一开始给这些传统领域带来了不少活力，但同时也带来了一些问题。于是，选题就在这样的背景下诞生了，透过网络剧考察互联网平台对文化生产商业模式的影响。虽有一些坎坷，但我最终还是完成了这份研究，也第一次让我从理性视角看到了喜爱领域较为完整的面貌。

　　这份研究的顺利完成离不开诸多人的帮助。谢谢我的硕士导师何威风老师。虽然我的博士专业和硕士专业已经大不相同，但何老师对我的教导和培养锻炼了我的学术思维方式，为我的学术生涯奠定了良好基础。

　　谢谢我的博士导师金雪涛老师。在学术上督促我认真阅读经典书籍。在生活上，为我答疑解惑，是十分难得的良师益友。金老师的教导让我清楚认识到，不管是做人还是做事，要踏实努力，积极进取，进步最终依靠的是真知识和真本领。秉持这样的信念，我才能顺利度过我的博士生涯，完成这个研究。

谢谢我的同学赵甜、薛毅帆，我的师弟宋启明为我论文提供的建议和帮助。感谢我的同学刘冰冰与我经常在寝室进行论文的探讨。正是有他们的支持，我才能顺利完成我的研究。

谢谢我的父母，学术工作不是空中楼阁，离不开经济上的支持。他们的支持让我拥有了生活领域的自由，得以在学术研究中无所顾忌。

谢谢我本科期间第一位辅导员方旭峰老师。尽管他已离开辅导员岗位多年，但我们一直保持着良好的朋友关系。他的教导解决了我的许多困惑和忧虑，促使我在学术研究中继续求真。

谢谢我的幸运，尽管好的结果与个人努力有关，但我仍觉得幸运是我能走到现在的重要因素。从本科转专业，到博士换方向，每一次看似顺利的改变都离不开运气的加持。而这些经历也让我更诚实地面对世界和自己，接受世界是一个混沌、动态、不可全知的系统；接受自己是一个认知、能力充满局限的普通人。希望未来的我能始终葆有感恩之心，对没得到却配得上得到的东西，保持充分的耐心；对于得到的暂时还配不上的东西，保持谦卑和敬畏。

最后，谢谢中国社会科学出版社对本书出版的大力协助。出版工作烦琐细致，过程中得到了孙萍、靳明伦编辑的支持，十分感谢。

在这份研究完成不久，2022年6月1日，国家广播电视总局正式对网络剧片发放行政许可，并在网络剧前新增《网络剧片发行许可证》片头。自此，网络剧与电视剧将以几乎完全统一的标准进行审核。与此同时，以中央电视台为代表的电视台与平台积极合作出品影视作品，增强对影视内容的把关能力。这种变化呼应了本研究希望对网络视频平台生产内容进行监管的初衷。

在这之后，影视剧内容开始越发重视群像式的现实主义题材，典型的如2023年的《狂飙》《漫长的季节》《去有风的地方》《故乡别来无恙》《问心》《鸣龙少年》，但是除了《漫长的季节》，其他都是电视台参与出品的作品。可见，平台本身是逐利的企业，如若无法获取足够的经济价值，其不愿冒险承担社会责任。平台的影视生产出现了两极化，一边是与电视台合作生产符合政策导向的影视，另一边是与民营影视生产机构合作生产符合流量导向的影视，"IP + 流量明星"仍是主要生产模式。换句话说，现在平台参与生产的影视，在不受限制的情况下，其内容仍旧是一种"伪装"的多样化。

在网剧领域已经形成稳定格局不久，网络微短剧已在悄然发展，到2024年已经成为热门关注点，其播放平台既有爱奇艺、优酷和腾讯视频，还有抖音、快手以及各种以小程序为载体的平台。在网络微短剧出现之前，这份研究可能只是一个历史性回顾，但在其之后，它似乎成为一个预言。依靠平台的网络微短剧即使有更多灵活的形态，但其未来发展路径与网络剧是相似的。未来，网络微短剧的主要生产者和把关者依旧是平台。因此，不管是网络剧还是网络微短剧，如何驱动平台承担社会责任，平衡经济效益和社会效益仍是重要任务。

最后，希望我的这份研究能够为实现"如果能够让生产文化的商业模式以更良性的方式运转起来，那么世界上会有更多内心充满力量的人"这一目标提供一点微薄之力。

刘怡君

2024 年 4 月 26 日